~畅销作家系列~

C.S.Lewis:
The Boy Who Chronicled
NARNIA: A Biography

纳尼亚世界的构建者：
C.S.刘易斯传

【英】迈克尔·怀特 著

王敬慧 符瑞祯 译

黑龙江出版集团
黑龙江教育出版社

版权登记号：08-2017-073

图书在版编目（CIP）数据

纳尼亚世界的构建者：C.S.刘易斯传/（英）迈克尔·怀特著；王敬慧，符瑞祯译．—— 哈尔滨：黑龙江教育出版社，2017.5
ISBN 978-7-5316-9246-1

Ⅰ．①纳… Ⅱ．①迈… ②王… ③符… Ⅲ．①克莱夫·斯特普尔斯·刘易斯（Clive Staples Lewis 1898—1963）— 传记 Ⅳ．① K835.615.6

中国版本图书馆 CIP 数据核字（2017）第 131433 号

The Boy Who Chronicled NARNIA A Biography
Copyright©2005 by Michael White
First published in Great Britain in 2005 by Little, Brown
This translation is published by arrangement with Little, Brown Book Group, London
Simplified Chinese edition copyright©2017 by Heilongjiang Educational Publishing House
ALL RIGHTS RESERVED

纳尼亚世界的构建者：C.S.刘易斯传
NANIYA SHIJIE DE GOUJIAN ZHE: C.S.LIUYISI ZHUAN

丛书策划	宋舒白
作　　者	[英]迈克尔·怀特　著
译　　者	王敬慧　符瑞祯　译
选题策划	吴迪
责任编辑	宋舒白　杨佳君
装帧设计	Amber Design 琥珀视觉
营销推广	李珊慧
责任校对	张爱华

出版发行	黑龙江教育出版社（哈尔滨市南岗区花园街 158 号）
印　　刷	北京鹏润伟业印刷有限公司
新浪微博	http://weibo.com/longjiaoshe
公众微信	heilongjiangjiaoyu
天 猫 店	https://hljjycbsts.tmall.com
E – mail	heilongjiangjiaoyu@126.com
电　　话	010—64187564

开　　本	700×1000　1/16
印　　张	17
字　　数	189 千
版　　次	2017年7月第1版　2017年7月第1次印刷
书　　号	ISBN 978-7-5316-9246-1
定　　价	38.00 元

本书的翻译是国家社科基金重大项目《多元文化视野下的大洋洲文学研究》的阶段性成果之一，项目编号是 16ZDA200。

目录
Contents

译者序 / 001

前言 / 003

第一章 "叫我杰克" / 001

第二章 学习的呼唤 / 019

第三章 奖学金与战争 / 044

第四章 "母亲" / 060

第五章 研究员职位 / 083

第六章 幻想 / 106

第七章 友谊 / 151

第八章 从战争到欢悦 / 177

第九章　乔伊 / 199

第十章　没有乔伊的日子 / 223

第十一章　遗产 / 235

附录 / 253

译者序

Lewis

　　C.S.刘易斯的《纳尼亚传奇》一般被认为是在世界各地家喻户晓的儿童读物，批评家、出版商和教育界人士公认其为20世纪最佳儿童图书之一。该系列图书被翻译成40多种语言，发行量超过1亿册。其中的故事不仅被搬上了荧屏和银幕，被专业人士朗读，有的还被改编成话剧、儿童剧、舞剧，等等。《纳尼亚传奇》吸引了几代读者，其中不仅是儿童，还有很多成年人也被作品中想象的魔力吸引。究其原因，《纳尼亚传奇》把我们带到了一个全新的世界——在这个世界里，人类可以摆脱现实的苦难与无助，探索更加纯粹的精神世界。

　　儿童读者与成人读者带着不同的视角阅读，找到了各自喜欢的答案。对于孩子们来说，穿过魔衣柜，进入那个全新的、未知的世界，代表了他们能够想象到的一切。而很多有强烈宗教信仰的人从《纳尼亚传奇》中看到的是基督教教义的隐喻，他们甚至认为《纳尼亚传奇》是继《耶稣受难记》后又一部关于基督的电影。实际上，我们不能忽视一个普通人的视角《纳尼亚传奇》中所传达的爱、希望、勇气与信心是超越任何宗教范畴的——它们是人类赖以生活的基本元素。

翻译完整本传记，我掩卷思索C.S.刘易斯的前生与后世：这个从爱尔兰走来的男孩，在英国牛津生活了半个世纪；童年的失母创伤，加之两次世界大战的爆发、特别是在第一次世界大战期间，曾目睹尸体的血肉横飞，他对生活的感悟更加深刻，这也着实导致了他成年后的很多惊世骇俗之举与扣人心扉之言；当然，创伤经历的最大成果是激发了他的灵感，使他为全世界创作了一套传世的经典奇幻文学作品；在《魔法师的外甥》里，一群孩子在大战期间为了躲避空袭而被迫离开伦敦，被送到一个老教授家。那位老教授不就是C.S.刘易斯本人吗？他家的大衣柜成了一个通灵之物，让他回到了童年的"尽头小屋"，进入无尽的幻想世界。当《纳尼亚传奇》被拍成电影后，取景地还带动了新西兰旅游业的发展；而本书由一位居住在澳大利亚的作家写成，它的中文版译者之一目前也在澳大利亚生活。思绪至此，"多元"一词不禁出现在我的脑海中。一个人生存的环境、他所做的事情以及可能产生的影响绝不仅仅属于任何一个狭窄的有限时空。如何用一种超越时间与空间的多元视角去审视和发现文本，这是一个值得继续研究与实践的课题。

都说世人寻果，菩萨寻因。读我们喜欢的文本，我们看到的是果，而读作者的传记或自传当是寻因的过程。相信这本传记可以让处于现世的我们步入C.S.刘易斯的时空，站在他当时的角度，去更全面地了解他与他的作品。希望这本传记能够作为桥梁，助力读者获得新的视角，有更多的发现。

王敬慧
2017年3月
于清华园

前言

Lewis

我对C.S.刘易斯的兴趣由来已久。从我小时候开始，各种渠道让我对他的作品兴趣日增。在我七八岁时，我在英国广播公司的一个叫《杰克诺里》的儿童电视节目中看到了《狮子、女巫和魔衣柜》。我立刻被C.S.刘易斯的幻想世界迷住了，于是一本接一本地读了所有纳尼亚系列的图书。不久之后，我开始对科幻小说感兴趣，我在学校里的一个朋友建议我读读刘易斯的空间三部曲——《沉寂的星球》《皮尔兰德拉星》和《黑暗之劫》。我读了第一本后就立刻又喜欢上了这本书，然后就像读纳尼亚系列一样，我又接连读完了刘易斯的空间系列。我越来越入迷，等到读完三部曲的时候，我甚至感到有些沮丧，就好像我被隔绝出某个空间一样——与现实世界中的作业、考试和学校里欺负人的孩子相比，那个空间更让人觉得真诚和喜欢。

我对刘易斯的思想和著作感兴趣的第三个来源是我的姐姐，她是刘易斯的粉丝，在我小时候就给我拿来《地狱来鸿》，敦促我读完。

我对此一直心怀感激，因为从某个角度来说，我觉得《地狱来鸿》是刘易斯的小说中最令人满意的一本。这可能是因为我读这个故事的时候年龄稍大一些了，也可能是因为书中的幽默吸引了我。但事实上，我从未如此喜欢过这样一本前所未有的书，只花了一个晚上就将这个伟大的故事看完了。而且，虽然我是快速地、如饥似渴地读完了这本书，就如同书中的老恶魔对他任性的侄儿沃姆沃德所表现出的关切，但我在读过很久之后仍然没有忘记书中的内容，以至于几十年后，当我回过头为创作这本传记做研究时，我仍能清楚地回忆出小说中的情节。

是什么驱使我写C.S.刘易斯的传记？我认为，我想写的理由与过去他的那些传记作家的理由都不一样。大多数写刘易斯传记的人都是笃信宗教的信徒或学者，所以他们都集中关注刘易斯生平中的这些方面。在生活中，刘易斯很大程度上是一位虔诚的基督徒，他获得如此大名声的一个重要原因是他的护教文字。在他的文学成就得到认可之前，他在生活中的角色一直是一名学者，并且至死不渝。但是，我相信，除此之外，还有更多重要的因素在他的生活中发挥作用。

我将从一个书迷的角度审视C.S.刘易斯，而不会过多地谈论他的宗教灵修或学术成就。在很多方面，我与我的被研究者完全相反：我是一个无神论者，我非常享受在21世纪的生活，而刘易斯未能在这个时代生活很久；他的一生与他的童年密切相关，而我对自己的童年没有多少感觉，反倒倾向于把重点放在现在和未来——这似乎是刘易斯所缺少的东西。

我之所以对刘易斯感兴趣，是因为他的小说、他的创造力以及他用不同的方式表达自己的能力。刘易斯为写作而生，他对各种写作都感兴趣——他出版了数十本非小说类书籍以及诗歌、学术论文、历史记录、自传、科幻小说、儿童幻想小说和宗教讽刺文集。他是一个非常机智而尖锐的人，是一个能够给人带来快乐的伙伴（他的沙文主义除外——在他所生活的那个时代，他拥有这一特点并不奇怪）。最重要的是，他具有一种非同寻常的天赋——用清晰的方式传达复杂的思想。他在用热情、动人和鼓励的声音说话的同时，还能够写作。

从某种意义上来说，克莱夫·斯特普尔斯·刘易斯（Clive Staples Lewis）是我向往成为的那种有文学天赋的人：我能够理解他对各类表达的兴趣以及他不喜欢被分类定型的感觉。之前所有关于这位纳尼亚世界的构建者的传记都没有任何问题，只是我希望，我的文本可以提供一个与众不同的视角。当然，我在写作的时候，虽然对刘易斯充满敬仰，但是并没有沉迷于他的宗教或学术世界中。我希望我可以提供一个关于这位20世纪奇幻编织者更具启发性和更均衡的参照。我确信，此人的最精华之处，就在于他讲故事的技巧。

迈克尔·怀特
2004年6月
于澳大利亚，珀斯

第一章
"叫我杰克"

1940年圣诞节的前几天,在牛津。傍晚,一阵强风吹过圣吉艾斯大街,似乎要下雪了。一群绅士安坐在他们最喜欢的"老鹰与小孩"酒吧里的一张圆木桌旁,喝着啤酒,其中有人叼着烟斗,有人吸着烟卷儿。屋子里满是烟熏和对话。其中一个肥胖、秃顶、面色红润的绅士站了起来,其他人则安静了下来。安静中能听到酒吧里各种其他的声音:男人们在吧台边的吵闹声、清脆的碰杯声、笑声和喧哗声。

他清了清嗓子告诉在座的聚会者,他带来了一篇与平常不同的作品,并希望他们喜欢。他说这是一篇搞笑剧情作,由一位老年魔鬼以信件的形式写给他年轻的侄子——一位新晋级的魔鬼,向他讲述如何以最好的方式抓走一个凡人的灵魂。在座的人中有几位哄笑,随后,大家都面带微笑地倾听他开始读故事。

这位朗读者是克莱夫·斯特普尔斯·刘易斯,他的亲朋好友都叫他杰克。我们现在看到的是迹象文学社(Inklings)的聚会。迹象文学社是一个非正式的组织,在20世纪30年代到50年代的20多年里,每周至少在酒吧或杰克在牛津的办公室里聚会两次。参加这些聚会的成员，其中大多数都是大学教师和作家，他们会给大家阅读自己最新的作品，然后一边喝酒，一边听取他人的反馈。

刘易斯话语流利，以深沉、饱满的声音讲着他的故事，他那圆润、准确的英语带着一丝爱尔兰口音。他用各种声音和表情吸引着他的观众，用15分钟讲完他的故事后，他回到座位上坐定，给下一位读者让位。稍后，一把椅子划过地板，托尔金教授站了起来，手里拿着烟斗。他喝了一口啤酒，在大家的注视下整理了一下纸张，然后开始朗读。

这是迹象文学社处在最高峰阶段时的场景，在这样的一个晚上，应该有七八个成员围坐在桌子旁，其中包括文学社的创始人，C.S.刘易斯和J.R.R.托尔金，一般还会有刘易斯的哥哥，沃伦·刘易斯上校（Major Warren Lewis）[小名沃尼（Warnie）]在场——最近，他刚从敦刻尔克战场上回来。如果火车准点，雨果·戴森（Hugo dyson）也会从大约25英里之外的雷丁大学赶来。1940年，还有一位较新的成员特别令刘易斯喜欢，他就是作家兼编辑查尔斯·威廉姆斯（Charles Williams）。还有从牛津大学来的教师奈维尔·科基尔和大卫·塞西尔。他们在"老鹰与小孩"酒吧的聚会一般都是在周二早上举行，但偶尔也会在傍晚。另外，每周四晚8点左右，他们会在刘易斯位于默德林学院的办公室里聚会，偶尔也会到托尔金位于默顿学院的办公室里聚会。

到1940年，刘易斯和托尔金都成了已经有书出版的作家。托尔金的儿童故事《霍比特人》在1937出版后，收到了不错的反馈，而那时的刘易斯已是一位名下有着7本畅销书的作家。在第二次世界大战初期，在上面所描述的那个夜晚，托尔金朗读了一段他正在创作的作品《新霍比特人》，之后，他将此书改名为《指环王》。彼时，刘易斯也朗读了他新作里的篇章——一部未来他最知名的作品，有关恶行与诱惑的故事，即1942年出版的《地狱来鸿》。

迹象文学社只是一个松散的文学组织，并没有任何宣言或共同目标，但在心灵深处，该社成员的关系十分紧密，而其中一些人之间的关系会比他们与其他人的关系还要更亲密。一般情况下，他们都是杰克·刘易斯的朋友。文学社的新成员基本上都是刘易斯介绍加入的，他是这些兴趣相投之士聚合的主要牵头者。

朗读和评价活动结束后，大家的谈话内容会转向当时的战争，紧接着又回到轻松的话题——有趣的奇闻或大学里的新鲜事——直到酒吧老板将他们哄走，并友好地跟他们道晚安。

外面的雪已经下起来了，路面是湿的。在寒风中，他们冻得也说不出多少话，只是跺着脚、揉搓着双手。托尔金戴上他的手套并骑上自行车。挥了挥手，他便在漆黑寒冷的冬夜中骑行离去，骑向他在牛津北部、大概半英里以外的家。科基尔和威廉姆斯等人围着围巾，戴着帽子，逆着风，挣扎着向他们的大学宿舍或私人寓所大步走去。

与朋友道别后，刘易斯兄弟俩开始向高街的另一端——默德林学院行走，他们需要步行大概10分钟。每个工作日杰克会在他的学院宿舍里睡觉，而每个周末他则住在他在牛津市郊边的房子——"砖窑"里。

杰克和沃尼并不在乎天气的寒冷——他们身材魁梧，穿得也

第一章
"叫我杰克"

多——而且他们边走还边继续讨论当天晚上的话题。他们头上的星星格外明亮。由于断电，街灯都已熄灭，所有高街沿路上的学院、商店以及市中心的公共建筑完全淹没在黑暗中。

回到他的寝室后，杰克直奔电水壶，把水烧上，然后他和沃尼坐在客厅中间的沙发上。兄弟俩就着几杯茶，再聊上一个多小时，之后他们就为沃尼摆出一张行军床，杰克便回隔壁房间里他自己的床上。

祷告完后，他坐在床上，目光从他的窗口望到结冰的默德林学院的鹿园。玻璃窗之外，繁星点点的壮丽银河占据了寒冷的夜空。我们可能会想知道，他在这样的夜晚会想些什么？随着酒精在他的体内流动，随着他那些聪慧的朋友们的交谈仍在他的脑海中飘荡，他是否会坐观天空并开始想象奇幻的世界？或许他在想自己的科幻小说中的经典作品——兰塞姆三部曲的场景设置，那时，第1卷已经出版了吗？他的思想是否已经转向了上帝？因为彼时的刘易斯已是一位虔诚的基督徒，也是一位小有名气的基督徒护教者。

或许，他在考虑更多生活中的琐事：与他同住在"砖窑"的女人詹妮·摩尔（Janie Moore，他通常称她为"母亲"）、他在贝尔法斯特的成长经历以及9岁时他亲生母亲的死亡；或许，随着他静下心来、试图入睡时，他的关注点会变得与常人无异，远离他在清醒时主要关注的那些崇高的讨论和辩论；或许，随着睡意的降临，他会对未来感到不安，因为他的同胞们正奋战沙场，战争正酣；或许，他会开始审视他的职业生涯、他的前景、他的希望。或许，随着他进入睡眠，幻境会在他的脑海中形成，其内容并不平淡，而是如幻如梦：一扇衣柜门打开后，出现的是农牧神和白雪皑皑的景观，还有舌尖上土耳其软糖的味道。

人到中年的沃伦·刘易斯开始记录他们的家庭档案（目前保存在美国伊利诺伊州惠顿学院，韦德收藏品中）。他将自己和杰克的祖先追踪到 16 世纪。然而，尽管刘易斯兄弟俩始终认为自己是爱尔兰人，特别是阿尔斯特人，但是只有在母亲那边，他们可以将爱尔兰的根源追踪到两代之前。

杰克的祖父，理查德·刘易斯，是一个威尔士农夫的儿子。他是一个移居者，努力上进，最后成为贝尔法斯特工程和造船业的一个合伙人。他完全靠自己的努力，将刘易斯一家从中下阶级真正地提升为资产阶级，并且在这个过程中，他成功地使他的孩子们有机会得到良好的教育。

理查德·刘易斯和他的妻子玛莎在贝尔法斯特相遇，并且在 10 年里因为工作的关系在爱尔兰各地生活，在此期间，他们的 6 个孩子诞生了。他们最小的孩子就是杰克的父亲——艾尔伯特（Albert），出生于 1863 年，当时他们全家生活在考克。理查德曾为考克的一个工程企业工作。在艾尔伯特不到 1 岁时，他们又搬了一次家，这一次是去都柏林，因为理查德被一个造船公司——韦伯和布里公司招去做经理人。4 年后的 1868 年，他们又回到贝尔法斯特，而这一次，理查德下了他一生中最大的赌注：他和一位朋友约翰·麦克维恩创建了自己的公司："麦克维恩和刘易斯公司：锅炉制作、工程项目与铁船建造"。

这次冒险是值得的。到了1870年大英帝国的鼎盛时期，随着对于英式船舶的需求量的攀升，麦克维恩和刘易斯公司开始赚大钱。理查德不再需要为了工作而漂泊，也不再需要攀爬事业的阶梯，而是能够将他们一家安顿在贝尔法斯特的一个很好的郊区——低西德尼汉姆区。他们在那里居住到7个孩子都结婚后好几年。

　　随着这个改变，刘易斯家族开始与更高级的圈子——那些像他们一样成功的商业家族人士打交道。但是，他们在搬到这里几年后，才认识了一家重要的朋友，那是在托马斯·汉密尔顿被任命为邓迪拉的圣马克教区的教区长之后——低西德尼汉姆正属于这个区。汉密尔顿和刘易斯两家马上相处甚好。他们很快开始分享双方的社交圈，他们的孩子也经常在一起玩。

　　至少从表面上看，这两个家庭是有显著的不同之处的。托马斯·汉密尔顿是受过良好教育的人，曾在都柏林圣三一学院获得过神学专业第一名。他的祖父曾是三一学院的研究员，后来还成为爱尔兰最古老的教区奥索里的主教。托马斯的妻子玛丽是约翰·B.沃伦爵士的女儿。她是一位非常聪明、口才很好的贵族妇女，若不是因为她的性别，她很可能会比她的丈夫更有成就。

　　托马斯·汉密尔顿不是一位普通的传道者，而是一个狂热的宗教信仰者，他的布道充满激情与火药味。虽然很多人觉得他的宗教观点极端，但是他们仍然欢迎、爱戴和理解他，因为他是一个非常健谈的人。他喜欢娱乐，据说在长途散步中，他是很好的同伴。然而，除了他的直系亲属之外，很少有人知道托马斯也是一位多产的作家。在成为圣马克的教区长的20年前,他曾参加过克里米亚战争,是一位海军牧师。在详细的旅行日记中,他记述了自己的冒险经历,之后的余生,他也一直将自己的想法写在纸上。尽管杰克和沃尼从不羞于承认自己对他们的外祖父托马斯·汉密尔顿的钦佩之情,但是当沃尼读他的外祖父所写的作品时,他还是觉得外祖父的文字令人惊讶地缺乏文学技巧,也为其中表现出来的种族主义和对于其他宗教文化的零容忍而感到震惊。

理查德·刘易斯是一个非常与众不同的社会人士。他的后代会将其称为"暴发户",而且在他那一边的家族中,没有任何人从事学术研究。除了是靠自己的努力获得成功外,他也是自我教育。他广泛阅读,是热衷于写作的业余作家。在自传《惊悦》里,杰克·刘易斯讲述了他的祖父在考克担任经理期间,曾经写了一系列激烈和精心措辞的神学文章,在晚上阅读期间,读给他所管理工厂的工人们听。更出人意料的是,理查德·刘易斯还写了原始的科幻小说,并读给他的孩子们听。他写的很多故事都被设置在月球上,正如人们对一个自学成才的工程师的头脑所能想象的一样,他笔下的人物总是想要制造精密的机器和奇怪、复杂的设备,这样他们就可以摆脱情节中的某种束缚。

作为托马斯·汉密尔顿和理查德·刘易斯的后代,C.S.刘易斯不仅能够写各种体裁的作品,还能够很高兴地给他的朋友们朗读他的作品,这几乎是顺理成章之事——因为这是他们的家族传统。人们或许会想,如果祖父刘易斯和外祖父汉密尔顿看到C.S.刘易斯在迹象文学社的表现,他们会做何评价呢?

第一章
"叫我杰克"

当全家定居在低西德尼汉姆时，艾尔伯特·刘易斯7岁，他与自己的五个哥哥姐姐，根据每个人的年龄，跟汉密尔顿家的4个孩子莉莲、弗洛伦斯、休和奥古斯都玩得很好。弗洛伦斯（或弗洛拉）比艾尔伯特年长1岁，两个人的关系特别好。

从很小的时候开始，艾尔伯特就是一个活泼、幽默的孩子，喜欢编造荒诞不经的故事或者讲笑话。他也非常聪明，在郡勒根学院被认为是一个明星学生。那里的校长是逻辑学家威廉·柯克帕特里克（William Kirkpatrick）。他特别喜欢这个男孩子，并建议理查德·刘易斯鼓励他的儿子去学法律。所以，在毕业后，艾尔伯特去了都柏林，在那里，他在博伊尔和麦克莱恩律师事务所学习，6年后，他回到贝尔法斯特开始实习。

通过杰克·刘易斯的自传和他父亲自己的记述，我们都会觉得艾尔伯特·刘易斯从来没有真正发挥出他的潜力。他想读法律，但是缺乏必要的经济支持，他不得不放弃这种想法，拿到了律师资格证书就开始谋生赚钱。他似乎有很大的政治野心，从一开始，他就视法律学习为一种最终从政的手段。他是一个很好的演讲者，自信且观点强烈。他强烈反对爱尔兰自治（希望摆脱与大不列颠联合王国的联系），公开反对当时一些最著名的政治家和爱尔兰独立的伟大倡导者——威廉·格莱斯顿。

在20多岁时，艾尔伯特雄心勃勃，想成为政治家，并在都柏林和阿尔斯特发表公开演讲，强烈反对爱尔兰自治。但是，成为一位政治家的机会一直回避着他。相反，他在整个职业生涯中都只是相当普通的律师，作为警方检察官为当地法院工作。沿着这条道路发展，注定了不是多么辉煌，但是能给他提供一份安定的工作，可以让他与未来的妻子富足、舒适、平淡无奇地度过一生。如果没有其他意外发生的话，这可以算是他的一个优势了。艾尔伯特不是一个非常英俊的男人，但是他有活跃的想象力、有才智。他觉得自己还不错，所以当后来他向自己青睐的童年时代的朋友弗洛伦斯·汉密尔顿（Florence Hamilton）求婚，而她竟然拒绝了他时，他感到很惊讶。

弗洛伦斯一直都只是把他当作一个温暖的好朋友，而不是一个求婚者。她是一个非常聪明的女人，比艾尔伯特智力优越。但是，在爱情方面她比较冷淡。当艾尔伯特在都柏林为成为一名律师做准备时，弗洛伦斯也没有闲着，她花了5年时间在贝尔法斯特皇后大学研究数学。1885年，当艾尔伯特从都柏林旅行回来，开始制订计划创办他自己的律师事务所时，弗洛伦斯取得了逻辑学第一、数学第二的好成绩。

对于艾尔伯特来说还有一个难题，那就是社会地位的问题。汉密尔顿家把刘易斯一家当朋友，但若是艾尔伯特·刘易斯做他们家的女婿，那就不是他们所希望的了。玛丽·汉密尔顿特别喜欢艾尔伯特，也愿意与他长时间进行政治讨论。他是一个受人尊敬的年轻人，将来会很有作为，但是在考虑婚姻大事的时候，像汉密尔顿家这样相当传统的维多利亚时代的家庭经常持有老式的、不切实际的期望。

但艾尔伯特却意志满满，对于弗洛伦斯的拒绝，他并没有被打击回去，反而在此事之后，两人之间的友谊更加强烈了。虽然他们居住的地方相距离不到1英里，但是他们几乎每天都给彼此写信。当时弗洛伦斯想成为杂志的自由撰稿人，而艾尔伯特的英文文字功底很深厚，所以他可以在语法上帮助她。与此同时，艾尔伯特也在努力争取汉密尔顿家人的赞同。他一方面加强与他们的友谊，另一方面通过事业的成功来加深他们对自己的好感。

终于，经过漫长的近8年的追求，在1893年（此时他和弗洛伦斯都已经30多岁了），弗洛伦斯接受了他的求婚。但即使是在当时，他们的关系似乎也是一头热。虽然艾尔伯特一直对他的未婚妻一往情深，但弗洛伦斯却显得很漠然。在他们举行婚礼后不久的一天，她给艾尔伯特写了一封信，她问："我在想，我爱你吗？"她知道自己很喜欢艾尔伯特，也永远不会爱其他任何人，但即便如此，她真的爱他吗？

虽然很多男人会觉得这样的话令人难以接受，但是艾尔伯特能够接受，并认为这种疑虑是他所爱的女人希望个人独立的一部分。对于弗洛伦斯而言，她似乎只是告诉自己，她会试着找出对艾尔伯特的爱，而他也是她所能期望的最好的人选。他们的婚礼于1894年在邓迪拉的圣马克教堂举行。在北威尔士度过蜜月之后，这对夫妇返回到贝尔法斯特在邓迪拉维拉斯的一座半独立式的房子中，该住所距离艾尔伯特家大约1英里。

他们的恋爱时间很长，但是婚后马上开始生孩子。1894年的圣诞节，汉密尔顿家和刘易斯家庆祝弗洛伦斯怀孕的消息。6个月后，1895年6月，一个男孩出生，他们给他取名为沃伦。他们当时很可能计划只要这一个孩子。因为之后,1898年11月29日,当克莱夫·斯特普尔斯·刘易斯出生时,已经过去了将近3年半的时间。

随着家庭的逐渐扩大,艾尔伯特的律师事务所也蓬勃发展,成为当时与贝尔法斯特警方合作业务最多的事务所之一。刘易斯家的男孩们在一个稳定和舒适的环境中长大,这种环境对他们长大后性格的养成产生了很大的影响。

杰克对早期的很多记忆都来自书和故事,而不是他真正的生活经历。因为他的哥哥拿立体图书吓唬过他,所以他对昆虫的恐惧持续了一生。多年之后,他仍能清楚地记得听过的小妖精和食人魔的故事。在相当拥挤的邓迪拉维拉斯,他和沃尼形成了特殊的纽带,而这将持续他们的一生。有一天,4岁的克莱夫·斯特普尔斯·刘易斯宣布,他希望被称为"杰克"或"杰克西",然后这个名字就被沿用至今。

但除了这些之外,杰克·刘易斯的头脑中没有多少关于家庭的记忆。1905年,刘易斯家搬到利特尔利的一座大房子里。这座房子位于贝尔法斯特郊外,是专门为艾尔伯特设计建造的。正是这座房子给杰克的童年和他对于家庭的记忆提供了背景。

如今的利特尔利处于贝尔法斯特郊区中产阶级居住的斯特兰镇的各种残败的房子之中。但是在20世纪初期,它的周围都是绿地:向北看,城市的景致一览无遗;向南看,是大片的田地。1905年的贝尔法斯特是大英帝国的重要造船城市之一,为英国皇家海军和商船船队提供动力船只。从利特尔利楼上的窗口向外望去,刘易斯可以看到船厂、大起重机耸立于货运车辆与货物之间,周围是无尽的、拥挤肮脏的街巷和浓烟滚滚的砖砌烟囱。

实际上，利特尔利是一座相当难看的房子，成年后的刘易斯两兄弟总说，他们的父亲被房子的建造者欺骗了。杰克曾声称，艾尔伯特是"这个世界上最容易被欺骗的人"[①]，他们觉得这座房子是他们所见过的设计得最糟糕的房子。这里的通风和采光条件都很差劲，根据沃伦的记忆，到处是长长的走廊和橱柜大小的门，打开后看到的都是空洞的空间和房顶。然而，尽管这座房子有种种缺点，杰克在后来还是声称，利特尔利是他人生故事中不可或缺的部分，为他在作品中描述老房子时提供了不可或缺的灵感。

利特尔利的房子里有很多书和笨重的家具。冬天很寒冷，风吹拂着椽子，但在夏天，刘易斯一家人喜欢到后面的大花园里，孩子们在草坪上玩，大人们喝茶。房子足够大，沃尼和杰克可以玩捉迷藏。当杰克不到4岁、沃尼7岁的时候，他们给在阁楼的走廊尽头的一个房间起名为"尽头小屋"，作为他们的地盘，他们将其变成一个隐蔽的地方，在里面他们可以玩自己想玩的游戏。

在全家搬到利特尔利的时候，杰克和沃尼都是狂热的小读者。小男孩们的保姆是一个年轻的女子，名叫莉兹·恩迪科特，她给他们叙述爱尔兰的传说，有小妖精、食人魔、巨人等可怕的故事，这些都激发了他们的想象力。杰克试图读的第一本书是《小松鼠纳特金的故事》，还有碧翠丝·波特写的故事。杰克特别喜欢插图，根据他自己对童年的回忆，他会想象着动物打扮成人类的模样。几年后，随着自己

[①] C.S.刘易斯：《惊悦》，第8页，纽约：哈考特·布雷斯出版有限公司，1955年。

在文学上的进步,他开始阅读更多的冒险故事:马克·吐温的《康州美国佬大闹亚瑟王朝》、E.内斯比特的《五个孩子与它》《凤凰与地毯》和《护身符的故事》,还有最重要的,亚瑟·柯南道尔爵士所写的冒险故事——它们会被连载在每月出版的《斯特兰德杂志》上。

在他的自传中,刘易斯告诉我们,他的父母是非常不同的类型的人。他的母亲平静、快乐、安详,并且她的家人"很酷"和"具有讽刺性",而他的父亲艾尔伯特则过于情绪化、爱雄辩和卖弄。两个人都"很感性""有激情",喜怒形于色。

两个人中,弗洛伦斯似乎更内向和自我,刘易斯在他的自传中将其奉若神明,尽管在他写作的时候,母亲在半个世纪前就已经过早地死去。我们将会看到,成年的杰克·刘易斯和他父亲之间的关系是很跌宕起伏的。《惊悦》中关于艾尔伯特·刘易斯的描述都有偏见的痕迹,缺乏客观性,很难让人从书中了解他的真实性格。

弗洛伦斯散发出一种内在的平静感,而艾尔伯特则是急躁和充满活力的。他当然会受阻和感到沮丧,这可以从他对政治辩论的喜爱中看出来。对于艾尔伯特来说,无论是在利特尔利的晚餐聚会还是与朋友在夏天的草坪上共进午餐,如果没有激烈的政治辩论,那都是不完整的。通常这些辩论都围绕着爱尔兰的问题展开:爱尔兰自治问题以及柏林与伦敦之间日益增加的矛盾问题。

从幼年起,杰克和沃尼就听到了太多的辩论,然而,他们并没有被这种辩论吸引,相反,他们一生都厌恶任何形式的政治。虽然在中年时,杰克成为顽固的保守主义者,抱怨战后劳工党的成功,但是,他对和朋友们谈政治从来没有丝毫的兴趣。一旦讨论中涉及此类内容，他会想办法改变话题。

艾尔伯特·刘易斯对政治辩论和站在小讲台上演讲的迷恋的一个好处是他很善于讲故事，这是所有认识他的人都知道的。杰克喜欢父亲这方面的性格，甚至形容他是"最好的讲故事者"。① 没有什么比花一个下午在家里和亲戚、朋友分享趣闻逸事，或者他们所谓的"把戏"更让艾尔伯特高兴的了。如果说刘易斯的自传贯穿着对男人伪装的不满与怨恨的话，那么，他喜欢的显然是那个健谈的、自信的、直言不讳的辩手。

老刘易斯的高级辩论艺术在他的小儿子身上也有清晰的体现。另外还有整个家庭对书的痴迷。刘易斯会回忆起利特尔利房子里用书堵住漏风房椽的画面。他的父亲从不会扔掉任何一本书，所以房子中所有的柜子里都装满了书，他们站在走廊里成排的书柜中间。弗洛伦斯和艾尔伯特有各自的口味，但两人都对浪漫文学不感兴趣，而几年后，他们的儿子却非常迷恋这种文学。根据刘易斯的回忆，除了阅读兴趣的差异，他的母亲对任何种类的诗歌都毫无兴趣，他们家最喜爱的书籍是狄更斯和安东尼·特罗洛普的小说，杰克认为，这些书能够安抚他在政治生活中受挫的父亲。

像所有的孩子一样，杰克和沃尼需要私人空间，他们深深地陷入了由他们过于活跃的想象力所营造的世界中。最初，他们喜欢绘制幻想中的世界，因此，利特尔利的"尽头小屋"的墙上画满了他们的想

---

① C.S.刘易斯：《惊悦》，第3页，纽约：哈考特·布雷斯出版有限公司，1955年。

象。沃尼非常喜欢机器、工具和机械设备，他会花几个小时画细节复杂的船舶、枪支或战斗场面。从六七岁起，他开始迷恋印度并对印度国王拉杰充满幻想。杰克并不是很热衷于此类内容，却会画或者写关于时间、盔甲骑士和（由于碧翠丝·波特）"穿衣服的动物"等的故事。最初在邓迪拉维拉斯，后来在利特尔利的"尽头小屋"里，杰克开始将这两种兴趣结合起来。结果便是他所谓的"动物世界"：一个住着有人类特征的动物的幻想世界。

一些故事设置在动物世界，是杰克在他十一二岁时所写，这些故事幸存了下来，可以在韦德收藏品中看到。现在阅读这些内容，很难看到有任何有关未来的具有创造力的著名的刘易斯的点点微光，难以想象他的作品将深受数以百万计的读者的喜爱。众所周知，无论是动物世界的故事还是博克森系列故事[①]，都是极其无聊的。

他的故事不是描写生活在某个地方的人物，而是沉迷于那个地方的地理、语言、文化和历史。小说没有任何剧情感，所有的人物都是一维的，都是分析和背景阐述。成年后的刘易斯自己都不得不承认，他的博克森系列故事毫无浪漫或诗歌的元素，因此这一系列与纳尼亚系列无法比拟。刘易斯成年后所写的奇幻故事重心在于描绘博克森系列所缺少的内容：浪漫与诗意。而小刘易斯似乎迷失在他的梦幻世界，舒服地生活在他的轻松的家居环境中，只对创作故事的具体细节感兴趣。在博克森系列中，没有人性，没有对未来的反转，也没有痛苦。但

---

① 另外的出版名称《博克森：C.S.刘易斯的想象世界》(*Boxen: The Imaginary World of C.S. Lewis*)，加利福尼亚州，圣地亚哥：哈克特·布雷斯·约万诺维奇出版社，1985年。

是，直到10岁，故事中大部分的历史和地理所虚构完成的阶段，刘易斯除了在父母家中那种单调乏味的生活之外，没有任何其他的经历。而到了中年以后，他知道了战争、悲伤、爱与生活的艰辛，于是他就能以完全不同的方式表达自己了。

虽然动物世界的创作几乎是一种"心智练习"，但它是一种逃避到内在世界中的方法。在他的哥哥去寄宿学校上学后，杰克可以在那个内在的世界里找到安慰。这一系列的故事是很个人化的内容，是只有他们的东西，将大人们排除在外。尽管这些早期的努力可能有些枯燥，但是正如刘易斯后来才意识到的，它为刘易斯未来从事文学事业提供了完善的训练方式。

沃尼在1905年3月离开家去英国上学，从此，杰克没有了他的陪伴。他有一个家庭教师安妮·哈珀教他学习。他似乎一直很喜欢这个家庭教师，他有一次评论说，作为家庭女教师，她是相当好的了。他养了一条宠物狗，叫蒂姆；一只老鼠，叫汤米；还有一只金丝雀，叫彼得。他与厨师玛莎、女佣莫德都能友好地相处。在他的描述中，他的母亲像大部分那个年龄的女士一样，戴着眼镜，很健壮并热衷于编织，而他的父亲则脾气暴躁，经常在家里穿着破旧的毛衣。自从1903年理查德·刘易斯的妻子玛莎去世后，他就开始在儿子家居住。杰克和他的祖父也相处得很好。在杰克的记忆里，他是一位很好的老绅士，很有幽默感。但是他早衰，到60多岁时，他就开始耳聋，出不了房子了。杰克花了很多时间待在老人的房间里，读古籍、看相册、听他讲故事。

杰克觉得很孤独，但他逐渐喜欢上了这种生活给他带来的自由和独立。而且，房子里还有很多书等着他去翻看阅读。但是，每当学校假期临近，他都渴望着哥哥的归来。他会在日记里记录自己一直在多么地想念他。在他看来，沃尼到家后，他能听到他脚踩在楼梯和走廊上，冲向"尽头小屋"的声音。他想象着哥哥会怎样走进房间和他握手，并马上开始聊天，就仿佛他只是那天早些时候才离开的家。

刘易斯用"无聊"来描述自己的童年。他声称，那种平淡的幸福让他很难全部记住。很意味深长地，他在自传里引用了弥尔顿的句子："快乐，如此的快乐，但乐极生悲。"这是很准确也很贴切的。在1908年这可怕的一年到来前，刘易斯是一个被过度保护并与现实世界几乎完全隔绝的孩子。也许正是这个原因，当他以前安全的家庭生活开始以可怕的速度解体后，它在他余下的生活中留下的难以去掉的疤痕，比任何其他类型的经历都更会影响他性格的发展。

杰克的麻烦开始于初春时节，弗洛伦斯·刘易斯得了严重的疾病。医生当时不能诊断，就只是建议卧床休息。这就意味着刘易斯的爷爷要被迫搬出去，可悲的是，在两周内，他死于中风。

艾尔伯特·刘易斯觉得很内疚，而弗洛伦斯的病情也让他焦虑不堪，他变得抑郁而内向。当医生告诉他，他的妻子患了癌症，不可能活得长之后，他的精神状态就更糟了。弗洛伦斯接受了来家里给她治疗的医生实施的手术，在较短的时间内，似乎止住了病情的发展。杰克去探望母亲，那年的夏天每天他都会待在她的房间里一段时间。有一段时间，艾尔伯特、医生和客人们似乎都看到了一线希望，觉得弗洛伦斯能渡过这一关。但是，他们不能真正地保持乐观。

在刚开始，杰克和沃尼根本不知道发生了什么，但是到了仲夏，弗洛伦斯的病情迅速恶化，孩子们明白母亲得了非常严重的疾病。沃尼到6月就13岁了，他非常害怕母亲会在他上学期间去世。在学年的最后一个学期，艾尔伯特在信中提醒他，可能会有最坏的事情发生。沃尼也不知道能做什么，只是回信说，如果发生了什么事，请一定告知他。

在这段时间里，杰克比往常觉得更加孤独了。他变得忧郁和漠然，他的父亲也不能提供任何帮助，他的祖父已经去世了，9岁的他越来越清晰地认识到，他亲爱的妈妈可能永远不会康复，她可能再也不能和他在草坪上一起玩，或把他带到镇上坐电车，或和他在附近的乡间长距离地散步了。

暑假到来，沃尼回到家，但是弗洛伦斯的情况变得更加糟糕了。现在，男孩们只能每天陪她很短暂的一段时间，他们看到她的脸色变得更加憔悴，眼睛越来越没神了。在沃尼该离家去英格兰学校开始新的学年的前几天里，弗洛伦斯·刘易斯陷入昏迷状态，再也没有醒来。1908年8月23日上午，弗洛伦斯去世，享年46岁。

第二章
学习的呼唤

根据刘易斯自己的记录,在母亲去世前的那段时间,很多事情都比她死亡本身更糟糕。在中年晚期,他曾痛苦地回忆起,在母亲去世前的几个月里,他们住的房子是如何变成一个疏离之所的。他记得吗啡的味道,沉默且面色铁青的陌生人从他母亲的房间里进进出出。50年后,他仍然可以听到母亲痛苦的声音和利特尔利无处不在的恐惧。

母亲去世后不久,杰克被带去看她的尸体。她躺在整齐套好的床罩下,脸很粗糙。对于一个男孩而言,这些东西是转瞬即逝的。抛开所有的细节和具有讽刺意味的委婉语,真正的破坏是"死亡本身所带来的"。[①] 葬礼上的仪式是他难以忍受的,他不喜欢仪式,即使是作为一个孩子,他也认为那些仪式是如此无用。这场葬礼让他对任何的公共仪式都有一种反感,不信任大多数人根据习俗而盲目地遵从。

艾尔伯特的那一年是可怕的一年。在同一个季节里,他失去了自己的父亲和妻子。弗洛伦斯去世两个星期后,他的兄弟乔也意外死亡。杰克后来写到,他知道他的父亲再也不是过去那个心态稳重的人

---

① C.S.刘易斯:《惊悦》,第17页,纽约:哈考特·布雷斯出版有限公司,1955年。

了,受到了这一系列灾难性的打击,艾尔伯特简直不堪重负。他开始变得内向,根本无暇照顾他的儿子,更糟糕的是,他开始酗酒。

根据刘易斯的叙述,在这段时间里,他的父亲似乎很不能控制自己的情绪。他会为很小的事情对杰克发火,因为微不足道的问题对他大吼。在酒精的影响下,他会突然间崩溃,痛哭流涕,过了一会儿又呼喊咆哮。母亲的葬礼之后,沃伦在家待了一段时间。在这段时间里,由于没有其他人可以述说心情,兄弟们彼此靠得更近了。同时,情绪创伤使得艾尔伯特无法与儿子们沟通,在悲伤之中,他与儿子过去那种牢固的关系受到了无法弥补的损害。"所以,命运是非常残酷的……"刘易斯后来写道,"在那几个月里,这个不幸的人,如果他已经意识到了的话,他不仅失去了自己的妻子,他还在失去自己的儿子。"[1]

虽然将一个有创造力的作家的生活方式归因于他童年的创伤有些过分,但是,如果考虑一下C.S.刘易斯在9岁时的童年经历,还有他的密友J.R.R.托尔金的童年悲剧,还是能看出其中的问题的。

在年轻寡居后,托尔金的母亲马贝尔成为一名虔诚的天主教徒。这是一个勇敢的决定,因为她家庭所有的成员都是新教徒,她因此被排斥在外。在托尔金看来,这种巨大的压力是导致马贝尔过早死亡(年仅34岁)的主要因素。托尔金的母亲一直是她儿子情感的核心,托尔金对她的记忆是他文学创作的指导和缪斯。更具体地说,托尔金的巨大文学产出是为了找回他失去的童年。在他的内心,他将用一个幻想的世界与他母亲去世前的时间相联系。这是一种潜意识的逃避主

---

[1] C.S.刘易斯:《惊悦》,第17页,纽约:哈考特・布雷斯出版有限公司,1955年。

义形式，通过构建他那令人难以置信的复杂的虚构世界——中土世界，托尔金成功地融入了记忆和怀旧中。①

几乎是以相同的方式，杰克在他的母亲去世后的几年里，发现了奇幻小说的拉动力，开始着迷于回忆他童年的"氛围"：那样的天真、快乐和安全，死亡还没有来到利特尔利，给这里的"尽头小屋"蒙上阴影。他母亲的去世像绷断的一根弦，将他暴露于现实世界之中。它永远地终止了那些幸福的、被照顾的日子，事实上，那些日子已经持续得足够长了。作为一个成年人，在母亲去世40多年后，刘易斯创造了他的中土世界——纳尼亚王国，在那里，他回到了一直埋藏在他脑海深处的童年世界。

在最初的混乱状态中，关于刘易斯家这两个男孩的未来，必须要做一个决定。沃伦还好，他在3年之前的1905年就已经到了赫特福德郡沃特福德附近的温雅德小学学习。但是，杰克怎么办？

弗洛伦斯去世后，艾尔伯特和他的两个儿子几乎无法沟通，杰克在家里感到非常不舒服。他唯一可以与之交流的人就是沃尼，所以很明显，他也应该在温雅德小学注册上学，因为在那里他至少还有哥哥的陪同。沃伦可以教他一些生活的技巧，而与那些和自己年龄相当的男孩一起，也会给他一个更健康的环境，使他从家庭的悲剧中恢复过来。

至少这是艾尔伯特和杰克在世祖辈的看法。在现实中，它只是回

---

① 有关托尔金的性格更详细的描述见《托尔金传记》（*Tolkien: A Biography*），伦敦：小布朗，2001年。

避了刘易斯家庭中面临的情感问题。杰克真正需要的是他周围成人的一些支持。失去了母亲，又被扔到了一所新的异地学校，与一群他从来没有见过的男孩儿打交道，即便是有哥哥的陪伴，杰克还是会觉得非常痛苦。这一决定进一步导致了他与父亲关系的恶化，对此，他一直难以忘怀。

艾尔伯特·刘易斯确实犯了很多错误，但不可否认的是，他的儿子们对他的回忆也是非常苛刻的。在《惊悦》中，刘易斯说他的父亲是一个"不容易沟通的人"，他还曾说，他是一个"自认为细致的简单的人"。这样的评论是不公平的，但是这主要源于孩子们真正的痛苦和他们的父亲在家庭生活出现变故后的不当反应。如果不是被丧亲之痛打垮，艾尔伯特可以设法找到某种坚忍的方式和一些内在的力量；如果他能够向他的儿子们显示这一点，甚至把它变成一种表演，就像他所擅长的讲演那样，他可能会与他们享有更好的未来。或许他会得到后代更好的评价。"他们说，共同的悲伤使人们靠得更近。"刘易斯写道，"如果痛苦者是不同年龄段的，我很难相信它的效果。从我自己的经验来看，成人的痛苦和成人的恐怖对儿童的影响只是麻痹与疏远。"[1]

杰克到温雅德小学上学时已经10岁了，当他和沃伦登上开往利物浦的轮船时，他对父亲感到的尴尬和耻辱达到了一个高峰。在码头区，艾尔伯特无法控制地哭泣，但他不能与自己的儿子们分享他的情绪，孩子们只是沉默地站在那里，隐藏着自己的痛苦。

---

[1] C.S.刘易斯,《惊悦》,第17页,纽约：哈考特·布雷斯出版有限公司,1955年。

1908年的事件对刘易斯性格的形成起了很大的作用。失去母亲的痛苦、孤立无援的烦闷、压抑的情绪、曾经亲密的利特尔利如今一切都被拿走，这些深深地影响了刘易斯的性格。这种童年的创伤也为他未来成为一名作家奠定了方向，并给他带来了一种戏剧性的变化——这是一种能够保护他的东西。它让他变得外向并自信地展示他的智力。但是，当涉及对亲密的人以外的任何人表达情感时，他是封闭的、无能的。刘易斯是一个伟大的自我宣讲者，他可以对着一个麦克风或一群学者头头是道地讲述他的想法，但是即使是对他最亲密的朋友，他也不会在任何场合自由地谈论自己的生活、感觉、梦想或希望。这个性格特质甚至也影响到了刘易斯的文学创作。他成了著名的宗教评论员、基督教推崇者以及一些可能被称为"道德小说"的作者，如《地狱来鸿》，他成功地把他的想法写在了纸上。在这里，他可以舒服地暴露他的内心，因为这样他可以将他的情绪转化为一种智力，这时它们几乎不再是任何情感了。

　　刘易斯对英格兰的最初印象并不好。他发现一切都是那样的令人不安。当船驶入利物浦时，进入他眼帘的先是巨大的码头，然后是平坦的、无特色的兰开夏郡景观。他从弗利特伍德到伦敦尤斯顿的火车旅程，经过的是英国"最枯燥、最不友好"的土地。但如果说沿途景观不是他的喜好，那么，没有什么比他的新学校更让他感到恐怖的了，他后来习惯性地称这个地方为"贝尔森"①。

　　温雅德小学一度是一所相当成功的私立学校，它甚至设法让一两

---

① 第二次世界大战时期一个纳粹集中营的名字。——译者注

个更有前途的学生获得奖学金。然而,在1901年,刘易斯到那里上学的7年前,一个受害学生的父母因为一个残忍的案件起诉了校长罗伯特·凯普伦牧师。这个案件最终是庭外和解,但它还是影响了学校的声誉。等到刘易斯加入他的哥哥到那里上学的时候,那里的学生还不到20个(其中十几个是寄宿生),而凯普伦牧师仍然是这所学校的校长,还在使用他习惯的残酷方法管理学校。

现在,温雅德小学已经不复存在,我们只能从刘易斯的个人记述中了解这个地方,但是也没有什么理由让我们不去相信他的描述,即使他的回忆都带有对这所学校一切事情的仇恨。作为一个学习的地方,这所学校是非常不完善的。员工包括"老家伙凯普伦"、他的儿子(孩子们给他起绰号为"狗尿苔")和凯普伦的一个女儿,有的时候会有一些"门房"或助理,但是其中一些人工作都不到一周就会离开。学校里没有运动场所,也没有图书馆,只有一个公用浴室,男孩们每周可以在冰冷的水里洗一次澡。

课程的设置面很窄,除了数学没有其他任何内容,因为数学是凯普伦唯一感兴趣的科目。男孩们每天早上都要无休止地在写字板上计算数学题。之后,凯普伦会检查结果,他甚至会为极小的错误殴打孩子,其中一个男孩还被要求过"说说教训",其中包括阅读《圣经》里或者凯普伦准备的内容中的段落。

刘易斯说,他在这所学校里几乎没有学到任何内容。当他到达那所学校时,他就知道一些拉丁文语法,而等他在18个月之后离开时,他仍然还是只会那些内容。他从无尽的代数和几何课中没有任何收获。地理、历史、文学和科学在这所学校中从来没有被提到过。所有这一切都很容易毁掉他可能成为一个学者的机会。

然而，温雅德学校的教育质量不是杰克最关注的内容——更让他觉得深受折磨的是学校的生活条件和校长的心态。学校里的卫生条件很差，而且冬冷夏热。不仅建筑物破旧，里面的家具也被用得不能更旧了。而且，最要命的是，凯普伦是一个残酷的人。

凯普伦牧师是一个大个头、脸上留着毛烘烘的长胡子的壮汉，散发着令人难以忍受的体味，并以虐待孩子为乐。他特别厌恶那些他认为低于他的社会层次的家庭的孩子，于是便欣欣然地折磨着这些孩子。

刘易斯曾生动地回忆起，他在学校的一些朋友是如何遭受凯普伦的欺负的。有一次，在一个牙医的儿子犯了一点小错之后，"老家伙"挥舞着手杖，穿过房间去追打那个男孩，并狠狠地打在那个男孩的后背上。那可怜的孩子显然已经习惯于被校长鞭打，所以每一鞭打下去，他几乎连声音都不发出来。等校长打完了，他只是发出一声几乎听不到的"终于解脱了"的嘟囔。

杰克给家里写了长信，描述自己在温雅德学校每一天受到的折磨。他描述了无能的员工、可怕的生活条件以及孩子们受到的身体和精神上的摧残。但是，他的投诉一直被忽略。在放假期间，家里从未讨论过学校的问题，因为艾尔伯特根本不能忍受这样的谈话内容。在他看来，杰克不应该通过承认苦难来贬低自己。

但是，杰克在这所学校的第二年开始后，情况变得越来越糟糕。

在1909年暑假期间，凯普伦牧师的妻子去世了。但是，妻子的去世没有减弱他的暴虐性格，反而让其变本加厉了。他对孩子们的殴打越来越野蛮，而且越来越频繁。对于杰克而言，这是历史的重演。凯普伦似乎是另外一个失去妻子的成年受害者，他的这种崩溃使一个已经很恶劣的环境更为恶化。杰克的反应就如同他在家里时的反应一样：他变得更加内向，在幻想和头脑的漫游中寻找安慰。

在这段时间内，刘易斯开始创作更多关于博克森的故事，并开始了他后来形容为"小说"的一部历史小说《阿基米瓦尼亚战争》的创作。他写了有几十页就不写了，目前只有少量片段留存下来。与他其他早期写的故事一样，阅读这些片段根本找不出未来刘易斯的影子。连他自己都认为，这些故事枯燥无味。由于这部小说没有任何进展，接下来，他又开始写一个自传性质的故事，讲述生活在一所破旧的英国私立学校里的经历。这里的老师被称为"老家伙"和"温德"。但是，这个故事在写了一些之后也夭折了。

幸运的是，杰克在这所炼狱般的学校里待的时间相对较短。1909年年末，一个学生的父母了解到他们的儿子正在遭受来自凯普伦多次无端的殴打，将他起诉到了高等法院。尽管最后案子被驳回，但是它所产生的破坏性影响逐渐蔓延，凯普伦的可信度没有了，最后，温雅德小学被迫关闭。到了年底，沃伦已经离开去了马尔文学院，杰克不得不忍受6个月没有哥哥的陪伴。然后，在1910年的夏天，他被送回爱尔兰，根本不知道自己接下来的教育在何方。

至于凯普伦，虽然这次被告毁了他的声誉，但他还是在一个不那么挑剔的教堂找到了一个神父的职位，搬到离学校几英里远的拉得斯托克村。在那里工作没几周，他开始出现严重的精神疾病症状，1911年在护理院中去世，享年60岁。

鉴于凯普伦所建立学校的恶劣，甚至即使按照当时的标准，这所学校也是一所非法的学校，但是令人相当惊讶的是，艾尔伯特·刘易斯竟然不仅把儿子送到那里上学，在儿子写信回来不断请求被带回家的时候，他仍然让他待在那所学校里。更令人感到震惊的是，沃伦根本没有警告过他的父亲，不要让杰克去温雅德小学上学。我们只能假设，他非常渴望有他弟弟的陪伴，所以他也不在乎这个地方对弟弟会有多坏了。

尽管在温雅德学校里的很多经历都是负面的，但是刘易斯不能否认，在那里，他确实得到了一些东西。虽然他在那里遭受的苦难比他获得的内容更多，但是整体而言，这次的经历还是有一些积极的意义的。他学到了友情的价值。在学校里，所有的男孩都处在同样的恶劣困境中，因为当时是学校的最后一段时间，没有新的男孩入校，这使得这些孩子形成了一个紧密的群体。

当不上课的时候，男孩子们可以做自己想做的事情，刘易斯就能够阅读他喜欢的任何书籍了。他与其他一些男孩组成了一个俱乐部，弄到了所有最近出版的男孩杂志，包括《私传德》杂志，当时很多知名作家，如柯南道尔、H.G.威尔士和莱德·哈格德等人都在此杂志上发表过文章。在这些故事中，刘易斯发现了奇幻小说的种子，这将对他的写作产生巨大的影响。它唤醒了刘易斯脑海中一种奇幻的感觉，那是一个远离平凡的日常世界的地方。

在温雅德小学，刘易斯也首次接触到了宗教。在《惊悦》中，他描述了当自己发现母亲将要死去的时候，他是如何经历他后来认为的那种"伪"宗教状态的。在开始的时候，他呼吁他的个人想象的神能帮助自己处理刘易斯家族的悲剧，帮助治愈他的母亲。当时，尽管他祷告了，但她还是死了。杰克说服自己，这不是结束，他会见证一个奇迹。他相信，他的母亲会像拉撒路一样，从床上升起来。但是，这样的奇迹并没有发生，他只能接受，像其他的情形一样，这是一种失败，没有其他可替代的方法。

有一点是很令人惊讶的——这种经验并没有损害他后来真正的宗教意识的觉醒。但刘易斯后来认为，这其实不是一个真实的宗教经验，而只是一个童年的幻想。他认为，上帝是一个能够展现奇迹的魔法师，一个可以通过挥舞魔杖就让一切都瞬间变好的魔法师。

在温雅德小学，刘易斯先了解的是盎格鲁天主教，这是当时支配着凯普伦的扭曲心理的宗教。校长在每个周日把男孩们带到当地教堂两次。在那里，刘易斯，一个出生于爱尔兰家庭、很少进入教堂的新教徒，第一次了解到高教会传统。在这里，他首次经历了跪着唱赞美诗、一唱就是一个小时的经历，听地方主教做着大部分内容都没有意义的讲道。他们成功地达到了自己的目的，把这些孩子吓得不敢出声。所有这一切与刘易斯在利特尔利所找到的上帝的形象是完全不同的。在此之后，由于这些仪式和恐惧，刘易斯开始阅读《圣经》，并认真地与其他那些被"忍受"和"救赎"等观念洗脑了的孩子们进行宗教对话。

但是，这没有持续很长时间。随着学校的突然关闭，刘易斯很快不得不与他的难兄难弟们告别，穿过爱尔兰海，回到自己的家。回到那个曾经熟悉的贝尔法斯特的环境后，他开始在一所新的学校学习——他家附近的坎贝尔学校。

然而，他在那所学校也没有学习多久。杰克一直是一个病怏怏的孩子，从3岁起，他就经常喉咙感染、胃不适或感冒。在大多数情况下，他还是很喜欢他的童年疾病的，因为在这些时候，他会被宠爱和照顾。他会被允许花所有时间来阅读他想要读的书籍，而没有任何学业压力。但是，经过了温雅德小学不舒服的"宿舍"和污浊的环境，他的身体更加不好了。在他离开学校前，他接受了腺体手术。在坎贝尔学校学习了几个星期后，他又病了。这一次，艾尔伯特决定让他退学回家。

然而，这个决定给艾尔伯特也出了一个相当大的难题，因为他不能让杰克每天待在家里无所事事。为了寻找一个解决方案，他找到伦敦的一个名为加比塔斯和思林的培训与教育咨询机构，他们专门从事将男孩放置到全国各地适当的私立学校的工作。经过一番讨论，艾尔伯特决定让孩子去伍斯特郡马尔文的一所预科学校瑟堡小学，这所预科学校与沃尼正在学习的马尔文学院距离很近，当时沃尼读二年级。

对于杰克而言，1910年的圣诞节是一段令人惊讶的快乐时光。他刚从疾病中恢复过来，沃尼回家了，温雅德小学只是一段酸楚的记忆而已。他兴奋地期待着一所比温雅德小学或坎贝尔小学更好的学校。

假期结束后，新年年初，兄弟俩冒着零下的温度，在风雪中开始另一场前往英国的海上旅行，对于杰克来说，这已经是他在两年内所上的第三所小学了。

马尔文镇比温雅德小学的环境要好，沃尼肯定已经和他的弟弟预先讲了这些好的地方。到1911年，马尔文镇与上个世纪中叶相比，面积已经增长了3倍，位于一个流行的温泉附近。那些虽然流行但并没有真正治疗作用的医疗措施让马尔文的一些不道德的商人发了小财，他们建起了豪华的房子，还赞助当地的设施建设。

对于杰克而言，幸运的是，到瑟堡小学的学习标志着他教育的真正开始。这所学校学术上很强，又有合格的教师，所以它很快弥补了杰克在温雅德学校所接受的失败教育。在这段时间里，杰克迅速成熟了，对于这些，我们应该感谢沃尼。他现在十几岁了，是男孩中的男孩。他已经在马尔文学院学习了将近一年半的时间了，在那段时间里养成的一些习惯深刻地影响着杰克。

沃尼知道在城里什么地方向学生出售香烟，在哪些商店可以买到漫画和便宜的小说，什么地方未成年人可以进去喝酒。杰克到达马尔文之后，沃尼向他介绍了他的烟草和赌博的乐趣，两兄弟似乎都对当地女孩没有表现出很大的兴趣。杰克和沃尼只能偶尔见面，在这么小的社区里太自由是有些冒险的，但他们还是充分利用这个机会。杰克在这个时期最美好的记忆是每个学期开始和结束时来回的旅程。兄弟俩从贝尔法斯特上路去上学时，会坐早班火车从利物浦到伦敦，然后在伦敦坐最晚的一趟火车去马尔文，只要能赶上注册就好。而在中间这段没有家长管理的时间里，他们会在一个便宜的酒店里吃饭，去音乐厅听音乐，再抽许许多多的香烟。从学校放假回家的日子，他们也重复着同样的模式。

杰克一直是一个"聪明的人"，意志也是很坚强的。如果有什么事情，兄弟二人中，他是拿主意的人，他指挥他的哥哥，但是沃伦更加世俗化，他给弟弟带来的影响是他们认为的"大人的习惯"。即便如此，杰克总是有更多的自控能力。在20多岁的时候，两人都成了严重酗酒者，但是沃伦在中年时期因为酗酒而反复住院，却从未戒掉酒瘾。他们俩对于喝酒的态度是不同的。杰克喝酒是为了社交，这只是他生活仪式的一部分。沃伦喜欢社交，但他从没有任何方向性，也没有他弟弟的聪明才智，所以他只能依靠酒精来填补空虚。在他们年少时，这种差异就已经很明显，等到他们年长一些后，这种差异就变得更为明显。

在所有他上过的学校中，杰克最喜欢瑟堡小学。很快，他被选作最具潜力取得很高学术荣誉的学生。但是，这里最大的吸引力在于年轻的女舍监考伊小姐。刘易斯在后来的文字记载中将她描述为这个世界上能找到的最好的学校舍监，他与她很快就相处得非常融洽。

考伊小姐是非常亲切和周到的人，而且最重要的是，她在杰克智力发展和性觉醒的关键阶段出现在他的生活中。在给沃尼以及后来他的终生密友亚瑟·格里夫斯（Arthur Greeves）的信中，杰克隐秘地提到考伊小姐，他对她有着强烈的渴望。但是，这种渴望不仅仅是性方面的。刘易斯后来表述说，她"淹没在通神论、玫瑰哲学、灵性主义以及整个英美神秘主义者传统的迷宫中"。[①] 作为一个信仰建立在摇摇欲坠的基础之上、被疯狂的凯普伦修理过的男孩，面对着考伊小姐所青睐的新奇事物，那种吸引力必然是他无法抗拒的。

刘易斯声称，就是因为考伊小姐，他开始拒绝自己刚刚发现的基督教。但是，更准确地说，考伊小姐只是混淆了他的宗教意识形态。凯普伦点燃的火焰和硫黄，艾尔伯特温而不火的新教教义，加上舍监提供的另一种哲学，都融到了一起。像很多年轻人一样，刘易斯在内在世界中搜索，他的内省使他经历了不同阶段的宗教思考。考伊小姐将他推向另一个层次的思考，让他考虑非正统宗教的和精神上的想法。

不幸的是，这位舍监似乎只受到学生的喜欢，却不受校长和教师的欢迎。她在杰克到学校学习几个月后就被解雇了。杰克从来没有找到她被解雇的确切原因，但是根据他以后对此事的回忆，校长有一天发现舍监拥抱着一个男孩，而那种拥抱的方式是他非常不喜欢的。还有一件发生在更早时候的事，考伊小姐曾经当着那个孩子的面，顶撞了一位资深教师。

刘易斯花了很长时间才从考伊小姐被解雇的阴影中走出来。在他的自传中，他对考伊小姐的记载充满着深情厚谊，他对于自己的亲人都没有过这样充满爱意的叙述。考伊小姐照亮了杰克的世界并激发了他的灵感。然而，她突然的离开给他留下了一片空白。但是，在1911年年底，就在考伊小姐被解雇几个星期之后，他偶然发现了一个替代品——他后来称为"北方"的文学作品。

[①] C.S.刘易斯：《惊悦》，第56页，纽约：哈考特·布雷斯出版有限公司，1955年。

这次发现对刘易斯的意义是让他有了一个可以拥抱的想象的世界,一个住着古代人的地方,一个从来没有真正存在过的场景,一个传奇的王国。这张挂毯在瓦格纳的音乐中编织过,通过艺术家亚瑟·拉克姆的绘画在刘易斯的心中留下印象,同时与灵性的民间传说和英国神话相连接。

虽然刘易斯完全被这种新的热情所裹挟,并在一生之中保持着这个兴趣,但是在1911年的时候,这种兴趣爱好还只是一件时髦的事情。瓦格纳的歌剧《尼伯龙根的指环》于1874年完成,而在13岁的时候,刘易斯在文学杂志上看到一则广告,介绍的是由拉克姆绘制插图的小说《西格夫里与众神的暮色》,当时很多人聚集在一年一度的瓦格纳音乐的拜罗伊特节上,那时是在第36个年头。

然而,这种时尚的创举对刘易斯的重要性是不能夸大的。瓦格纳与拉克姆成了刘易斯当时心智迅速发展的关键因素,并完全影响了他的生活。刘易斯一直被认为聪明勤奋,但现在他开始更加渴望知识。就像他头脑中的一个水闸大开,他感到了一种深刻的渴望,渴望更深入地探究一个戴着面纱的想象世界。这让他认识到,所有的知识都是重要的,发现会给人带来更多的趣味;答案会提供更多的问题,所有这些都会导致人继续无止境地向前。

刘易斯没有明确意识到,通过书籍和在纸上写出一行行文字通往另一个世界的道路是一条让人离开大多数人称为"现实"的道路。他从未停下来思考过,自己已经开始了一场不会被记忆的痛苦所折磨的旅程。在这里,黑暗、糟糕的现实世界不会影响到他。书和音乐的世界不像他母亲去世时的那个像石头一样硬的世界——这是一片他可以自称为王的土地，不受一切干扰。这将对他很有益处，而更重要的是，有一天，他可以从这里的一点一滴开始，形成自己的幻想世界。

为什么他当时要意识到这一点？很少有知识分子知道，他们为何走上了这样的道路。此外，对于刘易斯而言，他在1911年发现的"北方"的故事只是他的职业生涯之梯的第一节，这将引领他成为C.S.刘易斯，纳尼亚世界的构建者。

1914年，16岁的时候，杰克在瑟堡小学的学习结束，这是一所他喜欢的学校。他被送到沃伦学习的马尔文学院。瑟堡小学是一所小型、舒适的预科学校，在那里，他很容易交到朋友，感到自己有动力。校长认为他是一个天才，老师也与他关系良好。相比之下，马尔文学院让他感到不舒服，他在那里待了一整年之后，仍然觉得自己是一个局外人。

还有一个不好的地方是，当杰克进入"大学"的时候，他的哥哥离开了。在1913年的夏天，前一学年结束时，沃伦因吸烟要被学校开除。他的父亲成功说服了校长，允许他自愿离开，以便他的职业生涯（加入皇家军事学校和陆军）不会被毁掉。

到此时，杰克已经成为一个心智独立的人。他广泛且充满热情地进行阅读。在马尔文学院，他很容易做到被期望做到的，但是少有灵感或兴奋的感觉，不过，他正在走上一条自我定位的道路，以自己的方式超越瓦格纳。他发现了一个重要的文本，《日耳曼人的神话与传说》，该书由唐纳德·麦肯齐创作。同时，他也被保罗·亨利·马拉特的《北方古文明》迷住了。从这些书继续发展，他又阅读了有几百年历史的《诗歌埃达》（"老"埃达）和《散文埃达》（"年轻的"埃达）——由古冰岛语写成的斯堪的纳维亚神话。

杰克继续他自己的写作。1911年下半年，他写了一篇题为《拜罗伊特的伟大导师》的论文，这是他为了评价自己最喜欢的作曲家而精心创作的文章。然后，到1913年，他又重新回来写小说，这次他写了一个短剧，他称为"北方悲剧"的《被俘的洛基人》。在这个短剧里，一些人物是雷神的追随者，他称这些人为马尔文的"血性战士"（成功的学生，级长和老师们最欣赏的那些男孩）。同时，他把自己描绘成一个无所不能的纯粹理性的声音，通过严谨的理性，呈现和征服了北欧诸神的极端保守的追随者。

《被俘的洛基人》纯粹是他的一时兴起之作，当然，它显然表明，刘易斯在"学院"里没有觉得很自在。然而，幸运的是，他在学校的日子将被缩短。不知道是不是意识到杰克在马尔文学院不开心，还是仅仅因为经济条件所限，艾尔伯特决定，杰克上完1914年的夏季学，就不再上学了。

在失意地离开马尔文学院后，沃尼被送到萨里进行私教补习，以申请桑赫斯特皇家军事学校，然后，令所有人感到震惊的是，这个男孩真的通过了入学考试。于是，艾尔伯特很快得出结论：他的小儿子或许也能通过这种单独教育受益。而此时，杰克决定尝试着考一下牛津大学，大家一致认为，私人家教会为他提供更多获得奖学金的机会。

那个曾改变了沃尼学习机会的导师不是别人，正是威廉·柯克帕特里克，他是艾尔伯特·刘易斯之前学习的勒根学院的前任校长。现在，柯克帕特里克已经退休了，他被刘易斯一家称为"柯克"或"大敲"。他住在伦敦以南约 30 英里、大布克汉姆村的加斯顿斯，在自己那座要散架的房子里同时教授两三个男生。在这里，他收费单独帮助学生设计学习方案来参加奖学金和入学考试。

杰克独自坐船到英国，而这一次，他经过的水域由皇家海军舰艇坐镇，密切关注任何德国入侵者。暑假期间，英国已经对德宣战，这个假期也是第一次没有沃尼在家——他正在军校接受军官的强化训练。9 月 19 日，杰克坐火车从利物浦前往伦敦，车厢里到处都是从南安普敦和朴次茅斯到法国的士兵，对于他们很多人而言，这次旅程将意味着过早的、惨烈的死亡。

在短短的 6 周之内，世界大战已经从一场区域性战争升级到殃及世界上最强大国家的冲突。但是对杰克来说，这场战争让他知道的唯一途径是，他的哥哥正要离开英国去法国参战。在一个小小的火车站，刘易斯下了火车，窗台上摆放的花盆里是即将开败的花朵，平台被车站的老员工打扫得干干净净，他正要进入一个非常不同的地方，一个安逸、和平而且书籍林立的世界。

柯克帕特里克是一个瘦高的男人，当刘易斯到他那里学习时，他的年龄是 66 岁，仍然很健康匀称。他的声音低沉、洪亮，留着络腮胡子，并经常穿着破旧的衣服，以至于学生在第一次见到他时会误以为是他的园丁。柯克帕特里克是一个受过高等教育、具有非常强烈观点的人。他的智慧以及他作为一个教育工作者的特殊力量，将令他成为对刘易斯早期生活最具影响力的人。

在大布克汉姆村，刘易斯跟着老师设定的严密课程，重心放在拉丁文和希腊文上，这让他更加深入地了解了文学的基础与起源。同时，他也从他的导师那里学会了如何学习。柯克帕特里克主要是逻辑学家，所以只要碰上聪明的学生，他会设计相应的教学方法，让学生在学习过程中取得非常傲人的成绩。他喜欢刘易斯家的这两个男孩，对沃尼在他那里的阶段表现很满意。但是在智力水平上，杰克处于一个完全不同的层次。像沃伦一样，杰克也很迷人，尊重师长，彬彬有礼，同时他还多才多艺，极为聪明。老师很快发现，这个孩子的潜能从未被挖掘，他在平庸学校里接受的教育以及他对那些公立学校的厌恶，严重影响了他学习的进步。他给了刘易斯在之前所接受的教育中缺少但极为必要的两项内容：纪律与方法论。

柯克帕特里克是一个复杂的人，他很友好，经常表现得很和善，但是，在他的内心里，他是一个致力于逻辑和严谨智力的人，他讨厌不成熟的思考，已经养成了一种一看便知的绝对理性。他有一个习惯，质疑一切，会辩论句子含义中的每一个点以及个体的每一个行为。起初，刘易斯被弄糊涂了，因为他从来没有看到任何老师这样做过，但是，很快，他就被老师的这一点迷住了。不久之后，他已经开始吸纳柯克帕特里克的做法，而这种方式陪伴了他的余生。刘易斯的朋友和同事在后来回忆起刘易斯的谈话方式时，他们都记得他的探究方式，他对思维清晰准确的坚持，即使是对于最简单的事情，刘易斯也会如此。对于一些人来说，这是一个令人非常讨厌的特质，但是由于刘易斯已经成年，这一点已经成为他根深蒂固的个性了。

尽管刘易斯非常钦佩和喜欢柯克帕特里克，但是他不喜欢他的妻子路易丝。他认为她粗俗和简单，在刘易斯的描述里，她只关心茶话会和缝纫。事实上，柯克帕特里克夫人远非一个简单的人，她努力与她丈夫的这个新学生成为朋友，陪同他去看剧，晚上给他阅读。她还带他去伦敦看芭蕾，甚至试图向他介绍"现代"的作家，如弗吉尼亚·伍尔夫。

刘易斯在后来的自传中写到，他在大布克汉姆最快乐的时光是当柯克帕特里克夫人不在家的时候——他对这位女士的几乎所有评价都是尖刻的。这种态度对于路易丝·柯克帕特里克这样温柔的人来说是不公平的，这也说明，长久以来，在刘易斯的记忆里，母亲已经被理想化了，没有其他的年长妇女可以通过他的审核。并且，他仍然对市区的考伊小姐念念不忘。令人吃惊的是，虽然柯克帕特里克夫人试图将刘易斯介绍给她认识的年轻女性，但他表现出来的是没有丝毫兴趣。曾经有一次，杰克试图去认识一位因为战争被疏散到该地的比利时姑娘，但是，他似乎也很快就失去了兴趣，接着回到但丁、荷马和他自己喜欢的世界中。

杰克很快习惯了在加斯顿斯的生活。他经常会感到无聊，他想念他的哥哥，但是这里对他而言是田园诗般的环境。他热爱农村，继承了他外祖父托马斯·汉密尔顿的习惯，喜欢长、短途旅行，后者经常会在雨中跋涉20英里，并声称甚是喜欢。杰克被书包围着，这里的书或者是他曾经主动阅读过的，或者是他在学校里被强迫阅读过的。在柯克帕特里克的房子里，他开始充分体会到希腊文学和历史的广阔无垠，他也渐渐开始喜欢但丁、弥尔顿和斯宾塞。同时，他发现了作家乔治·麦克唐纳的作品，并开始特别喜欢他的名著《幻境》。

这些发现对刘易斯的想象力和心智的发展产生了重要影响。它们的作用与在加斯顿斯设计的课程材料一样重要。此外，柯克帕特里克不仅在改变着刘易斯的学术生活，他还影响了这个年轻人在其他方面的想法。柯克帕特里克出生在一个长老会教派家庭，但是很早之前，他就已经认定，所有宗教都是荒谬的逻辑类型，所以在一生中首次，刘易斯每天是在和一个无神论者在一起。

他对这种经历很着迷，在当年年底写给哥哥沃尼的信中，刘易斯描述"加斯顿斯的异端"，他的哥哥当然已经很熟悉这些了。沃尼之前在学校里已经信奉了基督教，所以一直没有受到柯克帕特里克的影响。但是杰克则很明显地接受了他的导师的宗教态度。

具有讽刺意味的是，就在这个时候，艾尔伯特决定，刘易斯应该加入教会（即使他自己都不是一个宗教信奉者）。然而，杰克此时对于宗教已经有了自己的知识分子立场，并且他将保持此立场15年。他认为所有的宗教都是神话，是由想法简单的原始人编造的，目的是解释复杂和恐怖的世界。1914年的时候，对刘易斯而言，基督教与太阳崇拜或与神灵有关的异教奥林巴斯是没有什么区别的。尽管如此，在1914年圣诞节前，为了让父亲高兴，刘易斯还是参加了"坚振礼"，确认加入基督教，但实际上，他那时是一个无神论者。那个入教的过程在他看来是愚蠢的表现,他只不过是个演员。

在自传中,刘易斯并没有提及他对这个仪式的怨恨,但是他声称,在当时,即使他想坐下来跟艾尔伯特讨论这样的事情,他也不可能让他的父亲理解他的宗教情感。自从 6 年前弗洛伦斯·刘易斯去世之后,杰克与他的父亲一直就不亲近,当他开始发展自己的独立思考后,他发现自己与父亲几乎无法沟通。对杰克而言,分离并没有让两颗心更加接近,在家里过假期(从 1914 年起,假期阶段,沃尼不再回家了,他已经在英国对德宣战后被派往西线作战)变得越来越沉重。

杰克对父亲的不满,有一个例子可以证明——在他的父亲艾尔伯特去世 25 年之后,刘易斯仍然找不到几个词可以描述他或者那个家。说到利特尔利,刘易斯会这样写道:"那个我们一直讨厌的家,我们喜欢讨厌的家。"[①] 在其他地方,刘易斯还写道:"我在想着星期一早上,那时他(艾尔伯特)会出去工作,那将是一周中最闪亮的时刻。"[②]

他的第二句话让人想到他对柯克帕特里克夫人的态度。在某些方面,他将他的父亲和他老师的妻子归为一种类型的人。在他的心目中,他们喜欢的是"低俗文化",只注意生活的细枝末节,而排斥那些更崇高的内容。

杰克和他的哥哥沃尼背后称他们的父亲是"土豆鸟",因为艾尔伯特在说"土豆"这个词的时候,发音有点怪。随着杰克教育的拓宽,他在艺术、历史和文学方面的知识远远超过了父亲有限的一点知

---

① C.S.刘易斯:《惊悦》,第 100 页,纽约:哈考特·布雷斯出版有限公司,1955 年。
② 同上。

识，在与哥哥的信件交流中，他开始嘲笑父亲的"低俗"口味。

多年以来，艾尔伯特对杰克的蔑视一直熟视无睹。当孩子们从学校放假回来，他经常带他们去听流行歌剧，比如《卡门》，或到剧院听现代音乐。沃尼喜爱这样的事情，但杰克永远是那个不情愿的成员，他总是不可避免地要把这些演出与他心爱的瓦格纳做不公平的对比。

很难准确地知道，刘易斯为何对自己的父亲如此排斥。最可能的原因是，在某种程度上，他要为杰克母亲的过早死亡负责。当然，这里面没有多少逻辑，如果是这个原因，那么它应该是刘易斯潜意识里的偏见——杰克可能会有一种非理性的情绪，觉得"为什么必须是她而不是他？"。作为一个男孩，他把完整的情感承诺给了他的母亲，而母亲却从他身边被残忍地抢走。他感觉太糟糕了，所以他在那个时候"感觉"（而不是相信）他可能永远不会再作出任何爱的承诺。

事实上，当杰克与柯克帕特里克一家生活在一起时，他觉得自己的生活几乎完全是孑然一身的。沃尼在遥远的地方过着完全陌生的生活。他们几乎每天都给对方写信，杰克了解到军队的事，知道他的哥哥非常喜欢这种生活。而反过来，杰克会讲他在加斯顿斯的生活和村子里的日常事务。但是，他们相距甚远，在未来很多年中也将不会团聚在一起。

幸运的是，在1914年这个真空期，他在生活里又遇到了一个新的朋友，他终生保持友谊的朋友——亚瑟·格里夫斯。准确地说，亚瑟·格里夫斯与沃尼的年龄相仿，是他们家在贝尔法斯特的邻居，他家的房子就在利特尔利的街对面。亚瑟和杰克彼此都很熟悉，但是直到杰克离开去加斯顿斯，沃尼离家参加军事训练后，他们的关系才变得更加紧密。不久，亚瑟成为杰克唯一与家这边保持亲密接触的人。两个年轻男子给对方写很长的信件，坦露自己的内心想法、信念、希望和梦想。

他们两个在很多重要方面都是有很大的不同的。亚瑟是同性恋，并在很小的时候就已经意识到自己的性取向。杰克知道自己是异性恋者，即使他并没有过性行为这类直接经验。从对亚瑟的告白中我们得知，杰克在瑟堡小学就已经开始自慰，并倍觉愧疚，因为他无法阻止自己，可又觉得这样不对，强烈的耻辱感让他近乎抑郁。所有这一切，他只能和他在贝尔法斯特的朋友分享。

亚瑟是一个虔诚的宗教信仰者，而杰克在14岁左右就已经没有了这种信念，所以他热衷于跟自己的灵魂密友争辩。亚瑟乐于回应，所以他们长时间地就一点进行交流，直至观点说透。亚瑟是一个艺术家，后来就读于伦敦的斯莱德学院。虽然观点和信仰相左，但是他的很多兴趣与杰克相同。亚瑟大约在同一时间发现了"北方"文学，他和刘易斯一样喜爱瓦格纳。这种关系从一开始替代沃尼的缺失，到智力交锋的需要，最后迅速成为长期的兄弟般的感情。事实上，当杰克在大布克汉姆准备申请牛津大学的入学考试时，他与亚瑟的友谊已成为他生命中最重要的事情。在亚瑟那里，他已经找到了一个朋友——他不仅能与之分享他的心智发现，还可以与之交流他内心最深处对其影响甚深的想法。

正是亚瑟首先建议杰克写"欢悦"的。对于刘易斯而言，"欢悦"

是一种感觉，一种感情，很难进行界定，但他肯定一切伟大的艺术家的心中都存在这种感觉和感情。他第一次感觉到这一点的时候，是当他还是一个小孩子、在贝尔法斯特眺望卡斯尔雷山的时候。在那些日子里，这种感觉和反应是没有名字的，只是一种情绪反应。但后来，他找到了一种定义这种情感的东西，他把它命名为"欢悦"。对于刘易斯来说，"欢悦"总能在所有他珍惜的东西中找到。正是这种奇妙的感觉支持着他的奇幻文学、他喜欢的音乐以及他在很多简单的日常事务之中看见的美。最关键的是，这种"欢悦"为他奠定了创作基础。"欢悦"是《纳尼亚传奇》的基石，充斥着《黑暗之劫》中善的力量，它也是刘易斯后来认为的基督教信仰所代表的内容。对于刘易斯而言，它就是上帝。

亚瑟能理解"欢悦"是什么，但是沃尼却很难理解。在杰克看来，他的父亲艾尔伯特永远无法理解。对于"欢悦"的欣赏让刘易斯与一个成人成为朋友。"欢悦"也是他终生学习和阅读的中心定位。1916 年，当他参加牛津奖学金考试的时候，寻找"欢悦"是他坐在那里的原因。即使是在那时，他也知道，在学术研究的世界中，他可以花费自己的一生来追求"欢悦"。带着这样的确信，他欣然进入了那个被它照亮的世界。

第三章
奖学金与战争

到1916年年底，杰克·刘易斯已经在柯克帕特里克的门下学习近两年半的时间，他现在已经准备好了参加牛津大学的奖学金入学考试。如果能通过这次考试，他将进入牛津大学的一个学院学习，每年的奖学金为100英镑多一点。同时，他将在学术生活中更上一个台阶。

刘易斯现在得出的结论是，他想成为一名作家。但是，他已经知道，作为一名作家，谋生将会成为一件非常辛苦的事情。相反，他还知道，如果做学术研究，至少他可以暂时解决生计问题。柯克帕特里克非常了解杰克想要什么，所以他写了一封信给艾尔伯特·刘易斯（杰克是在多年以后看到这封信的）告诉他，杰克做什么行业都没有益处，除了做学者或作家，并建议艾尔伯特接受这一事实。

刘易斯对牛津大学的第一印象是滑稽和有趣的。在参加奖学金考试的前一天，他乘火车从大布克汉姆到达这里。他是从火车站的错误一边的出口出来的，步行下去走进了相当肮脏难看的赫利区。当他走到距离牛津中心1英里远的地方他才意识到，这些看起来就很沉闷的商店和带露台的房子不可能是城市古老的心脏。他转变方向，在他面前，他看到了自己所梦想的砂岩尖顶和中世纪建筑无尽的美丽。从此，他开始了与这座城市的终身爱情。除了在他生活的最后阶段，他曾在剑桥担任过教授以外，除了牛津，刘易斯从来没有在任何其他地方生活过，甚至在他从这里毕业之前，他就已经认为这里就是他的家了。

1916 年 12 月的牛津已经不是 3 年前的那个牛津了，也不是充满活力的学习的地方——在战争结束后，这里才恢复原样。学校里所有学院的学生汇总起来也只有 315 名，其中很多是外国学生或医学生。其中超过 1/3 的学生同时也在军官训练团训练，为的是准备好到前线作战。在战争的头两年半的时间里，学校过去的 1.5 万名学生以及很多和平时期本应在此学习的学生已经在法国战场上为国捐躯，那些还活着的人现在待在泥泞的战壕或医院的伤员床上。

如果一个现代人回去访问那时的牛津会发现，它与当下这个繁忙、面积广阔的大学城市是不一样的。牛津一直保留了它的美丽和宁静，但是现在能找到这样感觉的地方只有在窄巷中，还有四方的学院楼、不走车的广场和城中心的几个高墙围绕的花园中。在这里，一个人借用一点想象力仍然可能想象着雪莱或埃德蒙·哈雷曾经看到的地方。但是，除了这田园诗般的景致和高街区域，牛津和其他 21 世纪早期的城市一样，饱尝交通堵塞和污染之苦。高街边上有一家麦当劳，伯德街和特尔街上的纪念品商店与众多的书店林立在一起。

在 1916 年，古老的建筑是可以看到的，而且很整齐，那时的这个地方比现在更安静、更整洁。当刘易斯沿着高街，踩着前一天晚上刚刚下的白雪，去奥瑞尔学院的考试大厅参加12月5日的考试时，街上几乎没有汽车经过。那时的牛津有着惊人的美丽。塔尖顶的白雪晶莹剔透，冬天低低的太阳投下淡橙色的光芒。年轻女孩从他身边匆忙走过，穿过寒冷，穿过高街，去商店，或去距离市中心西北部半英里的工厂上班。

为了参加这次奖学金考试，刘易斯认真地做准备。对于所有希望进入牛津学习的学生而言，这都是一场考验。很多刘易斯与之共同工作和喝啤酒的同事都曾在那一天或多年前在同样那个大厅里经历同样疲惫的一系列考试。托尔金参加过两次这样的考试：一次是在1909年12月，他没考成功；再次是在1910年12月，他获得了一笔相对小额的奖学金。

刘易斯觉得奖学金考试非常难，在完成考试之后，他完全认为自己考砸了。在牛津住了5天之后，他回到贝尔法斯特的家中，立即告诉他的父亲等待最坏的结果。他唯一可以稍微安心的事情是，无论结果如何，他几乎肯定会被要求参军。在萨里乡村的学校过着远离战争的生活对他来说只是一件暂时的事情。很快就会轮到他了，像他的同龄人一样，无论有没有奖学金，他都可能不会去牛津大学学习。然而，12月23日上午，在经过两个多星期的焦急等待后，利特尔利收到了一封信，杰克·刘易斯拿到了大学学院的高额奖学金，他自然喜出望外。

杰克真的认为自己不会被牛津接受，这说明在他与柯克帕特里克一起学习的岁月中，他的改变和进步有多大。在十四五岁的时候，他一直是不可容忍的傲慢和自负。用他后来自己的话来形容他的少年时代，他很"自命不凡"。这个词很准确，他指的是一个人自视清高，但做事情却没有分寸感。

到1916年12月，杰克刚满18岁。他身体良好，麻烦的儿童时代的疾病都没有登陆，长时间的散步已经增强了他的耐力。他的身高是中等水平，宽肩适当，体型匀称。如果看一张老刘易斯在1881年前后照的照片，乍一看，人们会误以为那是1918年前后的杰克。在那个年龄段，年轻人还没有为了事业穿特定的衣服，或梳什么时髦的发式，让他们与父母有不同的时代标记，所以年轻的刘易斯很容易被认为与父亲在同一年龄的样子十分相似。他们两个人的头发都是梳到一边，油腻地垂下来，即便穿着精神的衣服，脖子后面的领子也是褶皱着，鼻子都是细长、优雅的，眼睛黝黑，发出探询的光芒。杰克知道两人这些惊人的相似之处，并曾宣布："我和我的父亲是一个模子里刻出来的。"① 如果在今天，他可能会使用"克隆"这个词。

那么，此时刘易斯的大脑里是什么？他最优秀的品质是他强大的记忆力和他对知识的渴望。他还没有表现出任何独特的文学才能，但是他有着燃烧的欲望，想成为一个"诗人"。当然，这样的愿望在1916年并不少见。很多与刘易斯智力相近、背景相近的年轻人都渴望成为诗人，而且在与他同时代的年轻人中，确实有一些人在短暂的一生中展示了他们的巨大艺术才能：那些在战壕中战斗的中产阶级知识分子，他们没有从战争中幸存下来，比如鲁珀特·布鲁克和威尔弗

---

① C.S.刘易斯：《惊悦》，第180页，纽约：哈考特·布雷斯出版有限公司，1955年。

雷德·欧文，或者西格夫里·萨松，后者在战后继续从事他的文学工作。

刘易斯并没有展现出同时代人的这种特殊的文学天赋。他的很多早期诗歌都是令人尴尬的糟糕——这是他后来不太愿意承认的一个事实——他从不具有一种纯净诗意表达的天赋。事实上，他花了多年时间才发现自己伟大的、独特的文学之路，这条路融入了诗歌的精神，将它放入了一个完全不同但是他擅长的文体中。

他的智力是被训练过，但是范围相当狭窄。像很多取得伟大成就的人物一样，他的能力在儿童时代并没有集中在某些方面，但是后来逐渐集中在一个小范围的目标上。作为一个年轻人，他已经是一个不错的散文家和批评者，并对语言有着一种天然的理解。他童年时代对奥秘、神话和传说的兴趣一直保持，"北方"文学仍然是他的缪斯，并将永远如此。作为学者、作家和梦想的乳化剂，这样的生活对他是非常适合的。但是，在他走上学术和作家之路前，在1917年，他不得不面对那一代人所要面临的共同的恐怖问题：战争。

年初，战争已经开始激烈地进行。前线的很多地方，冲突已经达到了血腥的僵局，每一方定期都会有上千的年轻人死去。在这个时候，战争（有人声称将在1914年圣诞节结束）继续进行，刘易斯知道，他必须在某一时刻加入。

1916年圣诞节后，他回到了大布克汉姆，准备他在牛津的第一次考试。这次考试叫作文学学士学位初试，将测试他的数学，而这是他一直很讨厌的课程，尽管事实上，他的母亲是一位优秀的数学家，但数学却是他最薄弱的科目之一。柯克帕特里克花了两个月的时间帮助刘易斯准备考试，3月，他回到牛津参加考试，但是这次他失败了，不过依然被告知，他可以在当年晚些时候再考一次。如果要继续在牛津大学进行本科的学习，他将必须通过第二次考试。

在牛津，这是一个繁荣、温暖的夏天，一个远离弗兰德斯战事的世界，太阳照耀着切维尔河，樱桃树那缤纷的色彩映衬着完美的蓝天。1917年的夏天，在牛津的学生比上一年还少，整个城市周围都有战争的迹象。其中一个大学学院的庭院被用来做收留伤员的营地，学院的院长拒绝给出一套完整的学习研究课程，因为他们的学习注定会被兵役中断。唯一的例外就是那些正式认证为不适合的外国学生。根据刘易斯的记忆，有学生拒绝为英国参战。这些学生是很幸运的，他们可以在整个战争期间留在牛津，好像欧洲大陆什么事情都没有发生一样。

这一切的好处是相对较少数量的本科生得到极好的待遇，确实如此，刘易斯从未如此奢侈地生活过。他有一套自己的房间，房间里还有一架大钢琴和昂贵的家具。抛光的橡木板上铺着古代波斯地毯，巨大的壁炉带着石刻。在他刚到的时候，还有一个"校工"，或仆人，给他端来了一杯茶，并帮助他整理行李。

听讲座的地方就在他房间附近的一个大厅里。膳食在大学里吃，虽然食物没有达到战前的标准，但是与刘易斯曾经在家里或在柯克帕特里克家吃的东西相比，要好得多。那个时候，啤酒和葡萄酒还未实施配给制。这是一种神圣的文明氛围，如果人们不去想在不远处的英吉利海峡是另外一种境地，这个世界很快就会被侵入，那么，一切都很美好。

刘易斯在努力驻足牛津，并为他的第二次考试做准备，他开始参加军官训练团。他在写给父亲和写给亚瑟·格里夫斯的信中（他与他现在已经信件来往一年多了）介绍过这个团体。"他们比马尔文的培训更让人感觉惬意些：每个人都那么友好、讲理。"他这样告诉他的父亲。①

艾尔伯特很担心杰克加入在法国的军事行动。"这是他的军事生涯的开始，但是对我而言，却像报丧的钟声。"他在一封写给沃尼的信中谈到杰克参加军官训练团的事情，"几乎可以肯定，他将被分入步兵，带着某种军衔。"②

在写给亚瑟的信中，杰克也告诉他一个类似的故事——他是如何享受牛津的生活，并发现军官培训一点也不沉闷的——但他也告诉他一些更冒险的事。格里夫斯得知他的朋友有了一个新乐趣，在牛津的一个区域的河流中赤裸着身体游泳，在这个封闭区域内，男士们可以"不穿衣服洗澡"。

上述活动还是无害的，但是有一些黑暗隐蔽的行为，刘易斯只能与亚瑟分享。他继续写信给他讲手淫的幻想，开始表现出对虐待主义

---

① 沃尔特·霍珀（Walter Hooper）主编：《他们站在一起：C.S.刘易斯与亚瑟·格里夫斯1914—1963年的通信》(They Stand Together: The letters of C.S.Lewis to Arthur Greeves 1914—1963)，第185页，纽约：麦克米伦出版社，1979年。
② 艾尔伯特·刘易斯1917年4月30日写给沃伦·刘易斯的信件，《刘易斯文稿：刘易斯家族回忆录，1850—1930年》，第5卷，第208页，收录在韦德收藏品中，美国伊利诺伊州惠顿学院马里恩·E.韦德中心。

的强烈兴趣,他在描述中对此充满赞美。在1917年1月写的一封信中,刘易斯开始解释,他是把信放在膝盖上书写的,然后这个看似无伤大雅的评论让他继续谈论鞭刑和打屁股的话语。他说:"在我的膝盖之上……当然让人想到被鞭打时放置的位置:或者是为了不受鞭打(你不能受到任何鞭打),为了鞭子拂过的折磨……对于受害者而言,是非常令人感到羞辱的。"很快,他在写给格里夫斯的信中使用的签名是"喜爱鞭子的人",并详细描述了涉及亚瑟妹妹的可怕幻想——他要为了她的灵魂而鞭打她。在另外的信中,他描述了自己在牛津看到的一个特别漂亮的女孩,想象着如果她遭受到他脑海中幻想的那些痛苦折磨的一半,她会是什么样子。①

这些内容是很难解释的。多年后,当刘易斯成为一个著名的基督教护教者后,他自然对这种青春期的想法感到羞愧。自那以后,他的很多朋友(那些在他成年后才认识他的人)都着力强调,刘易斯迷恋虐待狂是一件短暂的事情,是荷尔蒙混乱的副作用。这是一种可能性,但是首先,他为什么有这些幻想呢?他对疼痛和肉体酷刑的兴趣表明了他在青春期受到的困扰。可以想象,他被这些行为吸引的原因是被压抑但可以理解的恐惧:战争——他自己迫在眉睫的、可能的死亡。也许只有通过这种简单的方式,他才能够在这样一个危险的时刻,知道自己的生命可能很快就会被缩短。

另一个解释来自他自己的过去,而不是任何想象的未来。他对惩

---

① 艾尔伯特·刘易斯1917年4月30日写给沃伦·刘易斯的信件,《刘易斯文稿:刘易斯家族回忆录,1850—1930年》,第5卷,第159页。现收录在韦德收藏品中,美国伊利诺伊州惠顿学院马里恩·E.韦德中心。

罚和痛苦的品尝可能源于他内心的愤怒、他的怨恨与痛苦。我们必须记住，杰克会将一切都包装得很好，他多年来一直这样做。总是有多种可能性让他被压抑的情绪以一些不寻常的方式爆发。

所有人都知道，杰克对虐待主义的兴趣从未超出他自己的想象，但是没有人知道，关上门，在什么地方会怎么样。对于18岁的刘易斯来说，这些虐待的想法没有进一步发展：只是停留在幻想阶段，也就有勇气和亚瑟说说而已。

1917年6月，刘易斯在牛津大学的第一个精彩的学期已经结束，他要开始长长的暑假了。但是，这一次的假期会与以往不同。因为战争，学校没有官方的"放假"，他被要求留在英国。他现在处于学术与军事的中间地带，任何时候都有可能被要求去打仗。事实上，他相当肯定，他在10月时是无法回来上课的。在6月10日，他被迫离开他在大学里的房间，搬到了凯博学院的军事营房——那是临时设立的军营。他在信中向格里夫斯抱怨道："离开我那温暖舒适的大学房间，来到没有地毯的营房，睡着没有床单或枕头的床，还要和其他军校学生共用一个房间，一切都要保持整洁。"[①]

刘易斯把他在那里遇到的士兵分成三类。第一类是"现役军人"，这些人已经在前线战斗过，或者是回来休假，或者是在行动中受伤。在大多数情况下，他喜欢并尊重这些人，虽然有的时候，他的精英主义想法令他降低了对他们的评价。他认为："这些人天真地相信

[①] 艾尔伯特·刘易斯1917年4月30日写给沃伦·刘易斯的信件。《刘易斯文稿：刘易斯家族回忆录，1850—1930年》，第5卷，第189页。现收录在韦德收藏品中，美国伊利诺伊州惠顿学院马里恩·E.韦德中心。

绅士之间应该如何对待彼此",而这导致他们变得"不可理喻地礼貌,这真是很可悲"。第二类是"无赖与傻瓜",这类人由那些崇尚暴力或希望逃离一些生活中棘手问题的平民组成,他们都很粗俗,不道德,所以最好避开他们。第三类是他自己这种类型,即"公校或大学的男学生",这是将要做军官的群体,所以他选择和这些人度过大部分的时间。①

对刘易斯来说,那里的生活很多时候相当沉闷,他也不喜欢生活在这种一切都待定的状态中。他不能学习,很快又对操练感到无聊。他生活中一道明亮的闪光来自他的一个新朋友——爱德华·摩尔（Edward Moore）,他总是称其为帕迪。帕迪与刘易斯年龄相当,刚刚离开布里斯托尔的克利夫顿学院。在凯博学院,帕迪与杰克分到一个房间,因为在军校的学生名单里,他们名字的字母是相邻的。刘易斯对帕迪的第一印象是,觉得他很年轻和不成熟,但是几天内就改变了这种看法,很快,在写给家里的信中,他将帕迪称为一个"非常体面的人"。②

帕迪和杰克认识的时间很短,但是因为当时的战争焦虑和无常的气氛影响了大家,特别是可能要轮到他们去前线了,这使得两个人的关系变得非常紧密。夏末,刘易斯被委任为萨默塞特轻步兵连的二等中尉,在正式参与作战前,他有一个月的假期。这次,在回到贝尔法斯特的家之前,他决定把他假期的前半部分留在布里斯托尔,在那里,

---

① 写给艾尔伯特·刘易斯的信件,《刘易斯文稿:刘易斯家族回忆录,1850—1930年》,第5卷,第212—213页。
② 同上,第213页。

他第一次见到了帕迪的母亲詹妮和帕迪的妹妹莫琳（Maureen）。

正如我们将在下一章中看到的，这次相遇对刘易斯来说是一个重要事件。1917年的夏天，到处弥漫着紧张的气息。对他来说，就像对于其他成千上万的年轻人一样，不久的将来已经被明确地展现在眼前。他很快就会进入战壕。但在那之后他的生活将会是什么样子，也是相当不确定的。这是一种既令人感到恐惧，又令人感到兴奋的想法。

对于其他人，比如艾尔伯特·刘易斯，这一阶段没有兴奋，只有恐惧。在利特尔利短暂停留后，杰克在1917年10月28日前往普利茅斯附近的克劳希尔军营接受培训，然后前往法国。艾尔伯特在贝尔法斯特再次陷入孤独和沮丧中，他选择每晚喝整整一瓶威士忌度日。

到11月15日，刘易斯收到通知，知道自己会在几天内坐船横穿英吉利海峡。他被给予48小时的假期，这次他决定不回贝尔法斯特，而是坐车去布里斯托尔，与摩尔一家待上一段时间。在离开普利茅斯之前，他给父亲发了一封电报："星期六去南安普敦报到。你能来布里斯托尔吗？如果可以，车站见。回复请用摩尔夫人的地址。"

艾尔伯特·刘易斯没理解儿子的意思，就回电报说："不明白电报内容。请写信。"但是，等到这个消息传回到布里斯托尔时，已经太晚了，父亲和儿子无法会见，因为杰克已经受到军令限制，不能出营地了。显然，他很想安慰父亲，于是就写了一封长电报解释说，他只有很短的假期，并对第一封电报的措辞感到抱歉。然后，他告诉父亲不要担心，并撒谎说，可能要过一段时间，他才会被运送到法国，因为到目前为止他只结束了短时间训练。当艾尔伯特收到这个消息时，杰克正在奔赴南安普敦。

对于这对父子来说，这个时刻是他们生活中的关键时刻。对于这种不幸的电报交流，可以有两种解释。一种解释，从有利于艾尔伯特的角度想，假设他的反应就是出于一个简单的误解。也许生活在爱尔兰的艾尔伯特，信息不那么广泛，完全没有意识到在战争中发生了什么。事实上，两个星期后，在艾尔伯特写给沃尼的一封信中，他说刚刚听说他的小儿子在法国，一个18岁的男孩，只接受过基本训练就被派到前线，他对此表示很惊恐。这封信暗示着艾尔伯特并没有意识到，他在10月见到杰克后，他将马上被送上战场。

另一种解释并没有粉饰艾尔伯特的反应。有人可能会反驳说，已经对德全面开战3年了，艾尔伯特肯定知道发生了什么事。他和杰克一定讨论过情况的严重性，知道成千上万的年轻人都被送上了前线。如果他确实知道要发生什么，那么，他应该对杰克的电报有非常不同的反应，应该前去看他。

无论事实如何，这都只是当事人的一些反应，我们现在分析到底是谁的责任毫无意义。艾尔伯特责备自己没有回应杰克的电报，他开始喝更多的酒，不停地觉得内疚和伤心，因为一个事实是，他的儿子选择与另一个家庭的人，摩尔家的人，度过最后的假期。对于杰克而言，他正准备开始漫长、痛苦的前线杀戮之旅，当时根本没有时间和情感空间来想这件事。只是后来，他把这个事件添加作为自己对父亲感到不满的一系列原因之一。

一个惊人的事实是，在大战之后30年，当他写自传时，他用了不少于11个章节描述他的早期童年和教育，但只用了1.5个章节讲述战争经历。这说明了很多。刘易斯一生都很关注自己的童年，对他来说，他最重要的生活阶段是那个塑造他的想象力，并给他提供材料进行后来文学创作的童年时代。他更看重的身份是一个学者、一个成功的作家或基督教普及者，而不是一个士兵。刘易斯很清楚地意识到，他对战壕的描述很简短，不过，这段时间也确实很短暂。在《惊悦》中，他这样解释自己对那一阶段的忽略：多年后回望，参战的经历似乎只是别人的经历，而不是他自己的。显然，战争对他而言并不那么真实，没有童年以及他在书中读到的梦幻般的世界更令他觉得栩栩如生。对于大多数经历战争的人来说，一个很容易解释的观点是，他们曾经忍受的痛苦和灾难太大，以至于不堪回首。所以，对他们来说，这样的记忆最好被隔绝封闭。这也可能是刘易斯的情况，我们可以想想，他是如何细心地、反复地描述他在学生时代的痛苦以及失去母亲的伤心的。我们可以认为，他不想在纸上回忆更多其他的痛苦。

至少，在他的脑海里，二等中尉C.S.刘易斯与坐在牛津大学办公室里伏案创作《惊悦》的C.S.刘易斯是完全不同的两个人。作为一个士兵，他接受了一种异化的、相当临时的"生存人格"。与很多其他从战争中幸存下来、并在后来成为作家的人不同，他不想描述他在法国的经历与感想，也不想直接去写它。刘易斯的创意源泉来自一个完全不同的地方，一片更远的土地，对于他自己或地球上其他的人类而言，那个地方都是完全陌生的。他对战争诗人的工作没有什么兴趣，除了短暂地进行了战争诗歌的尝试，他从来没有将他对 1917 年年末到 1918 年年初的经历的思考与他自己的文学想象联系到一起。①

1917 年 11 月 29 日，刘易斯在他 19 岁生日那一天到达了前线。在给他那忧心忡忡的父亲的信中，他慎重选择措辞，告诉他情况并不像报纸里报道得那么糟，他的指挥官马詹迪中校是"一个很棒的同胞"。刘易斯给他父亲的印象是，这一切都相当精彩，只是一次男孩的冒险。②

战争中的最后一个圣诞节到来了，然后进入了 1917 年。杰克看到的是快速的、猛烈的和可怕的攻势，不断打破前线后方营地长时间的相对平静。他从未准备好目睹这样可怕的、恐怖的景象，当然，他是不可能有机会做好这样的准备的。这与他在牛津大学经历的优雅、在大布克汉姆感受到的甜蜜夏日的味道，是完全不一样的。在他面前的一切都是死亡和破坏。深深的战壕里泥泞不堪，鼠疫在水中传播。腐烂的尸体无处不在，一不小心，狙击手的一颗子弹或一块弹片瞬间就置人于死地。

与他指挥的士兵一样，刘易斯在泥泞肮脏、臭气熏天的走廊里睡觉和吃饭，这一切成了他眼中所看到的景象、他的视野。在营地不用打仗的时候，情况还好一点。他们可以洗洗衣服，军官可以睡在软一点的行军床上。这里有书、有茶，甚至有椅子可以坐一坐。在任何时候，你都逃脱不了噪音——机关枪的嗒嗒声、榴弹炮的轰鸣声、爆

---

① 这些诗见刘易斯出版的第一本诗集《被束缚的精神》(Spirits in Bondage)，伦敦：海涅曼出版社，1919 年。
②《刘易斯文稿：刘易斯家族回忆录，1850—1930 年》，第 5 卷，第 243 页。

第三章
奖学金与战争

炸声和痛苦的尖叫声。每个瞬间都是一种永恒的焦虑，就像谢洛尼莫斯·博世脑海中的噩梦一样。在法国经历了漫长而又令人焦虑不安的几周后，刘易斯无法在写给父亲的信中去掉这些痛苦的细节。他给他描述了头顶的枪炮声以及他所知道和欣赏之人的死亡。他要用巨大的努力，才能将这些恐怖的事情换成其他舒适的荒诞故事，比如舒适的防空洞里配有火盆和铺位。

在1月的某段时间里，刘易斯患上了一种后来称为"好运气"的战壕热。① 这是一种在战壕中极为常见的疾病，通过虱子进行传播。在很多情况下，它表现出来的只是流感症状，但却经常会让士兵变得虚弱，几乎不能站立，更不用说作战了。在双方的野战医院里，这种病人的数量远比真正作战负伤的士兵人数多。刘易斯成了医院里又一个统计数字，他被送到埃特普勒斯休养。

艾尔伯特·刘易斯是在几个星期后收到信件、知道杰克·刘易斯的近况的，而沃伦要比父亲更早知道弟弟的下落。当时，刘易斯上校的军营驻扎在离埃特普勒斯不到50英里的地方。他尽力找到机会，从一个同事那里借来一辆自行车，骑着去医院看望杰克，然后在同一天晚上返回营地。很多士兵都死于"战壕热"这一疾病，从沃尼的关切就可以看出其严重性。他一天骑行100多英里的自行车，不畏敌人的火线，就是为了可以查看一下他弟弟的病情。

实际上，刘易斯所患的"战壕热"属于较轻度的，令他感到沮丧的是，在入院几个星期后，他又回到了前线。

---

① C.S.刘易斯:《惊悦》，纽约：哈考特·布雷斯出版有限公司，1955年，第183页。

1918年3月末，德国人开始了最后一次大的攻势，这是一场绝望的、注定会被反攻的战役，德军想要打破他们所面临的军事联盟（包括美国人，都已经在一年前加入了战争）。任何一个只要有手、能拿枪打仗的人，都需要上前线。

但这次杰克没有看到多少，因为在战斗过程中，他的一场伤病结束了他作为军官的职业生涯。1918年4月15日，他参加了阿拉斯的战斗。当时，他站在博内孔山上，一发英国自己的炮弹落在刘易斯旁边，一位与他刚结为好友的艾瑞斯中士当场死亡，而爆炸弹片击中了刘易斯的腿、手和胸部。

刘易斯认为，他已经死了。在这种状态下，他看到自己麻木地飘浮着，毫无知觉。他没有感到恐惧、痛苦。后来，他回忆说，当时他感到的只是一种沉闷、无趣的状态，一片无聊的、没有任何标记的土地。他的伤势恰巧是所有不情愿打仗的士兵所渴望的——能够让人脱离战争一段时间，但不会永久性地丧失能力。很快，他发现自己被送回医院，这一次，在战场护士的照顾下，他的伤口被包扎好，然后有人安排将他运送回英国。

他最初不知道，但对他来说，战争已经结束了。6个月后，德国投降。刘易斯又可以展望未来了。如果说他从战争中学到了一件事情，那就是他知道要最大限度地利用任何新的、被给予的机会。经过几年的黑暗之后，到1918年11月，刘易斯仍然不到20岁，充满激情与渴望，希望证明自己在智力上是超群的。他一定已经看到了未来万里无云的地平线。

第三章
奖学金与战争

第四章
"母亲"

刘易斯于1918年5月25日回到了英国,并被直接送到伦敦的安德斯雷医院去疗伤。紧接着,他陷入了抑郁,原因几乎可以肯定是创伤后应激障碍。

在这样虚弱的状态下,他首先向他的父亲寻求安慰,写了一封又一封信,请求他来医院探望。"就算只待一两天,你也肯定能来,对吗?"他还留恋道:"我们一定得让你与柯克(帕特里克)见面,并且要好好玩儿一场。"① 几个星期后,刘易斯找了一天从医院出去,探访了大布克汉姆,他再次可怜地写信给他的父亲,承认说:"我知道我经常没做该做的事情……但求你了,我会在未来做得更好的。来看看我吧。我想家了,就这么简单。"② 但艾尔伯特·刘易斯还是留在贝尔法斯特,并没有踏上这趟相对容易的旅程去伦敦看望他最近刚从战场上回来的儿子。

这种行为让我们不禁要质疑艾尔伯特·刘易斯的精神状态以及

---

① 1918年5月30日,《刘易斯文稿:刘易斯家族回忆录,1850—1930年》,第5卷,第320—321页。现收录在韦德收藏品中,美国伊利诺伊州惠顿学院马里恩·E.韦德中心。
② 同上,1918年6月20日。

父子之间的复杂关系。有可能是因为，艾尔伯特仍然在为杰克去法国之前没有与他度过最后的假期之事不高兴。也有可能是因为，他懊恼没能在11月，他的儿子前往南安普敦和战壕之前，再次见到他。也许他认为，杰克故意造成混乱，就是为了避免会面。所有这些想法都可能经过了艾尔伯特的脑海，但无论他的理由是什么，还是很难让人原谅他选择在儿子的这个时候忽视他。

刘易斯老先生的辩护者指出，他的工作对他提出了很大的要求，他不能简单地丢弃一切工作，并离开几天去英国。沃尼在写给弟弟的多封信中提出了这个借口，每一封信都是为了平息这份酝酿中的情感危机；但他似乎自己都不相信自己的观点。

艾尔伯特讨厌旅行。自从1912年在法国度过了一个短暂的假期之后，他就再也没有离开过爱尔兰。但这些只是表面上的障碍。在这个时期，他做任何决策的关键因素都是他日益严重的酗酒。到1918年，事情变得更加糟糕，他每晚至少喝一瓶威士忌，很难想象他是如何继续工作的。杰克只是部分地意识到他父亲的现状，那些知情的人似乎花费了相当大的力气在为艾尔伯特打掩护。沃尼，这个年长而且更加理解世道的哥哥，当然知道他父亲的酒瘾，毫无疑问，他也十分同情他。但亚瑟·格里夫斯也同样知道当时的情况。有一次，当杰克还在伦敦住院时，亚瑟没打招呼就去了利特尔利，发现艾尔伯特瘫在椅子上，根本无法集中注意力，而且看起来要吐。"我现在有点麻烦，你最好离开。"艾尔伯特告诉这个年轻人。[1] 在当时写给杰克的信件中，

---

[1] 《刘易斯文稿：刘易斯家族回忆录，1850—1930年》，第6卷，第134页。

亚瑟并没有提到过这个事件，只是在多年后才告诉了他的朋友，那时，艾尔伯特早已过世。

艾尔伯特在儿子需要他的情感支持时再次没有提供的原因可能并不清楚，但是这种拒绝造成的伤害非常大，并且加深了杰克对他父亲的不满。父亲的回绝在这个年轻人情感生活中的关键时刻来到，因为他刚刚找到了一个既能代替他精神不振的父亲、也能代替他过世的母亲的人。

在离开法国前那梦幻般的几个星期里，杰克与詹妮·摩尔，他的战友帕迪的母亲，建立了密切的联系。在整个战争期间，他们都保持联系，每周互相给对方写上几封信，在信件联系的过程中，他们加强了先前形成于1917年9月的情感联系。

据说，之所以与詹妮保持联系，是因为刘易斯要履行一个承诺。据莫琳·摩尔所说，她在布里斯托尔家里的后花园中偷听到了刘易斯和她哥哥帕迪之间的谈话。在离开法国之前，两个年轻人立下了庄严的契约，他们互相承诺，如果一方死了，另一方将替他照顾在世的父母。显然，杰克在履行这个承诺时，甚至没考虑到帕迪如何可能帮助艾尔伯特，但命运从中作梗，使这个问题从未真正成立过。在1919年的初夏，杰克正在医院恢复身体，据报道，在距离刘易斯最后一次战斗几英里外的地方，帕迪失踪了。帕迪再也没从法国回来，所以，需要被提供帮助的是他的母亲。

但是，杰克和詹妮·摩尔都不需要任何借口。46岁的詹妮与丈夫分居，她跟杰克一样感到孤独。在杰克回到英国后不久，她便来到了这位年轻士兵的病床边，提供了沃尼（他还在前线）和他父亲都无法提供的安慰和陪伴。她知道，她唯一的儿子肯定死在了法国，所以她自己也情绪低沉，需要爱。对于杰克来说，詹妮是最完美的母亲的替代者，她在最恰当的时刻出现了。从这种情感上的需求中产生了一段特殊的、但十分异样的关系，这很快将开始影响杰克的生活，并持续到30多年后詹妮去世。

由于两人年龄的差异，很多评论家夸大了他们之间的差异，而忽略了他们的很多共同点。詹妮在阿姆纳乡村长大，在她离开学校后便很快失去了父母。她没有受过正规教育，但她很博学、也非常喜爱阅读，所以当她和杰克第一次见面时，彼此都能够从对方那里学习新的东西，杰克从对方提供的阅读书单中有了很多收获。除了年龄之外，他们不同的是，詹妮在年轻时就承担了各种责任，她因此变得十分早熟。作为5个孩子中最大的那一个，在她的父母去世后，她照顾了其他4个孩子，这使她成为一个总是严厉、霸道的女人。刘易斯十分爱詹妮这一方面的个性——他最喜欢女人的这种个性。这个内心渴望被照顾的年轻人最需要的就是母爱，他在青春期里有过的虐待狂心理可能就是对此的内心反叛，这是他内心最强的驱动力。

在她与杰克初遇的那段时间里，詹妮并没有留下什么照片，但我们知道，她有一头金发，而且被认为是一个长相不错的女人。一张10年后的罕见照片提供了一些细微的线索。在照片里，这个苗条、打扮时尚的女人，梳着齐耳短发，严肃地看着相机，似乎在为她自己的与众不同感到轻松、满足与高兴。

到1918年，詹妮已经与她的丈夫考特尼·爱德华·摩尔分居很多年，似乎他对莫琳提供的抚养费也时断时续。当她母亲第一次遇见杰克的时候，莫琳12岁。(詹妮和考特尼·摩尔并没有离婚，而且在詹妮去世几年后，杰克和莫琳惊讶地发现，这位摩尔先生一直是苏格兰凯斯尼斯汉普里格斯·邓巴男爵的继承人——这个称号最终传给了莫琳。) 詹妮将丈夫称作"野兽"，于是，这个名字就一直被用来称呼他了。他的存在成了一个秘密，直到1919年，杰克和詹妮在牛津一起生活了几个月后，才告知艾尔伯特和沃尼。在此之前，艾尔伯特一直以为詹妮是个寡妇。

当时，詹妮和杰克的关系是非同寻常的。这种关系给杰克带来了幸福感，但同时也危及了他的职业生涯；这给了他一个"家庭"，但也令他疏远了自己的父亲；它为他的生活提供了框架，但也几乎破坏了他作为一个作家的早期发展。因为杰克对詹妮的爱带来了负面影响，很多人都不公平地批判了这个女人。她已经被认定为一个以色相骗取财物的女人，一个把一堆负担丢给刘易斯的女人，一个操纵别人的骗子。如果换作其他比较脆弱的人，早就被她压崩溃了，根本不可能像刘易斯那样，将想象的世界带给我们。

然而，在相对和平的时代，我们很容易忘记战争及其后果会多么影响个人的情绪和行动。虽然到1918年，他们已获得第一次世界大战的胜利，但胜利的代价也是巨大的。数以百万计的年轻人在战斗中死亡，相关国家的人口结构出现巨大偏斜，需要一整代人来治愈。1918—1919年的流感夺走了数百万人的生命，这一次，死去的不仅仅是保卫自己国家的士兵，还有妇女和儿童，年轻人和老人。世界各地政局不稳，社会动荡。共产主义，一种新的、不可预测的力量，已经成为一个不能被理解的新词语，而且持续了1000年的欧洲历史的传统和习俗正在消失或者变幻莫测。简单的事实是，像几百万的其他夫妇一样，詹妮和杰克在对方身上发现了能消除生活恐怖以及在新和平中也存在的阴影的东西。他们相爱了。

然而，对他们来说，这是一件复杂的事情。首先是年龄的差异。在他们相遇时，珍尼刚刚过45岁，而杰克才19岁不到。此外，詹妮是已婚妇女，还有两个孩子，虽然她与丈夫分居，但在1918年，杰克和詹妮的关系仍是一种耻辱。

更难以处理的事实是，杰克打算作为本科生返回牛津，完成被战争打断的学位课程。然而，如果他被认为与已婚妇女有着密切的浪漫关系，他就无法这样做。他们能保持关系的唯一方法就是将它保密，只告知几个亲密的家人和朋友。

詹妮在杰克回到英国的几天内便拜访了他，她几乎无法让自己离开他的身边。在他住院的两个月里，她从遥远的布里斯托尔赶到伦敦六七次。

7月底，随着战争进入最后的阶段，杰克被转移到了一个康复期病人的驻地。他有权选择位置——在此期间，他已放弃了对父亲的期待，并对詹妮有了情感的依赖——于是，他选择了克利夫顿的艾斯福德。这个地方与詹妮和莫琳居住的雷德兰兹区，瑞恩斯伍德路6号只有几站公共汽车的距离。直到1918年10月，刘易斯一直都在那里，在此期间，这对情人变得更加亲密。9月底，当詹妮知道帕迪的确在几个月前死亡时，杰克在她身边提供安慰，这也进一步加强了他们之间的关系。

在战争的最后几个月里，刘易斯从一个军队机构转移到另一个军队机构。每一站都相对接近布里斯托尔，尽管事实上，任何的旅行在战争期间都十分困难，但只要她可以，詹妮仍然设法去他所在的每一个基地探望他。虽然刘易斯无法提供积极的服务，像数以千计的其他人一样，他仍需要工作在军队，承担文书职位。这些职位先让他短暂地到了位于安多弗附近的一个指挥站，然后从那里，他被转到了伊斯特本的军官训练营。

即使在战争结束后，刘易斯的军事义务也仍在继续。在1918年的圣诞节，他不能休假。当他最终被给予了几天假期时，他回到了利特尔利，因为他知道，沃伦将回家过（1913年以来的）第一个家庭圣诞节。尽管之前的整个夏天和秋天，艾尔伯特都没有去看望他生病的、心情低落的儿子，但是对于这三个人来说，团聚是一件快乐和动情的事情。"我们吃完午饭后，三个人一起去散步。"沃伦在他12月27日的日记里记述道，"就好像一个四年的噩梦已经过去了，我们还停留在1913年。"①

几乎从一开始，杰克就称詹妮为"母亲"，他显然没有什么关于他对她的爱的基础的质疑或疑虑。对于詹妮来说，她从来没有想过这种情况，但她很高兴成为一个代理母亲，也经常称他为"儿子"。然

---

① 《刘易斯文稿：刘易斯家族回忆录，1850—1930年》，第6卷，第79页。

而，虽然很容易看到是什么让他们彼此吸引，但是他们对于关系的自我表达形式令人很难理解。

很多人都写过关于杰克·刘易斯和詹妮·摩尔主题的文字，但其中几乎没有任何内容来自刘易斯自己的记录。在他们关系的早期，他被迫保密。他不能与他的父亲分享他的爱的性质，也不能与沃尼，那个总是不喜欢女人的哥哥分享他的秘密。实际上，虽然没有明确说出来，但是沃伦对詹妮有一个奇怪的不满，这主要基于一个错误的信念，是她"偷走了"他的弟弟。后来，如果杰克要保住他的学术生涯，他就必须保持他们两人伙伴关系的秘密性质。即使在他成为默德林学院的研究员之后，他也不允许任何人对他偏执的私人生活做出明确的假设。他保持这种保密的方式不是通过欺骗或假装，而只是通过沉默。刘易斯几乎从来没有讨论过詹妮，即使是与他最亲密的朋友。

观察者和评论家认为，夫妇的关系在很大程度上取决于他们自己的道德观。很多刘易斯的门徒也是福音派的基督徒，对这些人来说，这是一种纯粹的、柏拉图式的感情。他们反驳所有认为杰克和詹妮有任何形式性关系的说法，并放弃任何理性的尝试，将其放在一个现实的背景下。这种立场的原因很简单。在与詹妮相遇15年后，刘易斯成为一个虔诚的基督徒和宗教护教者。他的信仰的中心原则是，婚前的性行为是一种罪，所以那些希望将刘易斯经典化的人被要求重写历史。

在《惊悦》中，刘易斯略过了整个关于詹妮的主题，只用了几页来描述与他同居了30多年的妻子。关于他们的性关系的问题，他宣布:"一个巨大而复杂的情节将被省略。我对此选择沉默。我可以或者需要说的是,我早些时候对情绪的敌意是非常充分的并以各种各样的方式发泄了。"①

对于很多刘易斯的忠实读者来说,这已经足够了。但为什么是沉默?当刘易斯写自传时,詹妮已经入土4年多了,她唯一幸存的孩子,莫琳,一个50岁的已婚妇女,几乎不会惊讶于杰克和她的母亲曾经享受性关系。

当然,我们必须记住,除了他的辉煌以外,杰克·刘易斯像任何其他人一样,他也是一个普通的男人,会受到他的时代中时尚和道德缺点的影响。他发现,性这个话题是不适于谈论和创作的,也觉得(或许有一些理由)他和詹妮的私人行为不是为了让公众消遣的。这是完全公平,甚至令人钦佩的,尤其是在现在这个时代,一切都被过度曝光:但是,可悲的是,它也允许那些被误导的信徒们争论说,刘易斯是一个超自然存在的人。(我们将在第九章看到,事实上,他有另一个保密的理由,与他的形象以及他的事业没有关系。)

一些非常熟悉刘易斯的朋友试图说服他的那些忠实粉丝,他们所看到的刘易斯与摩尔的关系动态没有什么值得奇怪的,他们曾目睹了第一手材料。其中一个朋友就是乔治·塞尔(George Sayer),他曾是刘易斯的学生,写过刘易斯的传记《杰克:C.S.刘易斯的一生》(*Jack: A Life of C.S.Lewis*),他曾带着奇怪的视角看待这对男女。在他的书中,塞尔写过这样的一段文字:他假设这对夫妇从来没有分享

---

① C.S.刘易斯:《惊悦》,第160页,纽约:哈考特·布雷斯出版有限公司,1955年。

过同一间卧室，因为在他认识他们的时候（那时刘易斯是中年人，詹妮是一个老妇人），他们睡在不同的房间里。塞尔坚持认为，他完全没有看到任何不恰当的地方，他认为两者之间完全是一种柏拉图式的关系。"她是一个相当庄重的女人，坐在茶几旁。"他回忆说，"'妈妈，我可以向你介绍一下我的学生塞尔先生吗？'这是他会说的话。和他的其他学生一样，我认为，在那些日子里，一个女人，很可能是一个寡妇，会为一个年轻的单身汉提供一个家。"

也许一个更现实的观点来自刘易斯本科学习阶段的密友欧文·巴菲尔德（Owen Barfield）。当被问及他是否认为杰克和詹妮之间有性关系时，他宣布说，可能性是"一半一半"。

除了巴菲尔德，大多数人都认为，詹妮只是一个管家或母亲的替代品，而这些人都是在这对夫妇年纪大了以后认识他们的。到这个时候，他们很可能已经定位在一种人造的母子关系中了，他们过去可能共享的激情已经消退了。我们可能永远不会知道杰克和詹妮所分享的亲密的真实性质；或许，此事本身也没有那么重要。

当他在1919年终于退役时，刘易斯与其他成千上万名在英国大学的学生一样，能够回到他中断的学习中去。圣诞节和新年里，刘易斯在贝尔法斯特短暂停留后，回到布里斯托尔，与詹妮一起度过了几天，然后前往牛津。

这个城市已经被和平所改变。在1919年1月，很难想象在18个月前，刘易斯上次留在那里时幽灵般的沉默，沉重的恐惧和死亡感无处不在。但是，根据传说，一些大学管理员担心，学生回来后，会将战争中的粗暴感和方式带到学习中来。他们在军队中的服务将破坏他们对传统和法规的尊重。然而,具有这样可笑的想法之人最终看到的却是完全相反的情况。返回学校的战壕的幸存者成了大学历史上最有能力和最忠实的学生。这些男人和女人带着强大的生命力,决心证明他们的心智犹如他们的勇气和耐力。他们拥抱大学生活所能提供的一切。

刘易斯也不例外。像其他所有回到学术界中的人一样,他感到被释放,感到兴奋和期待。但在某个方面,他与回到牛津的其他同龄人非常不同。在抵达城市几天后,他的中年恋人及其学生女儿被安置在不那么整洁的牛津东部的一套出租屋里。杰克开始了一种奇怪的双重生活,而且将持续整整 6 年。

在外界的人看来,刘易斯是一个模范的学生,与他同时代的大多数人一样,他渴望证明自己。他认真地听讲座,并认为他的很多导师是非常好的。他加入了俱乐部和学生社团,包括一个叫马特里特的辩论社。马特里特辩论社已经有 300 多年的历史了。刘易斯特别喜欢这个社团,他是如此积极地参与,很快当选为其秘书长。

学校又给了他过去住的房间,他将墙壁粉刷成灰蓝色,挂了一件带框的杜蕾克印刷品,还买了一些家具,换掉了旧家具,其中一些是他精心挑选的,比如一个漂亮的黑橡木书柜。他喜欢带横梁的天花板、巨大的壁炉和飘窗,也喜欢大学生活的舒适。战争后,大厅里再次提供晚餐,学生公共休息室恢复到了战前的荣光:灰尘被除去,装饰品被抛光,家具和地毯也都经过了清洗。

因为他在陆军服役已超过 6 个月，所以刘易斯不用再补考，这对他来说是一个很大的解脱。他被允许直接进行本科学习。首先是荣誉学位课程，包括希腊语和拉丁文。然后是大课程（人文学院荣誉课程），包括希腊语、拉丁文、古代文学史和古代哲学史。

对于所有这些学习内容，杰克都会详细地写在信函中向父亲描述，同时又回到战争前建立的例行程序，他继续向与父亲同住在贝尔法斯特的亚瑟·格里夫斯袒露自己的灵魂，并将自己的内心感受告诉他。但是，即使在这些信中，刘易斯也没有提到詹妮，大多数现存信件的内容都是关于杰克对宗教和哲学的想法的。

像当时很多年轻的知识分子一样，在战争的后期，刘易斯发现自己处在精神的真空状态。有些人实际上在战壕里找到了上帝，但是很多人失去了他们曾经拥有的所有正统信仰。刘易斯属于第二类。当他在战争后回到牛津时，他所拥有的任何宗教感情都消失得一干二净。在 1919 年，他告诉格里夫斯，他不相信上帝，并且，最痛心的是，他不能接受一个"因为肉体的罪恶而惩罚人类的"上帝。他认为，在所有生命体中都可能存在某种无形的精神，但他认为，这与任何形式的传统基督教没有多少关系。格里夫斯此时相信的是正统的宗教观点，而最关键的是，他从来没有参加过战争，所以，他为刘易斯彻底的无神论姿态感到悲伤，并竭尽全力与之抗衡。但是，这一努力以他单方的失败告终。

杰克很轻松地习惯了牛津的生活。这是一个远离公共学校那种令人窒息的气氛的地方，它有大布克汉姆缺乏的活力和兴奋。在这个相对小的城市里，他遇到了很多同时代的聪明人。他喜欢喝酒，是很好的伙伴，所以他很快交了很多朋友，其中一些朋友一直和他保持着友谊，对他的成长至关重要。

一个是他与欧文·巴菲尔德的友谊。欧文·巴菲尔德是沃德汉姆学院的本科生。巴菲尔德的出身与刘易斯类似，大概都是中产阶级背景。他的父亲是一名律师，父母对正统宗教没什么兴趣，这影响了他们的儿子后来相似的自由主义思维。巴菲尔德是一个聪明的学生，先成了一名自由撰稿人，但是后来的经济原因让他从事了法律工作。作为迹象文学社的外围成员，他继续与刘易斯保持着密切的联系。刘易斯对他的评价非常高。刘易斯认为，"第一类的朋友"，像亚瑟·格里夫斯，他是他的另一个自我，可以与之分享自己的观点和态度，而"第二类朋友"（像欧文·巴菲尔德这样的），他与你的一切观点都不相同，但这种特质是他珍惜的。

虽然对于局外人来说，刘易斯过的是一个典型的学生的生活，但是他在大学之外的生活，甚至连他最亲密的朋友都不知道——他绝对不是一个典型的20岁的本科生。虽然大多数学生只管自己的学业和乐趣，但是刘易斯几乎从到达大学的那一刻起，就被迫将父亲提供的微薄津贴省出来一些供养詹妮和莫琳。

1919年年初，他从英国政府收到战争伤残赔偿145英镑（大约相当于今天8000英镑），他的经济情况有所好转。他的奖学金也提供了100英镑，但是，从他在牛津大学的学习生活开始，他就一直处于财务窘迫的状态，有很多次都接近了危机点。但这种财务困难只是他面临的其中一个主要问题，他那新的、非正统的生活中还有其他三个将越来越麻烦的问题。

第一个是令人相当意想不到的家庭责任负担。虽然牛津大多数学生可以找到努力学习和玩乐的时间，但刘易斯不仅要致力于这两项，而且还不得不适应他日常生活中的第三项：在詹妮住的房子里，他是一个勤杂工、购物者和厨房的帮手。他被要求清洁、做饭、打理花园和护送莫琳去私立学校（去那里的费用由他支付），要花时间与他的新家庭在一起。

更痛苦的还是第二个问题——他的家人的不满。虽然他从来不探究他们之间的关系，但是到1919年的春天，艾尔伯特已经至少了解到一点杰克在做什么了，他对此并不是很满意。

艾尔伯特在这件事上会对沃伦讲他的心情。他在一封封信中表达了他对小儿子的关注。他对"杰克的事情"感到郁闷，并担心摩尔夫人的性格。他没有见过这个女人，但是（或许可以理解）往最糟糕的情况想，他对沃伦（他也还没有见过她）说，她年纪大到可以做杰克的母亲，还处于贫穷的经济状况中，似乎对杰克不利。

沃伦回信表达自己更大的困惑。"她是一个知识分子吗？"他在表达愤怒和震惊之前想知道这一点。他认为，这种结合是"奇怪的"。艾尔伯特则回应了更多的恐惧，评论说杰克显然在为摩尔夫人开支票付账。最后，他还知道詹妮的丈夫还在世，并思考了这个人"是否会敲诈他一笔"。①

---

① 乔治·塞尔：《杰克：C.S.刘易斯的一生》，第154页，纽约：哈珀出版社，1988年。

在给父亲的信中，杰克掩饰了他家庭生活的所有细节，他知道，父亲不太可能亲自到他住的城市拜访。在这段时间里，他似乎也对沃伦保持着一定的距离，担心个人信息可能泄露。

结果，杰克开始越来越少地写信，会找任何可能的理由避免回到利特尔利，在1919年复活节期间，他就以工作压力为借口，没有回贝尔法斯特。同时，沃伦拒绝去牛津看望杰克，并在给他的信中指出，他拒绝承认詹妮的存在。

这个僵局不能不解决，杰克也越来越矛盾，等到6月长假期到来，他发现自己不可能拒绝短暂回到贝尔法斯特的邀请。他在新生活和对血亲的责任之间煎熬着。最后，在牛津站，他向恼怒的詹妮告别，回去度假，扮演忠诚的儿子的角色。

这次旅行是一场灾难。杰克回家还没有几个小时，就开始和他的父亲争辩。艾尔伯特很愤怒，因为他的儿子正用自己的花销照顾詹妮和她的女儿。他不赞成这件事，公然表示怀疑。但是，随着两个男人怨恨的聚积，争论的中心偏入更深刻的问题，很多陈年旧事被翻了出来。艾尔伯特觉得他的两个儿子都不怎么样。他认为沃伦是一个穿着军官制服的婴儿，他可以看到自己酗酒的弱点正在他的大儿子身上再现。而他认为杰克是一个自以为很了不起的假内行。而且，必须承认，艾尔伯特的两个判断没有一个是错的。

杰克也有自己的说辞。他觉得父亲是一个搅局者，不能接受自己的儿子长大成人，拥有自己的生活。但同时，他感到非常沮丧和困惑。他爱詹妮，但不得不依赖他的父亲，这种困境让他情绪混乱。后来，刘易斯将这个时期描述为"我生命中最黑暗的一章"。① 很容易看到个中原因。在每个人都意识到杰克在利特尔利的度假没有任何意义后,他将计划在家的时间缩短了。杰克在一片乌云笼罩之下离开爱尔兰,返回牛津,面对家务和无休止的大学工作,而艾尔伯特每晚喝更多的酒,只能靠回忆安慰自己。

但是,如果这一切都不够困难的话,那么,在维持他与詹妮的关系中,杰克还面临另一个主要的问题。这是关乎继续保持他们的秘密关系的绝对微妙的问题。在他的第一学年时,杰克还有他在大学的房间可供全年居住使用,但是与大多数大学生一样,到第二年开始时,他应该搬出去,在牛津某处自己租房子。此时,刘易斯决定打破惯例。他没有租一间简单、便宜的房间,而是搬到了一个房子里,与詹妮和莫琳共同居住。这对女人们很方便,但它使杰克的两面性生活更难以维持和伪装了。

刘易斯有足够的理由保持这种关系的隐秘性。在1919年,牛津大学的一些研究员仍然相信自己发过誓的独居宣言,很少有研究员是结婚的。在两个世纪以前,所有研究员是要强制实行独身制的,对此,很多大学高级管理人员仍然深感遗憾,并对旧规则的放松感到不满。真正的性自由是在20世纪60年代末到达牛津的,因为当时的社会变得更自由化。1919年的牛津更接近维多利亚时代的模式,自从中世纪以来就少有改变。学生可以因为未吃早餐而被"禁足"(在规定的时间内禁止离开学院),如果一个学者被认为拥有任何形式的性关系,可

---

① 《刘易斯文稿:刘易斯家族回忆录,1850—1930年》,第6卷,第118—123页。

能会面临"勒令停止工作"——一个学期或者更长的时间不能上课。在这种恶劣的环境中，很容易看到为什么刘易斯在他的父亲和哥哥的压力下，既想成为一个学者，又要维持对詹妮的爱，他绝望地别无选择，只能保持一种双重的秘密生活。

这些困境对杰克而言一定是有压力的，并导致一些评论家谴责詹妮的自私和工于心计。还有些人声称，她不仅是负担，她还会对杰克提出不公平的要求，为了自己的快乐让他的职业生涯处于危险之中。

这样的想法对詹妮和杰克都是非常不公平的，出发点是认为二者的关系并非有性的、浪漫的或者真正心爱的人之间的事情。于是，那些希望将刘易斯比作超常人类的人还会说，杰克和詹妮共同生活，纯粹是因为杰克对他死去的朋友帕迪·摩尔——詹妮的儿子做出过承诺，他只是在履行诺言。

但是，这种想法又有多少可信的现实性呢？当然，刘易斯是一个信守诺言的正人君子。但是，只因为一种责任感，就让一个20多岁的年轻人为此去对抗他自己的家庭，冒着学术生涯被毁掉的危险，每天努力地维持生计，让自己生活在赤贫中，这种想法过于幼稚。这个假设的前提就是为了印证刘易斯从来没有犯过婚前性行为的罪恶。

刘易斯本人也提倡这种幻想，并希望给人们留下的印象是，他从来没有以这种方式"犯罪"。他在自传中甚至没有暗示与詹妮的性关系，这应该是主要原因之一。进一步支持这一证据的实例来自1963年11月，他将要去世之际。他告诉他的哥哥，在葬礼后一定要烧掉一捆他保留了很久的文字材料。其中大部分的东西不是多重要或令人感兴趣,但是我们知道,这其中有大量的信件往来,还有一些未完成的手稿和书籍草稿。几乎肯定的是,其中包括杰克和詹妮在第一次世界大战期间的那些往来信件,还有他与亚瑟·格里夫斯更亲密的交流。尽管他要沃伦做的这件事表明,他不希望他的书迷和基督徒了解他早期生活中的所思与所写。但为什么刘易斯如此希望将这些文件销毁,这是令人费解的事。

沃伦只是部分实现了他弟弟的愿望,他在杰克和詹妮的家——"砖窑"中的花园里准备了一盆火。然而,碰巧的是,杰克的一个最多产的文学弟子——美国作家沃尔特·霍珀来访,他说服沃伦让他带走了一些本来要被火烧掉的材料。这样一来,他抢救出来一部分刘易斯未完成的书稿,后来在 1977 年出版,就是《黑暗塔》(*The Dark Tower*)。那天还有什么被烧毁的内容仍然是一个谜,但是这一事例再一次说明,刘易斯有意地让一些证据被销毁。

在大学学习了两年之后,刘易斯的生活已经开始进入一种常规模式。这对于詹妮和莫琳来说,是一种巨大的放松,在那段时间里,她们搬过 8 次家。到 1920 年,她们与杰克共同生活的房子有一种模糊的波西米亚风格:这里有音乐和好书,这里的"家人"和他们的客人吃简单的食物,还有从小后花园里摘来的新鲜蔬菜。在晚宴或周末的午餐聚会交流中,话题五花八门,人物更是不拘一格,有时甚至是古怪的。

欧文·巴菲尔德一直是个让人高兴的客人,几杯酒下肚后,他特别爱和着留声机狂舞。另一位常来的客人是莫琳的小提琴老师,玛丽·韦伯琳,杰克会教她拉丁语来换她教的小提琴课程。他们的客人中还有一位詹妮的老朋友，85岁的妇人，有一次，她骑行60英里，从伦敦来到他们家，和大家一起吃午饭。

这些聚会中，明显缺少沃伦。从他第一次听到这个消息的那一刻起，他就痛恨弟弟与詹妮的关系，而且毫不掩饰自己的不满。每次去看望杰克时，他都拒绝进入他们住的房子，只会住在酒店，只在没有詹妮的情况下见他的弟弟，地点往往是大学附近的一个酒吧或餐厅。

在这段时间里，兄弟之间的关系冷到了最低点。很多年以后，沃伦称杰克的生活被詹妮"限制和奴役"，而在他连续写了30多年的日记中，几乎找不到任何关于这个女人的友善的话，各种描述都是说她的自私、强烈的占有欲和苛刻。① 但是，除了沃伦对詹妮的不满之外，兄弟两人的生疏还有另一个原因。沃尼现在的的确确是一个酒鬼。酒精如此支配着他的生活，以至于无论他去任何地方，没有酒精的房子他是无法待下去的。同时，他的基督教信仰也变得越来越正统和虔诚，而他的弟弟却在向完全相反的方向发展。

沃伦是男人中的男人。作为一名职业军人，他喜欢与志同道合的人在一起，只关注男人的世界。他几乎不会在女人身上花费任何时间，在他的一生中，也从来没有女性进入他的生活中与之发生关系。但是，他不具有任何同性恋倾向。他似乎只是一个一直无性的、一直只喜欢酒和宗教的人，一个活在"自己的扭曲的世界里"的人，一个对逝去的儿童时代有着深深眷恋的人。但是，随着詹妮·摩尔对杰克越来越重要，沃伦意识到，他要么让弟弟从他的生活中退去，要么学

---

① 牛津大学博得雷恩图书馆，MS.Facs.d.264, f.140。

会接受杰克与詹妮之间的关系。第一个选择是他永远不会考虑的,而第二个选择,他花了很长一段时间来接受。

1920年夏天,杰克取得荣誉学士考试最高成绩(为此,他被授予5英镑奖金用来买书籍),他开始学习大课程,两年后完成,又取得了另一个一等的好成绩。在取得这两个成绩之间,1921年6月,他还获得了英语论文征文校长奖的一等奖,他对"乐观"的研究令人印象深刻。作为冠军,他需要在整个大学的聚会中,在众人面前朗读他的文章。这篇文章是他最大的学术成果之一,并明确启发了他。"我几乎一生都在为这篇文章动笔。"在刚刚获奖后,他这样告诉格里夫斯,"这是罕见的一个时期……一切都变得清晰,我看到了面前的道路。"①

虽然校长奖为他提供了前进的清晰视野,但当他坐在那里参加大课程考试,并取得一等成绩的时候,他仍然不知道下一步要怎么办。他将目光投放在了成为学校教员上面,或至少是大学的一位讲师,但即使他辛辛苦苦取得了出色的学历成绩,那也不是容易的事——它将使他进入生活中最贫困的一段时间。

截至1922年夏,对于他而言,最迫切的任务是找到一个学术位置。现在能让他用来供养自己、詹妮和莫琳的只有父亲的资助。艾尔伯特自愿继续支付,直到杰克找到合适的工作。但是,因为奖学金的部分没有了,詹妮的丈夫也不能按时支付莫琳的抚养费,刘易斯的经济状况更加糟糕。

---

① W.H.刘易斯主编:《C.S.刘易斯书信集》(*The Letters of C.S.Lewis*),第12页,伦敦:杰弗里·布莱斯出版社,1955年。

杰克的第一步是申请默德林学院的研究员职位。但是，他很快意识到，他成功的机会很渺茫，因为大学会找一个更有经验的人。还有一个不错的职位是在美国康奈尔大学，该校给他提供了为期一年的研究员职位，但是康奈尔大学不愿意为他支付旅行费用，他也无法让自己就这么离开詹妮——可以想象，这也是她不会容忍的事情。同样出于这个原因，他拒绝了相对较近的雷丁大学的一个可能的职位。该职位是哲学专业讲师，薪酬也合理，但是他知道，他要么需要每天往返在火车之上，要么在雷丁大学附近租一个房子，而这两种方法都与他的家庭生活不兼容。

1922年的上半年，刘易斯的生活充满成就与希望，但也开始进入了贫困与忧虑。在经济上还需要父亲支持这件事让刘易斯备感受挫和屈辱。他并不能完全高兴地接受这种帮助，相反，他只能把它看作束缚的象征，这让他更加渴望成功，渴望完全独立。

1922年秋天，刘易斯接受了之前的大学学院导师的建议，决定暂停寻找任何工作职位，而是申请在英语专业再修一个学位，这样他的简历可以更丰富一些，如果机会出现，他可以拿到英文方向的研究员职位。在压力之下，他再次令人惊讶地表现良好，在短短一年内又拿到了一个一等学位。

但是，即使在学业上是成功的，刘易斯并不能因此缓解压在自己身上的负担。经济情况更加困窘，有一次，他甚至被迫从他哥哥那里借5英镑来支付日常开销。

然后，到1924年夏天，刘易斯之前再学一个专业的赌注下对了，他获得了默德林学院的一个临时讲师的职位。这个职位是取代常规教师——埃德加·卡里特，他接受了在美国的一个一年期职位。该工作的报酬微薄（区区200英镑，约合现在的10 000英镑），但是它要求的责任也不多。这个工作离家近，事不多，另外他已经得到保证，如果他在学年期间得到了任何其他大学的研究员职位，他都可以立刻离开去履新。

生活就是这样，当一个问题解决了，另一个难题也开始消失。到1924年，沃尼终于开始表现出了转变，他能有限度地接受詹妮和他弟弟之间的关系了。他仍然会拒绝留住在杰克的家里，但是他显然想重新燃起兄弟之间爱的火花。在这一年的夏天，在杰克开始他的第一个教学岗位工作之前，他和沃伦一起进行了一次摩托车之旅——沃尼开着摩托，杰克坐在旁边的车斗里。两个人住在廉价旅馆或沃尼过去军队的朋友家里，他们在科尔切斯特逗留了几天，住在沃尼曾经驻扎的军事基地中。这次旅行帮助他们重新建立起密切的关系，解决了他们之间的分歧，并将他们的关系放在了一个新的基础之上，从此以后，他们一往直前，再未回头。

刘易斯第一年做教师的经历不完全令人满意。他上的课学生不超过三四个，他对自己被要求教的哲学课程也不是特别感兴趣。他将自己在大学做讲师的经历描述为"拿不出手的"，但是这个经历也确实给他带来了两个重要的好处：第一，几乎可以肯定，他从经济困顿中走出来了；第二，他获得了宝贵的教学经验。

没有人能否认刘易斯的学术实力，因为他已经证明过：连续三个一等成绩。他是重要奖项的得主，他的关于"乐观"的文章也被学校里的多数人聆听过。他所缺乏的就是教学经验。

1922年至1925年，他申请了两次研究员的职位，却都失败了。第一次是在刚取得大课程通过成绩后，他幼稚地申请默德林学院的研究员职位，结果失败了。1923年的第二次努力是申请剑桥大学三一学院的哲学专业研究员位置，每年薪酬500英镑，而这次申请的结果也石沉大海。这两次被拒绝让人很沮丧，所以当默德林学院在1925年年初出现空缺，刘易斯申请英语语言文学研究员时，他根本没有抱太大的希望，甚至除了詹妮之外，没有告诉任何人。

但刘易斯的运气正在发生变化，他现在受到了大学当局的认真对待。令他惊讶的是，当年5月，在参加了一系列的面试，并被邀请在大厅与其他学院研究员用餐之后，他得到了自己梦寐以求的职位。

5月22日的《泰晤士报》上登出了新的任命，宣布："默德林学院的院长以及研究员已经选定了学院英语语言文学方向的研究员是克夫·斯特普尔斯·刘易斯，为期5年，自6月25日起生效（大学学院）。"

5年任期的说法只是一个形式，他长期的学徒生涯结束了。这一事件值得庆祝和思考。它标志着一个时代的结束和下一个时代的开始。刘易斯在写信给默德林学院表示感谢并接受职位的时候，也许还没有意识到，他生命中的很多事情要发生改变了。那时正是接受变化的最好时机，而刘易斯适时地拥抱了这些变化。

第五章
研究员职位

默德林（Magdalen）[①]学院可以说是牛津最美丽的学院。该学院由伊顿学院的校长威廉·韦恩弗利特爵士创立于1458年。默德林学院也是牛津大学最古老和最负盛名的学院之一。如果从牛津的中心沿着高街走，你会发现左边就是默德林学院，紧挨着老城墙。学院的入口几乎是隐蔽的，一个小小的石头拱门通向一个小屋；但是再走过去，就看到了大学城最壮观的一组建筑。在学院的东边有切维尔河环绕，那是举办最著名的划艇赛事的河流。学院的北面是壮观的鹿公园，这是牛津唯一可以看到小鹿漫步的地方，学生们从教室的房间里通过窗户就可以看到。

默德林学院的巨大财富及其几个世纪作为最重要的学术重镇之一的国际声誉赋予了它很多辉煌。小方广场上教员玩滚球的回廊，也是英国为数不多的真正的中世纪回廊。用餐大厅里，学生和研究员就餐用的高桌上所铺着的亚麻镶板，曾经装饰过雷丁修道院的墙壁，可

[①] 这个名字保留了"Maudlin" 15世纪的发音。剑桥的抹大拉学院（Magdalene），也是刘易斯后来工作的地方，也保持了"Maudlin"的发音。

以追溯到修道院解散的1530年。

　　默德林塔高耸于主体建筑群中，坐落于跨越切维尔河的桥梁的末端。默德林桥往东的道路穿过一个学生的住宅区，这些房子自从1980年以来一直被年轻的专业人士们渴望着。每个"五一节"的早上，默德林学院的合唱团会在塔的顶部唱歌，数万人聚集在桥上和塔下的街道上，一起观看太阳升起。

　　当刘易斯在1925年到默德林做研究员时，他在新大楼里有了一套房子。新大楼的结构辉煌，可以追溯到1733年，位于学院主区的北部，旁边是鹿公园。刘易斯的房子号码是3.4，包括两个大房间，一间是客厅，另一间是卧室。客厅的窗户朝北，刘易斯从这里可以看到翠翠郁郁的草坪，四周都是树，每到秋天时，树木被一片最华丽的红色覆盖。除此之外，他还可以看到公园、爱迪生小路和教师专用花园。卧室的窗户朝南，他可以看到主要建筑物的中世纪辉煌景象，还有高耸的默德林塔。他的房间是牛津最好的房间，所以并不奇怪，刘易斯认为默德林学院的美丽"无与伦比"。①

　　让他惊讶的是，他不得不自己负责房间的家具。两个房间的家具有桌子、椅子、一张床、地毯、油画和书柜，花费为90英镑（约合现在的4 000英镑）。两个红木书柜是从詹妮那里借的，另外，他还得到了父亲的一些资助。这笔花销是刘易斯之前没有想到的。

　　研究员被像贵族一样对待（现在仍然如此）。刘易斯有校工帮助

---

① W.H.刘易斯主编：《C.S.刘易斯书信集》，第104页，伦敦：杰弗里·布莱斯出版社，1955年。C.S.刘易斯写给艾尔伯特·刘易斯的信件，日期为1925年10月21日。

他准备沐浴和洗漱,每天打扫房间。每天早上,校工会端来一盆冒着蒸气的热水,放在水槽的一个角落,放下窗帘,准备好刘易斯的剃须用品套件,倒掉夜壶（1925 年的大学房间里绝对没有卫生间）,并把主人的衣服摆好。

虽然刘易斯总是细致地剃须并很整洁,但他是一个不讲究穿着的人。有人曾经说过,他可以把一套刚穿的新衣服穿成很旧的样子——他肯定没有多少时间考虑时尚或服装风格。他一生都保持着这样的习惯,以至于在后来的岁月,他的穿着让人看不出他的财富和名望。在 50 多岁的时候,他经常坐火车的一等座去伦敦和剑桥,曾经有一位老年妇女乘客,上前询问他是否有一等座的票。"是的,"他回答说,"但是我自己也需要它。"

刘易斯知道,人的衣着是一个重要的指标,但是,他与头等车厢里那位女士的理解应该属于完全不同的方式。在他的时代,大学的老师有两种类型,一种是"随意型",他们喜欢朴素的衣服。他们会以传统方式装饰他们的房间,属于简洁的风格,穿着也简洁,如宽松的灰色绒球裤、花呢夹克、平纹衬衫,扎着俱乐部领带。另一种是"唯美型",他们会穿着灯芯绒长裤和各种颜色的丝绸衬衫,扎着天鹅绒领带。一些更夸张的"冒险者"会留着长长的头发（以当时的标准看是美的）并化妆。很多唯美主义者是同性恋。

虽然杰克不属于真正的"随意型",但是他讨厌任何形式的体育运动——散步除外。他没有时间考虑穿着要漂亮,他穿的衣服是荣誉的标志。他没有表现出对同性恋者的厌恶,但同样地,像绝大多数异性恋者一样，他对此事并不持有开明的态度。他的方式是嘲笑而不是批评。其中一个例子在事后多年仍被朋友们记着。杰克和沃尼站在窗口，看着窗外默德林学院的主体建筑物，他们看见两个"唯美型"手牵着手一起走。沃尼指着他们说，他们是令人难以置信的丑陋的人类标本，而杰克反驳道："唉，同性恋是不能选择的！"[①]

到 1925 年，刘易斯已经开始明显变老。尽管还不到 30 岁，但是他开始掉头发，而且像沃尼一样，他的体重开始增加。每天早晨剃须时，他看着镜中的自己，相较于在战争期间，他现在越来越胖。这在很大程度上是遗传的原因——艾尔伯特也是在同样的年龄开始变老的——而刘易斯在牛津大学作为教师的新生活也没有改变这一趋势。

刘易斯的一天通常是很悠闲地开始，并且直到晚上睡觉。早餐是在资深职员房间里享用的。教师们围坐在房间的一张大圆桌旁，自助取食银质餐盘上摆好的食物，然后校工会给他们端上拼盘和茶或咖啡。早餐是刘易斯最喜欢的一餐，他总是在 8 点早餐开始时就早早到达。在这段时间里，他可以与其他研究员交谈，如果情绪好，他还会读一读《泰晤士报》，虽然他对报纸从来不感兴趣。早餐后，他会在院子里散步，然后回到他的房间，在上午 9 点钟开始他的第一节课。通常他要上两节课，偶尔三节，午饭前休息 30 分钟，然后午餐在 1 点钟准时供应。

有些下午会被讲座占用。这些讲座通常在学院的教室里举行，但

[①] 乔治·塞尔：《杰克：C.S.刘易斯的一生》，第 203 页，纽约：哈珀出版社，1988 年。

有时也会在别的地方。当下午没有预定的讲座或研讨会时,刘易斯会备课,批改论文,或处理他要负责的任何行政事务,另外,还有阅读。晚餐或者高桌晚宴,是在学院大厅里举行的。参加者被要求穿着得体,在特殊场合要扎黑色领带,比如学院校长出席的场合。

在刘易斯的时代,高桌晚宴已经是一个美好得与时代不符的习俗。校工举着银质餐盘在大厅的长桌间跑来跑去。在房间的一端挂着一个幕帘,上面是圣玛丽·默德林的生活场景,可以追溯到17世纪。房间的另一端是一个横跨大厅的高桌讲台。在这里,校长、副校长和大学的职员,按照资历排列顺序,校长居中,然后两边分列其他大学官员、学者和学生。

高桌晚宴包括五道菜,还包括葡萄酒(年份钵酒和马德拉白葡萄酒)和饭后甜点,以及之后刘易斯最爱的餐后棕色雪利酒。研究员可以为自己和自己邀请的客人点任何饮料,他们可以用一个称为"嗡嗡"的设备引起一个校工的注意,然后校工会端来一个装着葡萄酒或白酒的玻璃容器。餐后,研究员可以到资深职员房间里享受所谓的"葡萄酒时间",他们会再喝一些。

毫不奇怪,"葡萄酒时间"是一天中大家最喜爱的时间,他们不仅可以喝酒,还可以与他们所在时代最聪明的人进行机智和有挑战性的对话。在做研究员早期,刘易斯很喜欢这些夜晚。研究员的生活给他带来尊严和权威的感觉,他很享受资深职员房间里的谈话,也愿意和那些像他一样聪明的人在一起。只是后来,在过了一些年这样的生活之后,他开始发现他的很多同事让他不满,他参加这些晚间活动的热情就降低了许多。

然而，从一开始，刘易斯就不是那么喜欢他被期待承担的工作量。牛津使用的教程系统可以追溯到19世纪初，具有独特的文科类学位课程的特点。在19世纪前，牛津的学术水准还不怎么样，很容易被其他学习中心超越。但是，经过1803—1807年的改革之后，考试变得更加规范，教师和其他教学人员的职责也开始合理化，学术标准开始得到改善。这些改革中的一部分涉及创建一个教师辅导系统，其中导师要花时间与每个学生讨论和设定学习任务，就一个主题进行详细讨论——这构成了课程的一部分。

教师辅导仍然是牛津文学学位的重要组成部分，可以用来补足讲座内容。在讲座课程中，学生们集体收集信息、记笔记，严格遵守课程要求进行学习。而辅导课程通常在教师的办公室里举行，一般持续一个小时，这样可以给学生时间大声朗读他们准备好的论文，然后与导师讨论。

很多刘易斯在此期间指导的学生都抱怨刘易斯的严厉和不肯通融。他喜欢修辞和论辩，但毫无疑问，对于一年级的本科生而言，刘易斯的言语攻击是令人不安的。早期的刘易斯对年轻学生的期望太高了。他自己是一个学业优秀的学生，但不是很多学生都能达到他的智力水平，而他对不少学生是不公平也是不同情的。一个他过去教过的学生回忆说：“学生能够越多地显示出自我辩护的能力，就越好。”[1]

---

[1] 约翰·劳乐：《照亮C.S.刘易斯》(*Light on C.S.Lewis*)，乔斯林·吉博主编，杰弗里·布莱斯出版社，1965年。

这种苛刻的态度在刘易斯的事业后期有所转变。他会用一种幽默的方式绕过他对不太聪明学生的不满意。这使他更受欢迎，同时也让他更喜欢自己所担当的教师角色。根据他之前的一个学生——约翰·劳伦教授的回忆，刘易斯后来"倾向于用一种反讽的方式接受他们（他的学生）"。① 在其他方面，他说，刘易斯"疯狂的顽固不化和尖锐刻薄是共存的，这也让校方的高级人士没有办法"。②

刘易斯还有一种非常独特的讲课风格，与大多数 20 世纪二三十年代的大学老师的讲课风格完全不同。他总是迟到 5 分钟，进入教室就马上开始上课。他会在很短的时间内讲述大量的信息，但是他有一种能力——通过说听众感兴趣的笑话和逸事让学生保持兴趣。他非常善于通过使用寓言将他的学术问题与现代生活联系起来，并用简单的阐释让他的观点更加清楚。他的讲座就和他的写作一样，能够将温暖和吸引力置入其中。

当刘易斯在自己的工作中安顿下来之后，另一个让他备受欢迎的原因是他创造了"英语狂欢夜"。在这个全系年底的聚会中，所有的费用由刘易斯支付——刘易斯负责提供酒并租用默德林的一个房间让大家聚会。晚上的亮点在于，当每个人都喝高了的时候，刘易斯会站在一张桌子上，朗诵低级的古英语诗歌。

那些非常聪明的学生和那些像他们的老师一样不喜欢"唯美型"的学生会比那些刘易斯被迫教授的自恋型花花公子学生进步更快。对

---

① 约翰·劳乐：《照亮 C.S.刘易斯》，乔斯林·吉博主编，杰弗里·布莱斯出版社，1965 年。
② 约翰·劳乐：《C.S.刘易斯回忆和回顾》，得克萨斯州：达拉斯宾塞出版社，1999 年。

于努力学习的学生,即使他们并不十分聪明,刘易斯也会非常照顾。多年来,他非常高兴地推动那些处于二级水平的学生向一级水平进步。尽管后来,他自己也开始怀疑这其中的伦理性,并质疑自己把平庸学生提高到高层次的价值。这可能是一个奇怪的过度反应,表明他在消除他最初可能有的一个想法,即对他学生的能力有所误判,或者他只是给他们机会通过努力在学业上取得更大的进步。

刘易斯有两个学生成了文艺界非常知名和受人尊敬的人物,他们是桂冠诗人约翰·贝杰曼和作家兼评论家肯尼斯·泰南。但是刘易斯不喜欢这两个学生,而且在后来,三人还将这种感觉公开化。

年轻的贝杰曼是刘易斯本能地不喜欢的那种学生。他经历了高度精英化的私校教育,首先在牛津巨龙私立小学学习,然后是马尔伯勒私校的学生,他是非常典型的唯美主义者,表现出对性别差异的不满。他不好好学习,还经常在自己的房间里举行疯狂派对,邀请大学里的那些另类人士参加。

1925年到默德林上学以后,贝杰曼成为刘易斯的第一个学生,而且两个人的关系很快就变得不好了。贝杰曼很少能完成刘易斯给他布置的文章写作任务,有的时候,即便他交上来了写完的文章,刘易斯也很快就会发现,这些文章几乎都是大段地从其他文章那里剽窃而来的。结果,他认为他的这个学生"无所事事"和"无知且愚蠢"。[①] 但是后来,贝杰曼偶尔会写出一篇相当完美的、具有原创性的文章,短

[①]《刘易斯文稿:刘易斯家族回忆录,1850—1930年》,第9卷,第148页,现收录在韦德收藏品中,美国伊利诺伊州惠顿学院马里恩·E.韦德中心。

暂地让刘易斯对其有好感。

贝杰曼喜欢戏弄刘易斯。他知道，根据大学法规，他有权要求教师用学生希望的任何一种语言来辅导"特殊主题"。贝杰曼选择了中世纪威尔士语，因为他知道刘易斯不够精通这种语言，不可能指导他获得学位，所以他将不得不从大学外找一个专家来。结果，学院每周不得不支付一位专家从威尔士乘火车到牛津来上60分钟课程的费用。

关于刘易斯和他学生的逸事，给人的印象是，虽然刘易斯不相信这个学生，但是年轻人还是希望与他的导师形成一种更紧密的联系。贝杰曼试图让杰克对现代诗人感兴趣，还借给他此类书籍。他甚至邀请刘易斯参加他那相当丰富多彩的派对。刘易斯确实参加过一次这样的派对，但是他不喜欢那里那种他所认为的"同性恋"风格。他发现自己与其他的客人没有多少共同点——他们几乎都穿着华丽的衣服。根据他后来的回忆，所有这些人谈论的都是"蕾丝窗帘、艺术与工艺（他们所有人都不喜欢）、瓷器装饰、建筑和'推心置腹'的怪习惯"。

贝杰曼将刘易斯·麦克尼斯描述为一个"伟大的诗人"，并将刘易斯介绍给他。但是，在刘易斯的印象中，麦克尼斯不仅是"绝对沉默"的，而且长得也"令人惊讶的丑陋"。① 但是，对于这个诗人的判断，贝杰曼是绝对精准的：麦克尼斯很快就成为英国仅次于W.H.奥登

---

① 罗杰·朗斯林·格林和沃尔特·霍珀，《C.S.刘易斯传记》（*C.S.Lewis*），第91页，伦敦：哈维斯特出版社，1994年。

的最受钦佩的诗人。而在刘易斯与麦克尼斯会面时，刘易斯还远没有能够发出自己文学的声音，他自己作为诗人的努力在很大程度上是被忽视的。

贝杰曼没有在牛津待很长时间。在第一学年年底的神学考试中，他不及格。这件事情本来也可以不太严重，因为如果刘易斯愿意的话，他可以很容易地为其争辩，使他再获得重新考试的机会，然后，如果贝杰曼通过了，他便可以在1926年继续回来学习。这样的事情曾经发生过很多次，其他导师都会这样做。但是，刘易斯选择不帮助贝杰曼，并且看着他被抛出大学之外——此举让这位未来的诗人一直不能原谅他。

在贝杰曼告别默德林学院的20年后，肯尼斯·泰南也对刘易斯有类似的否定性评价。后来，泰南因为他壮观、犀利的戏剧批评、极端左翼的政治态度以及他的反正统作品，比如讽刺剧《哦，加尔各答》而为人们熟知。在牛津的时候，他也是一个身着华服、喜欢挑战规则和惯例的学生。像贝杰曼和很多他前后时代的人一样，他穿着奇特，喜欢狂欢，乐于组织晚宴和各种活动，吸引了当时一些最具创意的年轻人参加。

尽管他的学生生活很狂野，但是泰南是个学业很好的学生。另外，尽管他年纪大了以后个人的政治观点变得越来越激进，但在当时，他与刘易斯的保守基督教观点是一致的。在1945年刘易斯开始教授泰南的时候，刘易斯已经因为此观点而在国际知名。然而，这些并没有阻止刘易斯强烈地不喜欢这个学生。"泰南是一个非常聪明的人,他自己知道这一点。"他曾经对另一个学生说,"我要做的,就是尽我所能阻止他成为一等的学生,我认为我成功地做到了这一点。我所能做的,就是努力把他身上一些自负的东西敲掉。"①

刘易斯作为导师的声誉以及他留在很多学生心中的美好回忆是他的机智和幽默。大家有一个共识,那就是尽管他在论辩中是一个顽强的斗士、很难隐瞒他对于必须迁就本科生而感受到的恼怒,但他是一个非常好的听众,并尽量不发脾气。他从来就不喜欢懒惰的学生,也不喜欢那些相信自己可以凭借优秀的智力或富裕的背景就轻松通过大学考试的学生。对于那些尊重杰克并显示出对知识真正渴求的学生而言,他是一位理想的导师。

刘易斯可能是不公平的,甚至无情的,例如他对待约翰·贝杰曼的方式,但是,他也有慈悲的一面。他经常对那些运气没有他好的人表现出意想不到的善意。曾经有一个特别有趣的故事:有一次,他和朋友一起走在高街的路上,一个乞丐来乞讨,刘易斯立即把他口袋里所有的钱都放到了乞丐的手里。然后,当他们继续前进时,刘易斯的朋友说:"你知道吗?杰克,那个乞丐只会去把钱花在酒上。"刘易斯回答说:"好吧,你可能是对的,但如果我留着那些钱,我也只会花在酒上。"

刘易斯在默德林的最初几年很受其他教职人员的欢迎,并迅速与几个志同道合的人成了亲密的朋友。他与一位名叫保罗·维克多·门德尔松·贝内克的同事建立了密切的友谊,每天早上都与他共进早

---

① 乔治·塞尔:《杰克:C.S.刘易斯的一生》,第203页,纽约:哈珀出版社,1988年。

餐。贝内克比刘易斯年长约30岁,是作曲家费利克斯·门德尔松的孙子。他与刘易斯的经历相似,都在当代文学和经典课程中取得过一等成绩。他是一个相当严肃的学者,素食、很少喝酒、从不吸烟。在第二次世界大战末期,食物实行最严格的配给制度时,贝内克试图只靠着不配给的食物生活。他每周禁食一次,穿着老旧的衣服,即使在最冷的日子里也不用暖气。为了保暖,他会多穿一件毛衣或开衫,所以学生在上他的课时,经常要穿着厚厚的大衣,戴着围巾和手套。

对刘易斯而言,贝内克是一位性情至纯的导师,他对这种人无比敬仰。在几次同事辩论或有学生嘲笑内贝克时,他会跳起来为他辩护。虽然刘易斯声称,托尔金为他提供了空间三部曲中亚瑟·兰塞姆的原型,但是贝内克为其提供了老兰塞姆教授的模板,即三部曲中的最后一部《黑暗之劫》中彭德拉根这个人物形象的建立。

刘易斯喜欢默德林学院给教师提供的精致生活,也喜欢他的一些同事,不过,他觉得学院的俱乐部和社团状态相当可悲。从学生时代起,刘易斯就是一个高度喜欢俱乐部的男人,他愿意与思想相近的人一起进行智力讨论,最好还能同时消耗大量的酒精。刘易斯刚到默德林学院工作时,他发现学院里的各种俱乐部似乎更专注于后者,而对前者几乎没有任何兴趣。大多数的俱乐部都和各种各样的体育活动有关,或者是为了某种政治势力发声,这些都是刘易斯不喜欢的。

尽管刘易斯本人也接受了一系列的私校教育,但是他对英国的教育制度从来没有赞同过,因为那是在20世纪的第一个10年的英国。在他的一生中,他对很多从这种制度里出来的人保留了根深蒂固的蔑视，因为他认为这些扭曲了年轻人的心灵和精神。默德林学院的俱乐部设计者中大多数都是这样让刘易斯最不喜欢的人，他将他们称为"伊顿和切特豪斯学院的蠢货"。①

为了改变这种情况，来到默德林学院一学期后，刘易斯决定成立自己的俱乐部，主题是他所谓的"啤酒和贝尔武夫之夜"，是为他的学生设立的。这些聚会每周在他的房间里举行。正如这个俱乐部的名字所表示的，聚会中大家主要会使用古英语，刘易斯会努力帮助他的学生学习贝尔武夫的段落，而且，他们都会喝一些酒。人们只能想象年轻的贝杰曼会对此有什么想法了。

1926年5月，刘易斯遇到了托尔金。那是在默顿学院英语系教师的一次会议上。那时的托尔金已经做了两个学期英文方向的盎格鲁-撒克逊教授。刚开始，他们似乎相互都很警惕，刘易斯在他的日记中这样写道："托尔金设法讨论预备考试的话题。后来我跟他聊了聊。他说话很平缓、平淡而流利……认为所有的文学都是为30岁到40岁男人的娱乐而创作……他不是一个坏人，只是需要刺激一下。"②

刘易斯对于他与托尔金第一次相遇的记载，内容可谓相当奇怪，但可惜的是，我们没有从托尔金那里找到任何可以与之对照的信息。如果我们忽略掉一些刘易斯相当夸张的语调，他对托尔金的评价还是很客观的。显然，托尔金是一个直率、自信和善于引导他人朝他想要的方向去谈话的人。事实上，他是一个很会交流的人，也很快让刘易

---

① 《刘易斯文稿：刘易斯家族回忆录，1850—1930年》，第10卷，第94页。
② 《刘易斯文稿：刘易斯家族回忆录，1850—1930年》，刘易斯在1926年5月11日的日记。

斯喜欢上了他。

另一个奇怪的评论涉及托尔金对文学之用的态度。像刘易斯一样，托尔金是一个相当老式的男人，他对男人和女人在社会中的角色有很强烈的意见，但是刘易斯断言，他的同事认为"所有的文学都是为30岁到40岁男人的娱乐而创作"的想法并不太符合托尔金的性格。这或许是刘易斯自己说的，也或许是托尔金出于勇气所做的说明——他是见识过有智力的女性的。在他自己的家庭里，他曾在1904年与他的一个姨妈——简小住了一段时间。简是英国第一批获得科学学士学位的英国女性之一，托尔金认为，她是一个相当出色的女人。

当刘易斯和托尔金相遇时，他们有很多共同点。托尔金比刘易斯大了近7岁，但两个人都在战壕中战斗过，也都喜欢语言。托尔金是一位古代语言（包括冰岛语和芬兰语，还有盎格鲁-撒克逊语）研究专家，而刘易斯喜欢神秘的挪威神话和古英语文学。正是这些共同的爱好拉近了他们的关系。

然而，他们的背景是非常不同的。约翰·罗纳德·鲁艾尔·托尔金1892年在南非出生。他的父亲于1896年去世，他从未了解过自己的父亲。而他心爱的母亲在1904年死于糖尿病，那时他才12岁。他在很多不同的亲戚家里住过，但幸运的是，他一直在伯明翰的一所小型公立学校接受良好的教育。他在1911年去了牛津的埃克塞特学院，在参军到法国作战之后，曾在利兹大学授过一段时间课。1925年，他获得了牛津著名的盎格鲁-撒克逊讲习教授的职位，同年，刘易斯成为默德林的研究员。

托尔金没有刘易斯那么城市化。他的兴趣是狭窄的，而且在很多方面，他是一个更为传统的人。托尔金是一个丈夫和三个孩子的父亲（他的第四个孩子，普里希拉出生于1929年），而刘易斯却与一个53岁的已婚妇女共同生活 —— 他每周末都到牛津东部租住的房子里与这位妇女在一起。但两人在智力上旗鼓相当，都非常聪明，并具有无可挑剔的学术成绩。两个人对世界的看法都有些过时，几乎不喜欢所有从现代诗歌到好莱坞等当代文化，都相当不信任政治和政客。事实上，两人都不喜欢20世纪；都不会开车（虽然托尔金曾经自学过开车，并在20世纪30年代偶尔开一开，但开得不是很好）；他们都不听无线广播，只对时事有些许兴趣。事实上，他们的大脑中装满了童年，都喜欢奇幻文学，从小就想成为一名作家。

托尔金和刘易斯之间的密切友谊是必然的事情。他们在学院里遇到其他很多朋友都是聪明人，但是除了贝内克之外，没有多少人表现出任何想象力，他们就只是工作而已。在他最早期的作品之一，1933年的《朝圣者的回归：对基督教、理智与浪漫主义的寓言式辩护》（*The Pilgrim's Regress: An Allegorical Apology for Christianity, Reason and Romanticism*）中，刘易斯讽刺一种"明智先生"类型的人 —— 这种人很聪明机智，但是心胸狭隘且见识浅薄。

刘易斯渴望写小说和诗歌，并对自己的职业生涯有宏伟的计划。在这方面，他发现托尔金与他有着共同的精神。此外，两个人都喜欢一种同志情谊，这种情谊他们从上学开始就沉浸其中，通过战争对其的感悟更加深刻。另外,他们的友情得以发展还有一个原因就是两人共同的学术背景以及他们对彼此文学的尽心尽力的批评。在被介绍认识之后的几个月内,两个人开始定期在刘易斯位于默德林学院的房间里会面,他们经常会坐在炉火旁,一直讨论到深夜,讨论文学与历史,评价对方的手稿。

1926年的夏天,托尔金借了刘易斯一篇长诗的手稿,该诗后来被收入《精灵宝钻》中,刘易斯看过后,提出很多具有建设性的意见。他很快意识到,托尔金对批评很敏感,所以他不再进行那些非常鲁莽的评论,尽量换成一种委婉的说法,反正两个人有足够的词汇量可以交流使用。

除了文学是主要的因素以外,他们的友谊很快也在向其他方向发展,因为刘易斯和托尔金都喜欢与其他人进行有意义的谈话,都喜欢喝烈性的啤酒,并向小群体大声朗读古代文献和自己的作品。在与刘易斯认识前几周,在托尔金成为盎格鲁-撒克逊教授的第二学期,他建立了一个冰岛语阅读俱乐部,名字是"吃煤人"。该名称来自冰岛语,指的是那些"在冬天里坐得与炉火如此接近,以至于都要将煤吃到嘴里了"的人。该俱乐部的目的是将那些对传统冰岛传说感兴趣的人聚集在一起,然后成员可以大声朗读其中的段落。

1926年秋天,托尔金邀请刘易斯加入"吃煤人"俱乐部,虽然杰克几乎不懂冰岛语,但是他热衷于学习,并越来越有信心给大家朗读段落。在"吃煤人"俱乐部中,有一些语言专家,如牛津大学比较语言学专业的G.E.K.布朗霍尔茨教授以及拜占庭和现代希腊语专业的R.M.达金斯教授，但是，刘易斯不是唯一的冰岛语新手。来自埃克塞特学院的英语系学生，出身贵族的奈维尔·科基尔也完全不懂冰岛语，另外，乔治·戈登，托尔金的前老板，现在牛津大学英国文学专业的教授，也是一个冰岛语初学者。

对于那些能幸运地在牛津大学工作和生活的人来说，他们总是很容易封闭自己、脱离世界，隐藏在象牙塔之内。很多成为大学教员的人从本质上就对俗世不感兴趣，对纯粹的智力世界的喜欢远远超出大多数人能想到的平凡世界的正常生活。刘易斯和托尔金都属于这种类型的人。杰克的生活分为三部分：他的工作、他早期的文学努力，还有他与詹妮的家庭生活。托尔金是一个有家室的人，尽管他也是一个慈爱的父亲，但是他更专注于他的学术工作和他的写作，所以大多数晚上都会待在大学或酒吧里，与刘易斯喝酒、说话。两个人对世间事务都没有表现出任何兴趣——在早餐时间翻翻《泰晤士报》是他们与世界唯一的、有限的联系。他们相识的那一年是大事连连的一年，除了修道院和学院，连刘易斯和托尔金这样的学者都意识到了外面世界所发生的事情。

在1926年，约翰·洛吉·贝尔德发射了第一个电视信号，莫奈去世。这一年也是有伟大的航空壮举的一年，飞行员飞到了开普敦的好望角，并第一次完成了英国到澳大利亚的往返58天的旅程。而该年度最大的新闻故事是，在这一年里，托尔金和刘易斯在默顿学院的高级教员休息室里，喝着雪利酒，第一次见面。只不过，此事当时无人在意。此时，英国自内战以来最大的一场内乱出现，即总是罢工，工人们放下手中的工具,离开他们的工厂、商店、仓库和码头,开始从5月5日至13日的为时9天的大罢工。当两位学者在默顿会面时,学生们和白领专业人士们正待在高街的巴士及货车上,实现他们的儿时梦想。他们登上前往罢工区域的火车,驶离了牛津站。

尽管刘易斯与俗世的距离很远,但还是有一些事情拴着他。其中最重要的是他与他父亲的关系。艾尔伯特·刘易斯在1928年5月退役,当时他已经65岁,然后几乎立即进入了快速和不可逆转的衰老期。他住在杂乱无章的利特尔利的房子里(这也是杰克与沃尼长大的地方),雇用一个仆人为他做饭,并帮他跑腿。沃尼在1927年4月到中国上海任职,杰克很少去看望他的父亲,就这样,当艾尔伯特离开了他的法律工作事务时,他比以往任何时候都更加感到孤独。到1927年,他已成为一个不可救药的醉鬼。

杰克与他的父亲之间的问题,已经因为多年的疏忽和轻率行为而变得越来越糟糕。他在牛津大学工作的那些年,他们的关系更加恶化,主要是因为他的一些反常规的决定和他对詹妮的承诺。与此同时,刘易斯感到极度沮丧,因为他仍然不得不依靠他父亲的财政支持。在他的内心深处,有一部分是对他父亲的感激,但还有更大的一部分是不满。他很清楚自己的聪明才智,但是他不得不面对一个事实:如果没有父亲的慈善支持,他和他同居的女人是无法生存的。

然而,到1925年5月,当杰克拿到默德林学院的研究员资格后,他不必再依赖父亲的资助了,这种压力被去除了。他做研究员的薪酬是每年500英镑,而过去他父亲给他提供的是每年210英镑。杰克终于可以成为一个自立的人，这种转变在一定程度上改善了父子之间的关系。

在得到研究员职位之后，杰克立刻写信给他的父亲，感谢他多年来的支持，并宣称如果没有父亲的支持，他不可能拿到这个荣誉。此后，杰克开始更多地回到贝尔法斯特探望父亲，有一次假期，他与父亲共同度过了4周的时间。在此期间，他们开始恢复关系，并找到了一些新的共同话题。而且，虽然杰克不可能承认，但这次度假也给了他一个突破，他可以摆脱在牛津的事务，其中包括詹妮不断的需求。他充分利用这段时间，进行长时间的散步——通常是和艾尔伯特一起。

从艾尔伯特的信件以及由沃尼传递的信息来看，1929年初夏，当杰克正在完成牛津的学年时，他得知了父亲身体不适。但是，直到他在8月12日回到利特尔利，他才意识到父亲的病有多么严重。

杰克回来几天后，艾尔伯特经过家庭医生的检查后被告知了令人恐惧的消息——他患上了肠道癌。带着沮丧和沉重的心情，杰克写信给在中国的沃尼，告诉他父亲的病情，并暗示他尽最大努力请假回来。几天后，艾尔伯特在贝尔法斯特医院住院，并准备接受手术。

杰克很快就认识到，艾尔伯特将要离世。事实上，他后来写到，他从英格兰刚回来时就已经意识到这一点，他还记得家中那种艾尔伯特的生命即将终结的气息。但是，最终的结果并未像杰克所想象的来得那么快，在做完手术之后，艾尔伯特的医生惊讶地发现，他的情况有显著的改善。杰克每天都会去看望他，待上几个小时，两人的关系比以往任何时候都要好。杰克给他的父亲讲默德林学院教师的趣闻，还有牛津大学那些大家最喜欢的逸事，而艾尔伯特则回忆起他这一生一直都很喜欢的一些笑话和有趣的故事。

9月下旬，杰克被迫返回牛津大学准备即将开始的新学期。他父亲的医生对他说，相信艾尔伯特还会多活几年，医院的工作人员也会很好地照顾他。即便如此，杰克还是带着非常沉重的心情，在9月22日，星期六，坐船渡过爱尔兰海，去赶前往牛津的火车。三天后，杰克接到电报，说他父亲的情况逆转病危。杰克坐上了一个小时后的火车往家里赶，结果当他回到贝尔法斯特的医院时，发现艾尔伯特已经在前一天的下午去世了。

杰克对父亲的死亡的反应是缓慢的。9月29日，他平静地给沃伦写信，解释了发生的事情。也许他知道没必要着急传递这个消息，因为他知道哥哥可能至少要一个月以后才能收到他的信，然后也不可能离岗回国。只是几天后，在自己待了一段时间、又和亚瑟·格里夫斯待了一段时间后，他发现自己曾经在那里长大的房子现在已经空了，没有任何声音。现在，他和沃伦曾经无情嘲笑的那个男人，他们的父亲，已经离世了，他们与少年时代的纽带已经断开了。兄弟两人将不得不卖掉房子，把里面的东西搬出去。里面的每一本书、每一件家具都会被卖掉或者送给远房亲戚，无论是苦还是甜，童年的记忆都将消散。这种想法让他感到恐惧。

刘易斯的反应方式是忘却他的担忧。6个月来，他把自己沉浸在牛津的日常生活中。直到1930年4月，当沃伦回到英格兰后，他与弟弟一起最后去了一次利特尔利。两人开始处理父亲的遗产。

杰克的计划是用售房款项再另外购买一所房子。1929年12月，他和詹妮找到了牛津大学外的一处比较昂贵的房产，很是动心。"砖窑"是一座很大、也比较难看的房子，但是它坐落在几英亩的林地中，边上是海丁顿采石场，在牛津中心约东南3英里的地方。它可以给杰克提供一种距离与平和感，离大学也不远。

沃伦在中国服役期间，杰克与沃伦在信件中讨论此事，认为沃伦从中国回来后应该与他、詹妮和莫琳一起生活。利特尔利的房子用了将近一年的时间才卖掉，而且价格远远低于期望，只卖了2 000英镑多一点。所以4个人中，除了莫琳以外，每人都要负责申请一组抵押贷款，以买得起售价3 300英镑的"砖窑"。其中大部分贷款在1930年秋天，贝尔法斯特利特尔利的房子被卖掉以后都还上了。有了自己的薪水以及每年他和沃伦从艾尔伯特投资中获得的190英镑，杰克筹集了1 000英镑。詹妮有一个信托基金，使她得以申请到抵押贷款1 500英镑，而沃伦有300英镑的储蓄，外加他又申请了500英镑的抵押贷款。

4个人一起买房子并同住在一个屋檐下，这是一个冒险的决定，但是他们每个人都相信，"砖窑"将是他们完美的家。杰克有了自己的书房，一个大菜园，一个温馨的厨房——全家人可以在里面度过大部分时间，去牛津的公共汽车站就在房子前面。房子也足够大，可以招待宾客，这是詹妮曾渴望的，而当他们住在租来的城里小房子里时，这简直是一种奢望。对于即将从陆军退休的沃伦而言，这次搬家意味着他永远不需要重新工作。杰克知道，他的哥哥从来没有真正喜欢过詹妮，他生命中最重要的两个人永远不能容忍对方，但是，对他们来说，这种新安排的优势远远多于劣势。

对于搬家的挑战，杰克不是不知道。在给亚瑟·格里夫斯的信中，他承认，他担心詹妮和沃伦不会处得来。然而，他希望，随着沃尼慢慢适应国内的生活，他能开始喜欢女人。但是，他也承认，"在此之前，将会有一段难熬的时间"。①

在搬入"砖窑"之前，他们必须将利特尔利的房子清空以进行拍卖。杰克和沃伦一直不喜欢做这件事情。当兄弟俩在1930年春天去贝尔法斯特的时候，他们把詹妮留下来处理房子的事宜。对他们来说，这次最后的访问将是很伤感的。即便如此，本以为30多岁的男人早已习惯了空空如也的婴儿间，童年的哭笑声也已经变得遥远。但是对于杰克来说并非如此，对于沃伦来说更不是如此。对于已经35岁的陆军军官沃伦来说，他最关心的问题是他们的旧玩具该怎么办。

在中国上海的时候，沃伦就曾给杰克写信说起自己的玩具，并在多个场合里，他都表达了自己是多么关注这些玩具该怎么办。他不希望其他孩子玩他的这些玩具，因为那会破坏这些玩具对于他自己的意义。他甚至建议在他们的新房子里开辟一间屋子来装一些对于他们来说很重要的玩具，以保持自己对童年的回忆。

杰克很快就打消了沃伦这样的想法，即使他内心深处也有一部分希望实现这个计划。他至少能够意识到，建立一个纪念室来缅怀他们

---

① W.H.刘易斯主编：《C.S.刘易斯书信集》，第12页，伦敦：杰弗里·布莱斯出版社，1955年。

逝去的童年的念头太妄想，那是他哥哥在酒精作用下的心态。这显然是一个危险的情感发展方向，杰克知道，他必须阻止自己朝那个方向走去，并且也要将他的哥哥从那个方向拉回来。

在利特尔利，杰克负责整理财产，并让悲痛欲绝的沃尼选几个自己必须要留的东西，其余的都堆积起来，送给亲戚或拍卖。在这最后一次的利特尔利之旅中，他们在家中尘土飞扬和臭熏熏的酒窖里，看到了数以百计的空葡萄酒酒瓶和威士忌酒瓶，一直堆积到天花板。这象征着艾尔伯特有多少寂寞的时刻都是在酒中消解的，就如同那空空如也、寂静无声的房间。

在最后一次关上利特尔利的房门、将钥匙放到家庭律师的手中时，杰克很可能感觉到了他哥哥心中的痛。但是，与沃伦不同，他拥有生活的一切，可以通过创作来消减痛苦。艾尔伯特的死亡最终给了他在创作上开花结果所需要的资源。他现在有了稳定的家庭生活和安全的职业。未来的20年将是他整个生命中最有创意的一段时间，在这段时间内，他将要提炼他的学习以及他自童年以来所有的经历和感受。此后，他将通过他具有创造力的作品将自己从大学教师提升到世界著名作家之列。

第六章
幻想

　　作为作家，C.S.刘易斯是一个大器晚成者。他到了40岁左右才开始有起色。与其他在他前后的作家一样，在早期尝试发出声音时，他遭受了多次令人沮丧的失败。有人认为，刘易斯的晚期发力来源于他复杂的生活方式，特别是他作为一位全职学者要承担的工作压力以及他对詹妮和莫琳要担起的责任。确实，杰克和詹妮在一起的早些年，他们一起为此烦恼。他们都确信，杰克注定要成为一位伟大的诗人，很担心找工作和走向学术事业会分散他的注意力，扼杀他的创造力。即使他们因情况所迫，需要杰克工作挣钱，他们也仍旧真诚地认为，这只是权宜之计，不久他就会成为他所在的那个时代最重要的诗人，写诗将是他一生的工作。

　　杰克既要做家务，又要做大学的工作。一方面，他不断被叫去做饭、修理、清洗、购物和打扫；另一方面，他又要指导学生，做研究和行政管理工作。然而，这些都不是他迟迟未能写出成功文学作品的原因。真正的作家的诞生，虽然有很多未定的和并不复杂的形式，但是不管怎样，至少，刘易斯一直是一个作家。如果一个作家幸运的话，他可能得到了指导，找到了自信和发展的方向，但是，在杰克所处的情境下，那些能够给他带来影响和创作能量的因素，能让他出版自己图书的机会，在一段时间里并没有到来。在这些机会到来之前，他已经压抑了多年。

在37岁前，他只出版了两本诗歌作品，一本为基督教辩护的寓言作品《朝圣者的回归：对基督教、理智与浪漫主义的寓言式辩护》，一本学术书籍《爱的寓言：中世纪传统研究》(*The Allegory of Love: A Study in Medieval Tradition*)。后者发表于1936年。在他生命剩余的27年里，刘易斯至少出版了38本书，其中包括1942年至1946年的两部小说《皮尔兰德拉星》（后来改名为《前往金星之旅》，不过，刘易斯更喜欢原来的书名）和《黑暗之劫》以及四部非小说作品。此外，1963年他去世后，还有不少他的手稿选集被出版。

驱使刘易斯开始写作的原因在20世纪30年代后期一起出现。这是一个复杂的过程，但是其中至少包括3个关键因素。第一个因素是他皈依基督教。这导致他写了很多非虚构类作品来谈论他在1931年后重新捡回来的宗教信仰。接着他还写了一些寓言作品，如《皮尔兰德拉星》和7卷本的《纳尼亚传奇》，虚构的宗教评论，如《地狱来鸿》。第二个因素是他能够回到他心目中曾经存在的童年并利用其来创作伟大的小说。第三个是他对幻想的兴趣，这种幻想在房子的"尽头小屋"里萌芽，并在整个青春期和成年阶段的早期进一步被培养。

其中的第一个因素将在下一章详细阐述，第二个因素在之前的章节里已经被讨论。在研究他的作品之前，我们应该考虑一下第三个因素在刘易斯文学发展中的决定性力量：他对奇幻文学深刻而持久的兴趣。

正如我们所看到的，童年时期的杰克和沃尼被书包围着。他们的父母都广泛涉猎文学阅读，这不可避免地会影响男孩们早期的阅读品位。杰克的第一次文学尝试，是关于像博克森宇宙那样的一个故事，很早熟，但是不生动。然而，当时年轻的刘易斯还是很以此为豪的，从相对较小的年龄开始，他就被这个小小的成绩鼓励着，希望自己成为一名作家。

我们已经看到了碧翠丝·波特和E.内斯比特对杰克的重要影响。他在少年时期就开始贪婪地阅读大量书籍，从一个作者的系列作品到另一个作者的系列作品，每一部作品都引领他进一步走向奇幻文学创作的伟大之路。

就全球流行性而言，奇幻文学是当今最重要的文学体裁之一，但当刘易斯还是一个孩子的时候，"梦幻小说"（一些人称其为"浪漫史诗文学"）处于流行文学的边缘，通常被人们与科幻作品放在一起。

然而，奇幻文学自身有着漫长而出众的家谱。如同什么构成了奇幻文学、它与科幻小说的区别在哪里，关于谁是此类文学作品的创始作家，世界上一直都有多种多样的争论。公元2世纪，住在希腊萨摩萨塔的卢西安大概是先驱。他的《卢西安讽刺》可能是奇幻文学现存的最古老的图书，并且被很多现代作家模仿。再后来，在15世纪，英国知识分子和政治家托马斯·莫尔继承了卢西安的风格，创作了他的文学经典《乌托邦》，之后又被很多人模仿，其中包括意大利传教士托马索·坎帕内拉,他因为创作《太阳之城》而被宗教迫害和折磨。

其中最著名的奇幻文学作品之一是乔纳森·斯威夫特的《格列佛游记》,同名英雄从作者现实生活中的17世纪的英国和爱尔兰走出去。斯威夫特有独特的天赋,因为其作品的复杂性,后来有很多人试图模仿他的作品,但是很少成功。之后,十八九世纪早期产生了大量可以被归类为奇幻小说的重要文学作品,其中包括1741年路德维希·霍尔伯格的《前往地下世界之旅》、1752年伏尔泰的《微型巨人》和1818年玛丽·雪莱的《弗兰肯斯坦》。

另一位对未来奇幻文学有极大影响力的作家是沃尔特·斯科特。他的小说在19世纪初期开始出现,其中混合了历史现实主义与幻想。今天,人们记得斯科特的最重要的作品是他的侠义小说,尤其是出版于1819年的《艾凡赫》以及他用了几十年的时间创作的"韦弗利"系列小说。斯科特是一位了不起的学者,他仔细研究他的小说,注重细节,他所创造的英雄叙事对后世的奇幻文学作家产生了重大影响,他们中有很多人都将自己的故事背景设置在中世纪。

一个世纪后,随着技术时代的到来,科幻小说和一些奇幻文学作品开始有了大量读者群。朱尔斯·凡尔纳和H.G.韦尔斯的作品也许是当时该文学题裁的最好范例。但是他们的图书,凡尔纳最著名的《海底两万里》(1870年)和韦尔斯最著名的《时间机器》(1895年)与奇幻小说有所差异,因为它们所涉及的是一个可能的世界,其中有可识别的"现实"的科学和技术,它们在情节发展中发挥了关键作

第六章
幻想

用。奇幻小说在这里与科幻小说有偏离，因为它不是运用科学技术和想法，而是将故事设置在另一个他们所希望的、远离现实的世界中。

19世纪最重要的奇幻文学作家是爱尔兰的邓塞尼爵士。爱德华·约翰·莫尔顿·德拉克斯·普兰克特是邓塞尼家族的第18代男爵，出生于1878年。他在伊顿接受教育，是爱尔兰诗人W.叶芝的亲密朋友。在跨越了半个世纪的时间里，他写了70多本书。像刘易斯和托尔金一样，邓塞尼是一个学术研究者，他担任雅典大学英语文学方向研究拜伦的教授。在学术之余，他从事写作。他的第一本书出版于1905年，那是一本短篇奇幻小说故事集，名字是《葡甘纳的众神》，接着他又写了其他的一些作品，其中包括《维勒安之剑》。他创造了一个有启发性的短语"在我们所不知道的领域"来描述他所创作的文学类型，在这个领域里，几乎任何事情都可能发生，我们在地球王国常用的规则在这里并不一定适用。

刘易斯被邓塞尼的小说和故事集吸引，特别是《吉博林》《吉博林珠宝匠谭格布林德的悲惨故事》和他最成功的故事之一《埃尔夫朗德国王的女儿》。但是，对刘易斯影响最大的作家，并对邓塞尼也有影响的作家是威廉·莫里斯（William Morris）。

莫里斯出生于1834年。他的父母是富有的福音传道者，他们非常溺爱自己的儿子，以至于后来他变得很孤独。7岁的时候，他着迷于与中世纪有关的所有事情，比如骑士故事、骑士周游或英雄行为，等等。这种兴趣由于他喜爱的沃尔特·斯科特的作品，特别是"韦弗利"系列而与日俱增。年轻的威廉对中世纪如此感兴趣，以至于他说服溺爱他的父亲，给他买了一匹小马和一套盔甲，使他可以在家附近的爱平森林深处充分发挥他的想象力。

莫里斯既有学术性，也有高度的创造性。他对艺术、书籍和历史都很感兴趣。随着年龄的增加，他把自己的经历从角色扮演改变到文学创作上。他在学校里的学业成绩很好，在牛津的埃克塞特学院一直学到1853年。他本来是为了学成以后为教会服务的，但是，他很快就被艺术家的生活吸引了。父亲去世后，他继承了900英镑的年收入，这些钱使他不工作也足够生存了。

在乔叟、济慈和丁尼生的影响下，莫里斯的小说世界充满了中世纪的意象，同时混合在另一个完全由他自己创造的世界里。他成为前拉斐尔派艺术家运动的领导者，与丹特·加布里埃尔·罗塞蒂、爱德华·伯恩琼斯和诗人斯温本关系都很密切。他的第一部出版作品是一部长诗集——《地球上的乐园》（1868—1870年）。在19世纪60年代末，他开始对冰岛神话感兴趣，并连续发表了他翻译的关于冰岛的两个古老的故事。

到19世纪70年代中期，莫里斯将他终身热爱的中世纪主义以及英国的骑士传统和他所理解的古神话综合到一起，创作了多篇小说。其中有他最著名的叙事故事《豹狼人》（1888年）和《世界之外的树林》（1894年）。两年后，他写出一本1 000多页的图书《世界尽头的井》）。在托尔金的《指环王》出版之前，该书一直是世界上最长的一部奇幻小说。该作品中有一些英雄小说的痕迹，之后还被整合到托尔金的史诗传奇之中。

莫里斯的这些后期作品对刘易斯产生了非常重要的影响，对于他小说世界的发展有着至关重要的作用。但是同期，年轻的刘易斯还读了很多其他作家的奇幻类型的作品，并深受影响。

在20世纪初，亨利·莱德·哈格德的《所罗门王的矿井》，还有将幻想与科幻结合的埃德加·赖斯·博乐斯的作品，都非常流行。另一个有影响力的人是詹姆斯·科贝尔，他写的多卷本小说《曼努埃尔的一生》以美国为背景。像莫里斯一样，科贝尔创建了一个魔法和神话的传统来取代传统的宗教世界。他的书引起很大轰动和愤怒，其中的《尤根：正义的喜剧》被禁了很多年。

另一位对刘易斯产生很大影响的作家是英国人埃里克·拉克·艾丁生。1922年，他出版了一本名为《衔尾蛇虫》的小说。该小说中的主人公莱辛海姆被运送到另一个名叫墨丘里的世界，在那里，他被卷入到一场史诗般的斗争中，他努力调解敌对的部落之间的冲突。

艾丁生并不是第一个创造此类世界的作家——我们只需要考虑一下斯威夫特就够了——但是，在某些方面，墨丘里的世界可以被视为刘易斯的纳尼亚系列的黑暗版本，它提供了一种模板，可以在其中设置一个自我维系的、想象的现实世界。然而，一个值得注意的有趣现象是，像刘易斯一样，威廉·莫里斯、托尔金和艾丁生都极其着迷于北欧神话。1926年，他出版了"维京"小说《猛士史泰波恩》，像之前的莫里斯一样，艾丁生接下来又翻译了冰岛古代的史诗故事。

刘易斯与艾丁生见过多次面。每当艾丁生来牛津时，刘易斯都邀请他参加迹象文学社的聚会。艾丁生是个颇为显眼的人，永远不会遵循任何仪式，想什么说什么，很少考虑别人的感受。他一点也不喜欢托尔金的作品，认为它太"软"了，而且毫不留情地在迹象文学社聚会时向托尔金表明这种观点。而托尔金一直是艾丁生作品的忠实读者，尽管艾丁生对他的作品嗤之以鼻，托尔金仍然继续表达他的观点，他认为艾丁生是他那个时代最好的奇幻作家。

刘易斯定期给艾丁生写信，并向他请教自己在小说创作中遇到的各方面的问题。有一次，刘易斯甚至问这位老作家关于熊和它们的驯化问题，他需要这些信息来塑造《黑暗之劫》中的熊——巴尔蒂图德先生这个角色。

虽然所有这些文学大家都对刘易斯产生了重要影响，但是对他影响最大的是苏格兰作家乔治·麦克唐纳。麦克唐纳出生于1824年，是一位传教士和基督教的辩护者，他在50多年间写了30多部小说、很多童话故事、诗集和文集等。有些人认为，他是19世纪最具原创性的思想家。像与他同时代的威廉·莫里斯一样，麦克唐纳属于维多利亚时代，他的朋友包括很多英国前拉斐尔派、社会改革者，如奥克塔维雅·希尔，还有在美国的拉尔夫·沃尔多·爱默生和马克·吐温。

刘易斯在16岁的时候偶然发现了麦克唐纳的作品。当时，他要去他的导师威廉·柯克帕特里克的家，在火车站的一个书摊上，他看到了一本麦克唐纳的平装书——这将是他最著名的成人小说《幻境》。刘易斯知道，麦克唐纳不是一个很杰出的作家，但是这个人作品中体现出的惊人的想象力让他着迷。阅读麦克唐纳的作品是件相当困难的事情，因为他的写作也不怎么流畅（这也是他在1905年去世后就一直相对默默无闻的主要原因之一），但是，对于一些读者而言，他构建一种可信的替代现实的能力已经提供足够多的补偿了。到19世纪末20世纪初，麦克唐纳的作品短暂流行了一段时间，然后销量就不断下降。然而，他的影响力还是相当大的，除了给刘易斯提供过灵感，他还影响了其他很多重要的作家，如G.K.切斯特顿、奥登和马德琳·英格。

刘易斯喜欢读麦克唐纳的很多书，包括他的童话故事《北风的背影》《公主与精灵》和《公主与柯蒂》（最后一本大概是他最有成就的一本书），但是，刘易斯最爱的书仍然是《幻境》，他在他的一生里不断反复地读这本书。对他来说，麦克唐纳的成人小说所指向的一种写作风格与方式，是他在尝试各种其他方法之后，最终自己所采纳的。

麦克唐纳创作的精髓就是他有一种伟大的能力，能以故事的形式描绘复杂的想法，这让刘易斯明白，无论多么复杂的概念，都可以用小说的形式来展现，而且事实上，如果处理得巧妙，小说将成为一个美好的媒体，通过它可以教育读者。

但是，刘易斯是一个文学兴趣广泛的人，无论一种形式多么自由，单一的类型都不能令其感到满足。不要忘记，他的英语学习水平已经是专业级，在牛津大学的该门课程中，他的成绩是一等。当他开始写小说的时候，他已经在大学里教授英语文学了。

然而，他还是有特别不喜欢和心存偏见的内容。虽然文学批评家威廉·艾普森曾经认为，刘易斯是"他那一代最好读的人"，但这里必须考虑到一个事实：刘易斯完全忽视了某些文学区域，甚至认为它们不值得他注意。① 刘易斯并不像托尔金那么坚定地确信，在公元1100年之后，没有什么文学值得阅读，但他们两个人都习惯性地鄙视所谓的"现代文学"，认为它像作家的大杂烩，从狄更斯到乔伊斯。刘易斯对艾略特的诗歌没有什么感觉，对劳伦斯的散文也不感兴趣。但他很崇拜威廉·莫里斯，也喜欢沃尔特·斯科特和邓塞尼。他还喜欢阅读埃德蒙·斯宾塞、威廉·布莱克的书，又通过 G.K.切斯特顿一直延伸到肯尼斯·格雷厄姆和 E.内斯比特。此外，与托尔金一样，刘易斯沉浸于北欧和日耳曼民族的神话传说传统中。但奇怪的是，让他读《贝尔武夫》多少次都可以，但若是让他读海明威或菲茨杰拉德的书籍，不出几章他就纠结不堪。他的文学想象主要存在于古代世界的浪漫和对童话故事的喜爱中。

还是一个孩子的时候，杰克就创造了一个充满奇妙的生物的幻想世界，他所想象的博克森世界就是最好的例子。他写故事和诗歌，并通过素描和油画来辅助展现他的那个世界，但是在早期，没有任何迹象显示，他想要成为一名诗人。他真正觉得自己未来的职业和自己的命运将会是诗人的想法在他青春期晚期时才出现。当他这样想的时候，这种想法基于诚意，但也属于一时兴起的梦幻想法。

他的首次尝试可以从他在 1915 年左右随身携带的那些记录着诗

---

① A.N.威尔逊：《C.S.刘易斯传记》（*C.S.Lewis: A Biography*），第 161 页，纽约：W.W.诺顿出版社，1990 年。

第六章
幻想

歌的笔记本中看出端倪。他带这些本子去了法国的战壕，等他受伤被送回家的时候，他仍然随身携带着这些本子。当时，他并没有意识到，其实所有他这一代的有创造性想法的年轻作家们都有这个随身携带笔记本的习惯。的确，在 1918 年，当杰克开始完善他那笔记本上不断增多的诗歌时，另一个他将在 8 年后遇到的年轻男人，J.R.R.托尔金得了"战壕热"，在英国休养，这时，他已经在头脑中想出《精灵宝钻》的初稿了。

刘易斯最初想成为诗人的发展道路还是很顺利的。1918 年 9 月，当他在布里斯托尔阿什顿科特医院养伤的时候，他惊讶地收到来自伦敦海涅曼出版社的信件，他们在信中表示，希望出版他发给出版社的诗集。刘易斯很在意海涅曼出版社出版了当时最著名诗人的作品，包括罗伯特·格里夫斯、齐西格夫里·萨松等。该出版社还与当时著名的作家约翰·高尔斯华绥有密切的联系。高尔斯华绥告诉刘易斯，他会尽其所能帮助推广他的书，同时他也会帮助刘易斯在他的那本被广泛阅读的杂志《军号》上发表一首诗。

但激动只是昙花一现。杰克的《被束缚的精神》在 1919 年以克莱夫·汉密尔顿为笔名出版，除了朋友和家人以外，并没有引起其他任何人的注意。高尔斯华绥直到那一年的夏天，图书出版大约 4 个月后，才发表刘易斯的诗，这无助于前一本书的推广。因此，该书出版后，只售出了大约 750 本，剩下大量的书籍没有被销售出去。

虽然刘易斯看到自己的作品已经被出版了，觉得很刺激和激动，但是他知道，没有多少作家是刚一开始尝试就大获成功的。不过，他受到了骄傲不已的父亲的鼓舞。刘易斯的父亲认为，他的儿子在《军号》杂志上发表的诗歌是那本期刊中最好的一首，比其他重要作家发表的诗歌都要好。当然，詹妮对这本书也是赞不绝口。她忠诚地表示相信，杰克是一个真正伟大的诗人，他的书销量低并不能说明什么。

令人觉得讽刺的是，因为刘易斯的第一本书完全被所有的报纸和杂志忽略了，没有任何人写过该书的书评，所以对于该书唯一的负面评论来自作者的哥哥——沃伦。沃伦对于杰克对无神论的诗意描述很是不满意。他认为，杰克的诗集有明确的关于无神论的描绘，这让他很不满意。杰克对此感到困惑，因为他认为自己的作品是关于人文主义和现实主义的，而不是关于什么无神论的，而且他有意避免任何重大的宗教倾向。比如，在诗歌《胜利》(*Victory*) 中——也是这部诗集中最好的一篇——他表达了对疯狂战争的愤怒，相信人类不屈不挠的精神会战胜痛苦，但这并不是在攻击神。

沃伦对基督教持有的想法是相当简单的，他对刘易斯的《被束缚的精神》出版的反应很有可能是出于忌妒。这个假设可以在他读完这本书几天后写给他父亲的一封信中得到证实。他说："我相信杰克的无神论是纯粹学术的，但即使如此，他也没有必要将自己宣传为一个无神论者。抛开所有涉及更高层次的问题，很明显，基督教信仰是一个人头脑中的重要组成部分，就像要相信国王、正规军队和公校一样。"①

又过了 8 年的时间，刘易斯才发表下一部作品，但这并不是说他

---

① 1919 年 1 月 28 日沃伦·刘易斯写给艾尔伯特·刘易斯的信件，《刘易斯文稿：刘易斯家族回忆录，1850—1930 年》，第 6 卷，第 84 页，现收录在韦德收藏品中，美国伊利诺伊州惠顿学院马里恩·E.韦德中心。

在此期间是无所事事的。这些年来,他与詹妮在牛津大学生活在一种相对安定的状态中,并获得了默德林学院的职位。在他不用教书或完成詹妮交给他的家务事或跑腿任务以让她满意的时候,他会利用一切空闲时间来完成他写的一首长诗——他从1918年的夏天就开始了这首长诗的创作,他将其称为《德梅尔》(Dymer)。

刘易斯在牛津的朋友非常喜欢这首诗,奈维尔·科基尔也夸奖说,《德梅尔》是一位新诗人所写出的非常不错的诗歌。这部长诗最终由丹特出版社在1926年发表(这多亏了科基尔将手稿转交给出版商),但是该诗歌的命运与《被束缚的精神》的命运是一样的,出版后仍旧被所有人忽略。

刘易斯在出版第一本书时,他只是充满一时的激情,因为那是一部新手的作品,但是《德梅尔》不一样,它是刘易斯花了8年的努力所完成的,此时,他已经成为牛津大学英语文学的导师,所以这本书的失败让他彻底打消了成为诗人的想法。

在创作这两本书期间,刘易斯也开始记日记,他从1922年开始,将这样的习惯一直保持到1927年,后来,他突然觉得这个过程很无聊,因为他只是记录生活中的细节。他最初开始写日记的时候,是因为他热切地坚信,日记中的一些想法过后再读,会给他一些灵感。但是,到1927年,他意识到这种回顾是很少能做到的,所以将它们写下来实际上是一件毫无价值的事情。

虽然这种想法让刘易斯的传记作家们很恼火,但是当《刘易斯日记》在1991年出版后,尽管有人还是会表面赞赏一下这本书,但是评价者都不得不同意，刘易斯的观点是对的。他断言写日记是徒劳的想法确实很正确。其中部分原因是，刘易斯在日记里并不能真实地表达自己的感情和最深切的关注，因为日记要让詹妮看，有的时候他要按照詹妮的请求给她读上一段，他还要把日记敞开了放在那里任由詹妮阅读。这样做的结果是，他在日记中所显露的亲密和诚实只不过是做样子给别人看而已。

即便如此，对于历史学家来说，很不幸，他不记日记的结果是，人们无从知道在刘易斯第二次全面尝试成为诗人未果之后的真实感受。从1926年7月到1927年1月，刘易斯停止了写日记，所以，我们对他在事业上最沮丧时期的情感生活知之甚少。然而，有一点很清楚：这次失败深深地影响了他，因为他在《德梅尔》发表后的6年里，没有发表过任何东西。

这段长时间的休息在刘易斯改变自己、皈依宗教后很快就结束了，这一次的觉醒对他的世界观产生了最深刻的影响，他开始用创造性的方式表达自己的想法。这一转换的第一个果实是《朝圣者的回归：对基督教、理智与浪漫主义的寓言式辩护》。

《朝圣者的回归：对基督教、理智与浪漫主义的寓言式辩护》是刘易斯在1932年8月的一个为期两周的创意期内爆发性地写出来的。当时，杰克到贝尔法斯特看望亚瑟·格里夫斯和他的家人，这次旅程和以往的完全不同。不是用诗歌形式，而是通过一种简单的散文叙述形式，《朝圣者的回归：对基督教、理智与浪漫主义的寓言式辩护》是刘易斯第一次认真地尝试将他最迷恋的两种内容：神话与基督教结合到一起。在形式上，它只是简单地复述约翰·班扬在1678年发表的故事。为了表示对原来版本的尊重，刘易斯将他的主要人物命名为约翰。

刘易斯在写这本书的时候，所住的地方靠近他童年的家，几乎可以肯定，这不是一种巧合。他童年的那个位于利特尔利的家在他父亲1929年去世后一年，被另外一家人买了下来。1932年1月，刘易斯告诉沃尼，他打算写一首以一个人寻找"快乐"为主题的长篇寓言诗，这是他从小就一直寻找的概念。但实际上，这个故事所描述的一个人的启蒙道路，首先就是他自己新近觉醒的寓言，当他回到自己童年的家时，这个故事就被激动的情绪带到了世界上。

在可读性的建构方面，《朝圣者的回归：对基督教、理智与浪漫主义的寓言式辩护》是刘易斯所发表的三本书中写得最成功的一本。他后来写作的威力在其中忽隐忽现，同时也有迹象表明，有一些想法将会在未来被成功地再次运用和展现。其中最好的例子是，约翰在他的旅途中遇到了女巫，这位女巫试图勾引和诱骗他。

《朝圣者的回归：对基督教、理智与浪漫主义的寓言式辩护》的主要弱点不在于其思想或形式，而在于刘易斯的写作风格的某些方面。他在书中攻击他在现实生活中不满的人或者事物。在旅途中，约翰遇到很多诱惑者，比如现代主义作家、神学家和英国国教教士。在一些更微妙的段落里，刘易斯使用了有趣的戏法，在虚拟的世界里放入现实生活中他同时代的人物。这类作品与漫画讽刺很相称，比如维多利亚时代戴着薄薄面纱的约翰·贝杰曼，还有模仿不那么美丽的社会主义诗人伊迪丝·西特韦尔的格拉格雷。但是，从现代读者的角度来看，使用幻想人物，诸如马克思曼尼、墨索里密尼和斯瓦斯地茨就不太成功，只会让故事显得更加低俗和过时。

《朝圣者的回归：对基督教、理智与浪漫主义的寓言式辩护》是刘易斯的朋友所喜欢的另一本书——他大声地念给托尔金听，并受到了他大大地赞赏——但是，当丹特出版社在1933年5月推出这本书后，第一批印的1 000册只勉强卖出去650册。

让人觉得讽刺的是，这本书又第二次乃至第三次重现了它的生命力。刘易斯的第二次机会是在该书被丹特出版社出版不久之后，完全意想不到的一次到来。《朝圣者的回归：对基督教、理智与浪漫主义的寓言式辩护》的评论者错误地以为该书的作者刘易斯是一名天主教徒，这促使一家从事天主教事务专业的希德和沃德出版社产生兴趣。他们从丹特出版社那里取得许可，发布了一个新版本。这一版本在两年后的1935年发布，卖出了约1 500册。

开始，刘易斯对该书由一个专事天主教的出版社发行很不高兴，但是后来当他发现这家出版社比丹特出版社做得更好的时候，他的商业意识让他迅速摈弃了任何宗教偏见。然而，正如他后来在给亚瑟·格里夫斯的一封信中所说，自己活该"受惩罚"，因为后来，这家天主教出版社在他不知情的情况下，在该书的防尘套上的书籍简介中加入了这样的注释："这个故事开始于清教徒世界（刘易斯先生从小长在阿尔斯特）。"这就暗示着作者在攻击其北方爱尔兰血统，希德和沃德出版社这是针对特定读者群的。杰克将这个注释称作"可恶的谎言,为的是让都柏林的乌合之众买这本书"。①

但也许最令人惊讶的是这本书的第三次,也是最成功的一次再生。尽管希德和沃德出版社曾利用该书宣传他们的天主教教义,1944年,刘易斯还是准许他们重新出版全新版的《朝圣者的回归:对基督教、理智与浪漫主义的寓言式辩护》,不过,这次没有用之前用过的那句广告语。其中原因并不是纯粹的经济上的考虑,而是因为刘易斯担心他这样可能会刺激天主教徒提问并思考他们信条中的某些方面。他甚至暗地里希望自己能让一些基督天主教徒改信自己所属的高教新教派。

刘易斯功不可没的一个优点是他作为年轻作家的坚忍和决心。很多人在经历连续三次的失败后会放弃,但是他知道,即使他的职业生涯在经济上不景气,但他要一点一点渐入佳境。每次的失败之后,他都继续前进,尝试一些新的构思。他和他圈子里的崇拜者越来越清楚,他是一位非常多才多艺的作家。

刘易斯在牛津大学学术圈之外大获成功之前所写的最后一本书与之前的完全不同。《爱的寓言:中世纪传统研究》是刘易斯的第一部真正的学术著作,所评判的爱情文学作品涵盖了从中世纪早期到16世纪后期的图书。从20世纪20年代后期开始,他就计划出版该书,直到1935年才将其完成,他认为,这是他不断努力完成的最重要的著作。

从各个方面来讲,《爱的寓言:中世纪传统研究》都是刘易斯当

---

① 沃尔特·霍珀主编:《他们站在一起:C.S.刘易斯与亚瑟·格里夫斯1914—1963年的通信》,第474—475页,纽约:麦克米伦出版社,1979年。

时所写出的最完美的作品。在书中，他成功地找到了非小说的口吻，这将成为以后他在成功岁月中所写的每一本宗教评论和学术研究中都会有的独特标志。那是一种友好、温馨、动人的口吻，让你不仅想继续读下去，在《爱的寓言：中世纪传统研究》中，他还激发读者想了解更多刘易斯用这种爱意与权威所写的诗意作品。

这本书得到了学术界与其他各界的好评，刘易斯作为一位学者的名字打响了。此外，不仅是他的这种类型的图书卖得好，实际上他作为诗人所写的那些已经几乎被人遗忘的作品也开始有了更高的销量。其中最显著的例子是埃德蒙·斯宾塞的《仙后》，该书首次出版于1596年，部分得益于刘易斯书籍的成功，该书被重新确立为16世纪末期重要的文学作品。

直到今天，《爱的寓言：中世纪传统研究》仍然被专家视为从6世纪到16世纪以爱情文学为主题的最重要的一本书，该书也让刘易斯在牛津大学取得声名。但是，如果扩大视角，该作品的重要性在于，刘易斯在该书中首次采用一种权威的口吻，并使他家喻户晓。他不仅在非小说写作中使用这种口吻，而且在他的幻想世界里，他也用这种口吻将他的虚构人物写得栩栩如生。从20世纪30年代起，这种口吻从来没有让他失望过。

刘易斯第一次的重大成功来自之后他出版的一本书，而且这一次，该书又是与之前所发表作品完全不同的体裁。他知道，在《爱的寓言：中世纪传统研究》中所采用的口吻很难被继续成功地运用在学术作品中，所以到1937年，刘易斯考虑拓展至幻想小说，将其作为一种方式来表达他对道德和宗教的关注。

这种想法，正如其他很多他脑海中不断涌现出的想法一样，都是刘易斯在与托尔金对话后产生的。两人都已经人到中年，仍然是奇幻文学的热心读者，但同时他们也对当时奇幻文学图书的出版不满意。他们一致认为，改变这种情况的最好办法就是自己写小说，只有这样才能够反映他们的个人口味。他们决定，刘易斯应该尝试一下关于太空旅行的故事，而托尔金应该开始着手创作关于时间旅行的作品。

刘易斯和托尔金很聪明地决定打消合作的想法，因为那肯定会以灾难性的结果结束。虽然在很多方面，他们是非常相似的，但是他们是完全不同的作家。托尔金会缓慢而细致地创作，他会深切关注故事的细节和历史背景，甚至是故事中最琐碎的方面，他也会考虑到。他总是写了又改，对其中的细节冥思苦想，要从最基础开始构建一个惊人的现实和复杂的世界。相比之下，刘易斯喜欢整体画面，喜欢先勾勒出整体景象，然后在细节上着色。托尔金以蜗牛般的速度和钟表匠般的精准，缓慢地进行自己的创作，而刘易斯的创作速度很快，通常他会满足于一份初稿，只是偶尔改写或重写一些段落。如果在第二次尝试改写的时候还没找到感觉，他就会直接丢弃它。

在托尔金看来，写科幻类型的奇幻小说很快就会走向穷途末路的境地。他所计划的关于时间旅行的故事，现存的只有他的一套笔记和书的大纲，计划的书名是《迷失的路》。这样做的原因是，当他同意和刘易斯承担一套成双结对的图书时，他所写的《霍比特人》颇受好评，托尔金已经成为儿童小说作家。因此，从1937年到1938年，他试图重新写一本成功的书，他原本给其起名为《新霍比特人》，这本书后来慢慢发展成《指环王》。为了写完这本书，他用了12年的时间，所以《迷失的路》就逐渐被丢弃和遗忘了。而刘易斯，已经被太空旅行的故事所启发，令托尔金惊讶的是，刘易斯仅仅在几个月后，就写完了一部完整的小说，他给其起名为《沉寂的星球》。

《沉寂的星球》讲述的核心内容是正义与邪恶。在该书中，没有处于中间地带的人物——他们要么纯洁美好，要么腐败邪恶，到了故事的结尾，刘易斯已建立了"人物的层次结构"。金字塔的顶端是上帝莫莱尔迪尔，接下来是一种叫艾迪拉的能够永生的生物，类似于天使，对于大多数凡人来说是不可见的。

这些功能强大的阶层生活在一个平行的宇宙中，但是如果愿意，他们可以在我们的现实世界中重生。太阳系中的每个行星都被艾迪拉监控着。火星（当地居民将其称为马拉堪加）被一个名为奥亚萨的艾迪拉管理。还有一个类似的艾迪拉负责管理维纳斯星球，但是地球早已"堕落"，被视为颓废的星球，被"不正直的艾迪拉"统治。这些人被一个相当于魔鬼的人领导。

小说中的主人公是一个"普通人"——牛津语言学家兰塞姆。他发现自己陷入了一个由具有强迫症和暴力倾向的科学家——韦斯顿教授和他的朋友迪瓦恩所设计的阴谋之中。迪瓦恩是一个上层阶级机会主义者，目的就是赚钱。在故事的一开始我们得知，韦斯顿已经建立了一个航天器，并且已经进行了一次火星之旅。他计划在当晚返回到兰塞姆和迪瓦恩将会出现的总部。那个总部位于偏远的乡间别墅

第六章
幻想

中，是兰塞姆在一次徒步旅行中发现并开始喜欢的地方。韦斯顿梦想着称霸火星和殖民人类，并不断取得进步。迪瓦恩只是喜欢黄金和其他资源，他认为在这个层层叠叠的红色星球上是可以找到这些资源的。

故事开始的时候，看似一个简单而老套的火星之旅的故事，描述内容接近于半个世纪前凡尔纳的创作内容。这与当今读者所期望的科幻小说是不同的。但是，故事情节在迅速扩大，成为科幻、神秘主义和宗教寓言的交融之处，其中也包含着刘易斯独特的宇宙愿景。事实上，从这兰塞姆三部曲的第一本，就可以清楚地看出，刘易斯不是真的在写科幻小说。与他同时代的作家如艾萨克·阿西莫夫和海因莱因·罗伯特不同的是，刘易斯没给他的书加入任何科学技术的内容，所以他们的作品被描述为"太空小说"更贴切。

虽然在当时他没有意识到这一点，但是刘易斯已经开始着手一个更大的项目。尽管《沉寂的星球》可以被视为一个独立的故事，但是它确实为一个更复杂的故事铺平了道路。随着这第一个故事的展开，兰塞姆成了纯粹、善良和力量的代表，像是两袖清风的艾迪拉的代理人，正在从事一场古老的关于灵魂的征战，其中邪恶的生命体已经在地球上建立了精神中枢。通过这样设计故事的发展，刘易斯设法打开了他曾在1937年无法打开的景象。通过《沉默的星球》，刘易斯建立起了他的神话创作的基础。他曾将其描述为"宇宙宗教"，在这样广阔的天地里，基督教狭隘的眼光只起一小部分的作用。

从文学意义上讲，从《寂静的星球》中，人们很容易看到凡尔纳和H.G.韦尔斯的影响。刘易斯也受到了由大卫·林赛创作的《大角星之旅》的影响。该书出版于1920年，作者曾在其中添加一个"精神"的维度，否则这个处于异域的空间便会显得很正统。不过，令刘易斯作品新颖独特的地方是其中的宏大场景，已经远远超过简单的科幻故事所需要的背景。故事中神秘的与宗教相关的层面，而不是科学，成为主要推动力。正是这样的元素使《沉寂的星球》有了一种持久的品质并高于世俗水准。

刘易斯刚一完成手稿，就渴望着他的书可以在书店里销售，但是，具有讽刺意味的是，他发现这次需要更长的时间才能找到一家愿意出版此书的出版社。托尔金代表刘易斯与士丹利·昂温出版社交流。他在一年前曾在这家出版社出版了他的《霍比特人》，这次他鼓励这家出版社出版朋友的手稿。昂温把手稿拿给内部的一个审稿人，而他觉得刘易斯的这本书没有什么值得推荐的，并提交了负面的评估报告。

与此同时，刘易斯与丹特出版社联系，该出版社曾在10多年前出版了他的《德梅尔》，但是他们也拒绝出版此书。幸运的是，尽管昂温出版社自己决定不出版刘易斯的这本书，但他们继续将其转给了一家叫博德利头的小出版社。那里的编辑很喜欢刘易斯的书稿，并在1938年夏末出版了该书。

虽然这本书的销量不大，直至20世纪40年代刘易斯有了更多的国际声誉后才开始畅销，但是在当时，《沉寂的星球》的销售情况已经好多了，比刘易斯任何其他作品都卖得好。该书的出版奠定了他在

第六章
幻想

传奇写作领域的地位。该书出版一年内，它已收到大西洋两岸50多份评论，其中大部分都是赞美之词，而不好的评价也会被支持者的赞誉声削弱。贺拉斯·威廉姆斯写道："大家都说，新的世界就在拐角处，但那个新世界到底长什么样子，每个人都非常模糊。很明显的事实就是，在实现之前，人们需要想象这种新的秩序。刘易斯先生在这样的初步梦想与发现秘密方面先向前迈出了一步。"[1] 在伦敦的《泰晤士报文学副刊》中，评论者表示失望，似乎对刘易斯的精神灵性不是很欣赏。"唉！唉！"他写道，"明明是一个有很好的基础概念和能力的作家，但就没认真坚持，也没从他那些杰出的老师那里学到什么……这本书缺少太多太多的韦尔斯先生的那种戏剧性的敏锐，除此之外，人物特征塑造得也不清晰，描述陈腐，事件太炫耀。"[2]

在即将写完《沉寂的星球》之际，刘易斯意识到，他才刚刚开始描述一个大的场景，但是对于如何继续扩展，他似乎感到相当困惑。在故事接近尾声之处，他决定放入一封由主人公兰塞姆写的关于他惊人冒险经历的信件。在这封信的末尾，兰塞姆暗示，他可能会进行另一场空间之旅，而非时间之旅。

这无疑令那些读了兰塞姆三部曲的读者感到困惑，因为在第二本书《皮尔兰德拉星》中，主人公绝对没有进行任何时间旅行。

这种困惑在刘易斯去世14年后的1977年，在柯林斯出版社出版的刘易斯的《黑暗塔》中的一个片段里得到了解释。本来这本书是希

---

[1] 贺拉斯·威廉姆斯，纽约时报书评，1939年4月，第304页。
[2]《泰晤士报文学副刊》，1938年10月1日，第625页。

望作为《沉寂的星球》的续集的,所以它的情节是一上来就跟第一本书故事的结尾处相接,讲述了刘易斯在第一本书中所创作的人物接下来的时间旅行。刘易斯在 1939 年早期时候开始该书的创作,但是几个月之后,当他写了 60 页、约 3 万字的时候,他放弃了这个想法。

《黑暗塔》与《沉寂的星球》的气氛完全不同。这本书更加黑暗和令人不安,但是不怎么包含精神或宗教寓意的内容。仅凭零碎的初稿来判断一本书可能是不公平的,但是现存下来的文本显示,故事是围绕一个叫"记时机器"的装置展开的,情节比较混乱,其中的观察者可以从其他的时间里看到景致。兰塞姆所属的组织用机器来观看小说中说到的黑暗塔。在这里,奇特的"带刺人"用一种从他们额头突出的像独角兽的角一样的东西刺扎受害人的脊椎下部。

目前还不清楚刘易斯为什么放弃了《黑暗塔》,因为他当时对此书是很有热情的,还给迹象文学社的成员读过这个故事的片段。其中最有可能的原因是,他在写作中断了线,不知道如何继续传递他所要表达的东西。他是那种不喜欢计划情节的作者,他觉得有必要把该书放在一边。然而,另一种可能性是,他在迹象文学社里的一个朋友可能已经指出了这种明显带有弗洛伊德式象征主义故事的危险,而刘易斯显然忽视了这一点。

最终成为《沉寂的星球》续集的是另一本书:《皮尔兰德拉星》。该书与《黑暗塔》完全不同。其中部分原因是,刘易斯没有直奔回去,马上写主人公兰塞姆新的冒险经历。他将这套系列书籍的创作暂停了一段时间,一直等到 1943 年才写完此书。这时,他已经通过《地狱来鸿》成了一位知名作家。

就像三部曲中先前的一本一样，刘易斯很快就写完了《皮尔兰德拉星》。虽然刘易斯1942年只用了4个月就写完了这本书，但是该书的构思在1937年就已经萌芽。刘易斯将其重新定型，以便它可以成为一个新的故事，来进一步阐释他在《沉寂的星球》里所描述的来世的"宇宙宗教"。

该故事的灵感来自《失乐园》，当时，刘易斯正在课堂上讲授弥尔顿的伟大作品。这些讲座集成一本书《失乐园序》(*A Preface to Paradise Lost*)（1943年）。在书中，刘易斯分析了弥尔顿的杰作以及他对后来作家的影响。这是一本惊人的学术著作，包含着温情与自信，可以被视为同主题的、非虚构版本的《皮尔兰德拉星》。

在《皮尔兰德拉星》中，兰塞姆被召唤到一个称为金星/皮尔兰德拉星的地方，这是一个年轻而纯洁的星球，一个末日到来之前的世界。在这里，他遇到了绿夫人（相当于夏娃），一个无辜的、自由的灵魂，他将去教导她。然而，"腐败的艾迪拉"也要腐蚀绿夫人，把她改变成他们希望的类型。

这本书中很大一部分都是以兰塞姆为代表的正义力量与以韦斯顿为代表的邪恶力量之间的鏖战。韦斯顿在《沉寂的星球》中是一位不道德的科学家，而在《皮尔兰德拉星》中，他已经成为一个完全走火入魔的人。

《皮尔兰德拉星》是兰塞姆三部曲中刘易斯最钟爱的，而这一事实应该立即响起警钟，因为这样的作品往往是该作者最为展现其个人喜好和主观想法的作品。《皮尔兰德拉星》确是如此,警钟很有响起来的理由。对这本书真正满意的是那些与刘易斯个人的宇宙观在精神上合拍的人。对于非信徒而言,这个故事给人的印象是平凡的,甚至是令人厌烦的。问题在于这部小说除了宗教寓言,几乎没有任何别的东西。这是一个被包装成假科幻故事的创世纪的故事,是一部彻头彻尾的有倾向性的作品,虽然这本书写得很巧妙,故事的发展也很精巧,但是它仍旧是一部宗教论争书籍。对于怀疑论者、无神论者和不可知论者,这本书是毫无意义的,因为它的剧情极为单薄,可以说没有任何地方是令人愉悦的。

同时,在风格上,《皮尔兰德拉星》是一部杰作。故事的内容单调无趣,但是它被美丽地包装了一番。刘易斯对新伊甸充满想象力的描述非常精致,而且有时完全是原创的。他明智地绕开兰塞姆冒险中任何科学的方面,专注于构建一个精致的、栩栩如生的世界,他可以在其中叙述他漫长的宗教话语。

《皮尔兰德拉星》出版后,评论家们对其几乎一致给予好评,但也有少数人很犀利地指出,作为一部文学作品,如果刘易斯用诗歌而非散文的形式来创作,他可能会取得更大的成功。从纯粹的艺术角度而言,这样的评论是可取的,但是它没有考虑到市场的期望,或者刘易斯的广大读者的情感。而且,除此之外,刘易斯会觉得这种意见多么具有讽刺性,因为他曾尝试过诗歌写作,但是没有看到过任何一丝成功的希望,他是不得不放弃诗歌转向叙事散文类型的写作的。

《皮尔兰德拉星》受到了来自各地评论家的极大关注,因为刘易斯是新近获得全球认可的一位基督教辩护者，这本书取得了巨大的商业成功。很多科幻小说的读者都醉心于《沉寂的星球》（虽然也有大量的爱好者认为该书有些过时和傲慢），《皮尔兰德拉星》也吸引了更多的关注和更广泛的读者。这一成功帮助重新启动兰塞姆三部曲中第一本的重新发行。第一本的新版本出版后，销量比原版增加了很多倍，也为第三本的出版奠定了基础。

从《沉寂的星球》中兰塞姆遇到火星的艾迪拉，并了解到莫莱尔迪尔所生存的整个宇宙层次的动态的时刻，就预示着第三本书，《黑暗之劫》（1945年）的故事背景会设置在地球上。兰塞姆了解到，地球上住着腐败的艾迪拉家族，在这里不可避免地会爆发最后的战争。

通过《黑暗之劫》，刘易斯设法写出一本与三部曲之前的两本关系很少的书，书与书之间能够相联系的就是共同的人物和主题的总体延续。该书的气氛是黑暗、抑郁的，但是与之前的《沉寂的星球》和《皮尔兰德拉星》中偶尔出现的险恶完全不同。这种气氛被加剧的一个原因是其背景设置在读者熟悉的20世纪的英国。虽然《黑暗之劫》有缺陷，但它是到那时为止刘易斯最成功的成人科幻小说。

这本书的问题有好几种。不合时代的语言从书页中飞出，分散人们阅读的注意力，尤其是通常它所描述的对话都是叽叽喳喳的。某些人物僵化，充满20世纪40年代的陈词滥调。他们好像是从《短暂遭遇》或《三十九级台阶》里跑出来的临时演员。刘易斯对女性人物的塑造要么是比较简单的类型，要么是高度情绪化的、傻傻的少女，这让书显得很过时。另外，读者还要与笨拙的宗教相抗衡，但至少这一层面在写作中还是被非常谨慎地控制着，只是在最后（而且相当不必要的）的场景中大量涌入。

尽管有这些败笔，但让《黑暗之劫》如此难忘的一个原因是它所营造的一种气氛。兰塞姆就好像是亚瑟王的近代化身，他注定要反抗邪恶集团——协调实验研究所（N.I.C.E.），后者打算改变人类的意识并建立一个新的政权统治地球，启动人类统治宇宙之路。地球（实际上是宇宙）因为艾迪拉的介入而被拯救。艾迪拉让沉睡的梅林复活，让他与兰塞姆结成一个"好"男人和女人的联盟。

梅林这个人物被优美地呈现出来。刘易斯并没有把他塑造成一个童话中的魔法师型人物，尽管到 1945 年，他已经非常熟悉这种类型，比如托尔金的甘道夫。刘易斯创造出的是一个浑身脏兮兮的、半野蛮的巫师，他不道德，心智也不稳定。梅林象征着旧的神奇、古老、原始的基督教，是残暴的以自我为中心、与盟友截然不同的类型的一个人，像一个循规蹈矩的村民，站在兰塞姆身后，帮助他捍卫上帝和人类。

刘易斯给《黑暗之劫》加的副标题是"一个现代成人童话"，它拥有一个巧妙、夸张的情节。该书几乎在每个方面都与《皮尔兰德拉星》截然相反。《皮尔兰德拉星》的小说展开背景很光亮精巧，就像漂浮着金星的岛屿，而《黑暗之劫》通常是非常局促、黑暗和恐怖的。《皮尔兰德拉星》几乎没有多少情节，几乎纯粹是大脑思维，而《黑暗之劫》有情节驱动，有人物，也有惊险刺激的内容。

在创建协调实验研究所的过程中，刘易斯创建了一群道德上腐败的人类，他们过于相信科学，相信自然能被控制、打破，并最终可以通过技术手段逼其就范。虽然在呈现形式上很有戏剧性，但是刘易斯通过协调实验研究所的写照来攻击科学是幼稚的，并且这本书显露出，直到开始创作他的第一部幻想小说，他对科学几乎没有任何兴趣。《黑暗之劫》的反科学性对于情节发展而言有着举足轻重的作用，但是它缺乏任何实质内容。因为它的基础是非理性的恐惧，它不具备一个小说家所应该具有的客观性。我们通常可以通过小说的面纱，见证刘易斯如何攻击他在情感上所不喜欢的东西——他既不理解，也不愿意去理解。

通过采取这样的立场，刘易斯已经挂起了战旗。他对科学毫无重点又毫无知识的攻击是令人反感的，尤其是对那些受过科学训练的人而言。但是这其中也有积极的一面——他预料到，并以卓越的精度研究现代社会公众的焦虑和对科学的不信任。刘易斯可能知道赫胥黎的《勇敢的新世界》（1932 年），也肯定非常熟悉 H.G.韦尔斯的赞赏科学的文学作品，但是这两者都将促使他想要自由地表达他对科学影响社会进化的态度。然而，我们必须记住，在刘易斯创作《黑暗之劫》的那个年代，一般公众根本不知道原子弹的威力，也不知道遗传控制或社会工程的可能性。在 1944 年，科学在大体上还是被信赖的，消息并不灵通、深信不疑的普通市民越来越多地依赖科学。刘易斯至少应该受到赞扬，他的防守原则是警觉时代的流行趋势。

在《黑暗之劫》的创作过程中，刘易斯受到他的朋友兼同事——查尔斯·威廉姆斯的很大影响，威廉姆斯在创作故事时，善于将哥特式的恐怖与日常生活相融合,他有一种精准的能力,可以让故事中有一种很令人讨厌的暗流,与平淡无奇的世界相对应。这种风格和方法对刘易斯正在创作的小说产生了很深刻的影响。

《黑暗之劫》也对其他作家产生了很大的影响。现在有一定年纪的读者在读此书时不能不承认,它是恐怖科幻电视剧《夸特玛斯》(*Quatermass*)的原型,该电视剧在刘易斯的小说出版10年后面世。在早期的《神秘博士》(*Dr. Who*)中,时间大人与地球上的黑暗势力作斗争,这要非常感激刘易斯的创作。电视剧作家可将反神秘博士的一个组织与协调实验研究所替换,对剧本不会有任何影响。

兰塞姆三部曲是刘易斯从1938年至1944年写成的,它的创作正如《黑暗塔》错误的开始所显示的,是一个临时碰运气的事件。刘易斯跌跌撞撞地写完了三本书。在写每一本书时,他头脑中都有一个清晰的概念,知道自己要写什么,但是他从来没有坐下来好好计划一下,这三部曲怎么能连接在一起。这个失误削弱了合集的分量。

《黑暗之劫》是三本书中获得最不同评价的一本,但是它已经成为刘易斯最畅销的一本小说。(这本书在美国出现一种删节本,其销量达到上千万。)有些评论家发现,小说的人物缺乏说服力,情节也不好理解,而有一些人认为,这本书是对20世纪中叶最贴切的比喻。格雷厄姆·格林在伦敦的《标准晚报》中撰文宣称:"刘易斯先生在描述协调实验研究所的时候,他的写作技巧令人钦佩和兴奋,他描述研究所在一个说话磕磕绊绊的执行总管的手下过着沉闷的日子,但是我发现,兰塞姆教授和'好'人物没有说服力。寓言变得有点太过善良,就像一个对儿童的布道,或者像一位中年未婚的叔叔组织的一场猜字谜游戏。"①《纽约时报》则持截然相反的态度,他们将该书与《勇敢的新世界》相提并论,而《时代杂志》的评论者在广岛、长崎灾难发生后不到一年撰文,认为该书是"在一个原子能时代对人类的及时寓言"。②

刘易斯是创作迅速的作家,在大部分时间里,他的写作是出色的,但他是个急性子的人,不喜欢返工。所以,有些人将他的三部曲与《指环王》相比较是不公平的,因为托尔金的三部曲是同时写完的。这样比较不合理的原因有三个:首先,正如我们所看到的,托尔金和刘易斯是相当不同类型的作家。托尔金对于自己细致入微的创作手法非常引以为傲,而刘易斯会将速度和自发性放在他优先级列表的顶端;其次,刘易斯是根据议程努力完成作品的。对他来说,他的故事主题是先出现的,之后的情节(尤其是中间那本《皮尔兰德拉星》)只能排在第二位。完全不同的是,托尔金首先是一个讲故事的人,然后才是其他的;第三,刘易斯在写他的三部曲时,是相对松散的,而托尔金写《指环王》时,他就是在写一本书。只是到了后来,有人违背了他的意愿,将他的杰作分为三卷本供大众消费。

空间三部曲是刘易斯写过的唯一的太空幻想小说。该系列书籍如今仍然非常受欢迎,新一代的读者被作品吸引,被反常且不和谐的美吸引。这三本书是成功的,但它们并不是让刘易斯保持声名的书籍。

---

① 格雷厄姆·格林,《标准晚报》(*Evening Standard*),第6页,1945年8月24日。

② 奥维尔·普雷斯科特,《纽约时报》,1946年5月21日;《时代周刊》,第47辑20号,第36页,1946年6月10日。

令作者备受刺激的是，这种感觉是在他为一家英国报纸写的虚构信件结集成《地狱来鸿》出版后，才意识到的。

《地狱来鸿》让刘易斯继续将他头脑中的智性想法付诸笔端。这本书的核心是关于两个恶魔的书信往来。该书的灵感来自1940年7月在海丁顿圣三一教堂的早晨礼拜活动。刘易斯经常声称，是斯蒂芬·麦肯纳（Stephen McKenna）出版于1922年的《一个好心女人的自白》(*Confessions of a Well-Meaning Woman*) 给了他关于这本书的想法和范式。另一个影响来自瓦尔德马齐·斯泰兹（Valdemar Thisted）的《来自地狱的信件》(*Letters from Hell*)，在他获得牛津奖学金之前、还在大布克汉姆读书期间，他读到了此书。此外，在这种灵感发生之前的几周，他开始参加牛津考利区圣约翰福音传教士的忏悔活动。针对此事，他曾思索了好几个月，这一举措让他超越了新教正统的范畴，进入了半天主教状态。

在1940年的夏天，刘易斯十分关注这样的一些主题：内疚、诱惑、罪恶的概念和天堂地狱的性质，这些主题因为时代的压抑而变得格外庄严。英国已经参战快1年的时间了，但6月的时候，英国远征军已经从敦刻尔克撤离。接下来的1个月中，刘易斯给他从法国北部海岸回到英国的哥哥沃伦写了一封信，讲述之前的一个夜晚，当他在大学房间里听着希特勒通过英国广播公司传来的声音时，有一个时刻他感觉自己被这声音所诱惑。"我不知道自己是不是比别人意志软弱，"他写道，"但那是一个积极的启示，我意识到，当讲话在持续的时候，我的意志不可能一点也不动摇。我可能不适合做教师或警察。有人发出的声明,我明明知道是不正确的,但只要说的人毫不妥协,我还是会在那个时刻被说服。"①

这是一个令人惊讶的坦率表白,它说明刘易斯当时头脑里关注的是,一个凡人的邪恶与犯罪感是如何被诱惑出来的。这些想法将是他最成功的文学作品的原创性基调。

《地狱来鸿》包含了两个恶魔之间的31封交换信件。两个恶魔中,一个叫沃姆沃德,是一个年轻的实习恶魔,另一个是他的叔叔斯克鲁泰普。两个人都在地狱的民政部门工作。叔叔是地狱下院副部长,也是沃姆沃德的主管。斯克鲁泰普在信中对沃姆沃德进行游说,试图腐蚀一个相当普通的年轻英国人的灵魂,给他恶魔般的建议,但是最后并没有成功。

这本书的关键点是诱惑的概念,这是基督教信仰者要克服的,它无时无刻不在让人面临陷入罪恶的危险。虽然这也是《皮尔兰德拉星》中的关键点,但是在《地狱来鸿》中,他成功地让书中的这个核心思想对于基督教信徒和非信徒来说都是可读的。从本质上讲,他这本书的成功之处在于他写作的轻盈。《地狱来鸿》不仅写得优雅完美,而且也非常有趣;任何不信教的、反对神学的读者(甚至是那些对此丝毫不感兴趣者)都会深深沉入阅读之中,因为他们不得不佩服刘易斯写作的精巧。

《地狱来鸿》这本书的力量主要来自一个事实,即此书以作者的

---

① C.S.刘易斯在1940年7月20日写给沃伦·刘易斯的信件,沃尔特·霍珀主编,《C.S.刘易斯导读》(*C.S.Lewis: Companion and Guide*),第267页,哈珀柯林斯出版社,1996年。

个人经验为蓝本,直接与他当时生活中最重要的事件——自己的宗教信仰转换有关。书中的一个无名的人物,一个简单、冷静的普通人,是刘易斯自己的超级本我,而老魔鬼斯克鲁泰普是现代恶魔希特勒与刘易斯从但丁到弥尔顿书中所读出来的传统恶魔的化身。

该书与现实密切相连的一个最显著的特点来自人物的母亲这个角色。这个年轻人在生活中被沃姆沃德所诱惑,过着相当枯燥和平静的生活,其中只有两点例外。第一,他在战争期间的工作是空袭监察,这份工作也是刘易斯在1940年秋创作《地狱来鸿》期间所从事的,这给年轻人思考他在战争中担当的角色的机会,并思考其基督徒的责任。另外,这个人物更重要的方面是他与自己母亲之间的关系。他的母亲是一个爱挑剔的、苛刻的、令人伤脑筋的女人。沃姆沃德试图利用未成年人的不满和每日出现的令人恼怒的事情来腐蚀儿子的灵魂,但他最终失败了。詹妮·摩尔,也就是被刘易斯习惯性地称为"母亲"的人物非常接近沃姆沃德在信件中描述的人物母亲的形象。不管刘易斯是不是自觉地意识到了他所写的内容意味着什么,该书反映了刘易斯自己年轻时代的生活。事实上,该书像一面镜子,映照出他在20世纪30年代早期首次回归上帝的情形。当时,他在奋力打拼事业的同时,还在不断被家务事分心。

刘易斯以他一贯的风格,非常快速地写完《地狱来鸿》。从1940年7月,该书的灵感的种子被播种下去开始,刘易斯用了小半年的时间,完成了总共3万字的31封信件。刘易斯经常坐在那里,几个小时就写完了一封信。然而,他写作速度快的一个原因是,那是一种极其痛苦的经历。这本书的核心前提是两个恶魔之间的通信。他们所说的和所想的内容反映了一个好的基督徒的思想过程、心情以及本能。因此，对于斯克鲁泰普和沃姆沃德而言，神是"敌人"，是"我们的父亲"，是魔鬼，他们的伟大使命就是打败神，挫败他的野心，种下破坏和毁灭的种子。毫不奇怪，刘易斯将人物写得如此栩栩如生，他的头脑要思考恶魔和腐败，尽管只是用手写在页面上，但他会因为这种经历而感到被玷污。

在刘易斯开始写《地狱来鸿》之前不久，他答应为英格兰教会每周发行的《卫报》杂志写文章，当这些文章被收集到一起后，他将其作为系列交给了一位编辑。该杂志收下了文章，并给他62英镑的报酬（约相当于现在的2 000英镑，刘易斯要求将此报酬转给一家慈善机构：英国国教教士寡妇救济会）。这本杂志在1941年2月到8月每周发行一篇。从这个时候起，刘易斯在宗教方面所写文章的所有收入都捐给了慈善机构。

信件刊登几周后，《卫报》的读者开始注意起来，刘易斯也开始收到大量忠实读者的信件。很快，信件如雪片般飞来，刘易斯开始让沃尼担任他的"个人助理"，对于这份工作，沃尼做得津津有味。事实上，沃尼经常以一种诙谐、引人入胜的风格给读者写回信，而读者还以为那是杰克写的。但是，杰克当时大部分时间都很忙，他没有时间看读者来信。

在《地狱来鸿》的读者来信中，有一封来自一位真诚的乡村牧师，这让刘易斯和《卫报》都很欣喜。该读者在信中丝毫没有讽刺地说：" 信中给出的大部分建议, 在我看来不仅是错误的, 还是非常残忍的。" 在愤怒中, 这位抓狂的可怜人立即停止订阅这份杂志。

在写给刘易斯的关于这部讽刺作品的信件中, 有一封来自杰弗里·布莱斯出版社的编辑阿什利·桑普森, 他询问作者是否有兴趣将信件收集起来作为一本书出版。杰弗里·布莱斯出版社之前已经出版了一本由刘易斯在前一年所写的一本关于宗教的非虚构书籍《痛苦的奥秘》(The Problem of Pain), 刘易斯也一直很愿意与该出版社合作。(虽然这本书在 1940 年出版后, 已经得到普遍好评, 但是一位牛津评论者说:" 痛苦的问题是够糟糕的, 而刘易斯使这种情况变得更糟糕。")

但是, 即使《地狱来鸿》已经准备好印刷出版了, 出版商们也并不知道他们要出版的是一本一炮打响的作品。1942 年 2 月再版前, 2 000 册首印本已经售罄, 到当年年底, 该书至少经历了 8 次重印。直至今天,《地狱来鸿》仍然卖得非常好。它已经被翻译成 15 种语言, 总销量达 200 万本。

《地狱来鸿》也一下子激起了评论界的注意。《星期六文学评论》的伦纳德·培根称之为"令人钦佩的, 有趣的原创性作品……在黯淡的、讽刺的天空中, 又一颗壮观的、令人满意的新星升起了"。[1]《泰晤士报文学副刊》的评论员这样评价刘易斯的作品:"一个审阅者的任务不是作为一个先知去预测什么, 时间本身可以证明一部讽刺性作品是否会持久地存在下去。这并不是一件很重要的事情。重要的是,

---

[1] 伦纳德·培根,《星期六文学评论》, 第 26 辑, 第 20 页, 1943 年 4 月。

刘易斯先生的作品有如此强的可读性，让心绪纷乱的世界能够被倾听。"①

在《岁月》中，刘易斯的朋友兼同事查尔斯·威廉姆斯仿照《地狱来鸿》的风格写了一篇评论，他也运用两个恶魔：斯尼格索兹和司考帕叟，这两位被刘易斯这些"写得令人痛恨地好的信件"大大地激怒了。他们在信中建议："他们在我们的培训学院规定，地狱考试是入门考试。"斯尼格索兹又在信中加了一则后记："你要派人去看一下刘易斯？某个非常聪明的恶魔？"②

刘易斯早期写的很多寓言作品都失败了或影响微小而《地狱来鸿》却大获成功的根源在于，《地狱来鸿》是一个简单但引人入胜的故事。当然，故事的构思很精巧，刘易斯将其保持得很好，而作者的文笔（可能是他最好的一部作品）将故事成功展现。刘易斯作为作者的最大优势是他能够与读者打成一片。自从他从20世纪30年代后期开始创作成功以来，他直截了当的风格很少脱靶，他温暖的作者声调吸引了越来越多的读者。

相较于其他的作品，刘易斯在《地狱来鸿》中使用了他最喜欢的一种创作技巧：先设立目标，然后逐一击倒。他攻击科学家、社会学家、低教教会的倡导者和政客。在一篇短篇续集《斯克鲁泰普敬酒致辞》(*Screwtape Proposes a Toast*)（1965年）中，他将教育工作者和公平主义的支持者拉到了舞台的中心，在公众面前对他们开撕。然

---

①《泰晤士报文学副刊》，第100页，1942年2月28日。
② 查尔斯·威廉姆斯，《岁月》，1942年3月21日。威廉姆斯还在《都柏林书评》中为本书写了书评，第423号，1942年10月。

而，他的做法如此的彬彬有礼、机智、可爱，还带着一种信心，以至于没人能够感觉到作者是道貌岸然的、精英主义的或清教徒的；而在他的其他作品中，有时这三种失误会同时出现。

然而，尽管刘易斯的书完美地炫耀了他的才华，但是他性格中最不具吸引力的方面减少了他成功的喜悦。该书出版后不久，他就认为《地狱来鸿》中的想法过于简单，他将复杂的宗教思想过于简单化、过于大众化了。这真是一个遗憾，因为他一直努力触及更广泛的受众，渴望被注意到。他为了普通读者而创作（而事实上，他的学术写作也是如此），从不会故意复杂化任何内容。他强烈认同写作中思路清晰、明确表达的重要性。然而，他脑海中有一种固有的对取悦大众，或者几十年后被称为"流行文化"的抵制，这导致了他在这本书中感到的困惑与内在冲突。虽然大多数作者会对获得全球认可感到高兴，但是大布克汉姆时期的年轻的文学上的附庸风雅者仍然在那里，位于文雅的和精心维护的"杰克，轻松的普通人"形象之中。因此，刘易斯将坚决不同意很多读者（包括我自己）所认为的——无论是从雅致度还是从创作风格上讲，《地狱来鸿》都是他写过的最好的一本书。

《地狱来鸿》给杰克带来了巨大的商业成功，但是在对读者的广泛号召力方面，他还有待进一步达到巅峰。因为这本书的成功，刘易斯接下来出版的空间小说作品，《皮尔兰德拉星》和《黑暗之劫》都自动地升入了畅销书的位置。然后，在8年后的1950年，杰弗里·布莱斯出版社出版了将要成为刘易斯最著名的，对于他本人和很多其他人来说，最重要和持久的一本书。

《狮子、女巫和魔衣柜》的最初灵感出现在1914年，刘易斯16岁的时候。这些想法出现在刘易斯的梦境中，有的时候刘易斯将其称为"大脑图像"。其中最引人注目的图像一点没变地出现在书中——一个半人半羊的农牧神背着包裹和雨伞，走在白雪皑皑的树林之中。这个人物就是书中的图姆纳斯先生，他在《狮子、女巫和魔衣柜》的开始就出现了。后来，在故事继续发展的过程中，刘易斯又创作了阿斯兰（土耳其语是"狮子"的意思），他说，这个角色"是融入之中的"。①

1939年秋，第二次世界大战爆发后不久，伦敦可能受到空袭的威胁促使首都的孩子被送到郊外或农村城镇。"砖窑"有着半乡村式的田园景致，有足够的空间待客，所以从伦敦撤离开始后，他们邀请了一小群伦敦的朋友来此小住。因为在大学里的工作和迹象文学社的聚会等，刘易斯很少见到住在他家的孩子，但是有一天，他看到孩子们坐在那里甚是无聊，就开始写故事来给他们逗趣。

其中一个孩子对于房子里的一个旧衣柜很感兴趣，他问刘易斯里面会有什么。这给了刘易斯另一个创作灵感出现的机会。刘易斯开始创作一个故事，讲一个家庭被疏散到乡间一座由一位神秘教授拥有的老房子里。但后来，这个故事似乎就偏离了思路，从来没有写下去，直至最终被遗忘。10年之后，刘易斯回到了这个主题，开始创作了一个全新的围绕衣柜以及之后可能有什么展开，并将其与自己的童年大脑想象联系在一起的故事。

《狮子、女巫和魔衣柜》的正式创作开始于1948年夏天，一旦刘易

---

① C.S.刘易斯：《一切从一张图片开始》，《广播时报》，第158卷，1960年7月15日。

斯开始动笔,《纳尼亚传奇》的7本书很快就从他的笔下流淌出来。到了圣诞节的时候,《狮子、女巫和魔衣柜》已经写完准备交给出版社,也不等杰弗里·布莱斯出版社的反馈,他就开始了第二本书的创作,也就是后来的《魔法师的外甥》的早期版本。但是到1949年秋,刘易斯放弃了这个思路,开始创作该系列中的第二本《凯斯宾王子》。

然而,在刘易斯快马加鞭地创作他的儿童故事的时候,他的出版商,杰弗里·布莱斯出版社感到困惑,他们并不肯定《狮子、女巫和魔衣柜》的手稿。他们知道,这是刘易斯第一次尝试给孩子们写小说,把写作的质量问题放在一边不考虑,他们比较担心他是否能够穿越到那个市场。他们甚至有一些担心,如果出版这种相对简单的儿童童话故事,刘易斯作为一位"严肃作家"的职业生涯会被损害。

但刘易斯对于杰弗里·布莱斯出版社太重要了,他们不能失去这位作家,所以,《狮子、女巫和魔衣柜》在1950年秋季正式出版。在该书出版之时,另外三本书也已经完成:《凯斯宾王子》(原名《进入纳尼亚》)、《黎明踏浪号》和《能言马与男孩》(原名《纳尼亚和北方》)。每一本书都只用了刘易斯3—6个月的时间,然后该系列的第五本书《银椅》在1951年3月,也就是《狮子、女巫和魔衣柜》出版后短短几个月的时间里就写完了。最后的两本书,《魔法师的外甥》和《最后一战》写得慢了一些,但到1953年年底也都完成了。

从1950年至1956年,纳尼亚系列的7本书大概以每年一本的速度出版,虽然这些书并没有得到众多评论家的好评,但是年轻的读者非常喜欢,并加以传播。尽管批评界不欣赏,出版商最初也怀疑,但是

《狮子、女巫和魔衣柜》出版不到一年就成为大西洋两岸的畅销书，接下来一一出版的续集也都在重复这种成功的过程。等到最后一本书，《最后一战》在 1956 年出版的时候，《纳尼亚传奇》已经成为有史以来最成功的儿童文学系列之一，全球销量数以百万计。刘易斯在那一年里荣获儿童文学界的世界最高荣誉——卡内基奖章，该奖章是表扬在那一年里出版的最好的儿童图书的，是对整套 7 七本书所构成的全集的认可。

从很多方面来看，《纳尼亚传奇》是与刘易斯的生活最密切相关的作品。虽然这种说法乍看似乎令人困惑，而且会有人认为应该是《卿卿如晤》（该书涉及杰克对于他的妻子乔伊在 1960 年去世后的心情）或者《惊悦》（讲述他自己的宗教皈依），但《纳尼亚传奇》中的故事是直接从刘易斯的个人记忆中疏浚而来的。从自己的童年幻想中提取内容，这个故事几乎就是一个达到的愿望，是童年的梦想的重新记述。

在《卿卿如晤》中，刘易斯处理的是一个问题，即他人生后期出现的一个悲剧以及他的反应。在另一本正统自传《惊悦》中，他不断避开任何深刻的、诚实的内容，避开他与詹妮·摩尔关系的任何记载，粉饰了他与父亲的关系，含混了他的性发育。即便是在他的个人日记里，刘易斯也不会袒露自己的灵魂。但随着《纳尼亚传奇》的书写，他找到了一种机制来展示他的内心欲望、梦想和个人感情，这些内容在其他情形之下是完全被隐藏的。

纳尼亚的故事中处处都可以看到一个强大的少年杰克·刘易斯

的存在。最明显的是孩子们——埃德蒙、彼得、苏珊和露西，那些前往纳尼亚的人物，即使是参照当时刘易斯创造这些人物的标准，他们也都是很老套、过时的。在很多方面，他们是杰克和沃尼·刘易斯的克隆版。他们的言谈举止都是与时代脱节的，他们似乎是来自较早的上一代的孩子，被安置到战争的环境中。事实上，在刘易斯的原稿中，孩子们的言谈举止甚至更加陈旧，比如他们会说"Crikey！"表示惊讶，并把寻觅鸟巢当作他们最喜欢的业余爱好之一。还是因为他的朋友罗杰·朗斯林·格林指出了这些地方，刘易斯才做了相应的修改。

关于该系列的倒数第二本《魔法师的外甥》，刘易斯将故事设定在20世纪的第一个10年中，现实中，正是在此期间，他和沃尼正在虚构利特尔利的虚幻世界。这种回溯是必要的，因为该书中的一个角色，小男孩迪格雷，在《狮子、女巫和魔衣柜》中已经长大成为一名教授，但同时也说明了，该书将杰克和沃尼设定为纳尼亚神话的源头。

关于《纳尼亚传奇》的评论，从托尔金到现代评论家都指出了书中很多前后矛盾、不一致或不精巧的段落。这些批评当然是合理的，总体看这套书，其中确实存在令人惊讶的不精细、混乱和结构问题，特别是在"刘易斯是牛津大学的英文教师"的背景下。然而，刘易斯写《纳尼亚传奇》时如此关注他自己的童年，这给作品增加了巨大的力量，让他的作品里充满真诚和个人信念的光环，所以，尽管书中有一些欠缺，仍有数以百万计的读者喜爱这些故事。

关于《纳尼亚传奇》最著名的一个标签就是"宗教寓言"的

问题。很有趣的是，刘易斯本人并不喜欢这样的定义。他喜欢称其为"假想"。他的意思是说，这些纳尼亚的故事不是从基督转世（《狮子、女巫和魔衣柜》）到世界末日的善恶大战（《最后一战》），而是讲述如果神能通过牺牲他的儿子来拯救一个完全陌生的世界，将会发生什么。

刘易斯称，在写这7本书中的任何一本时，他都是先开始写一个好故事，而基督教方面的内容是后来才出现的。这似乎与他所说的"假想"是矛盾的，但是对于系列中的第一本书，事实上，这两种说法并非互不相容。《狮子、女巫和魔衣柜》最初源于一个幻想序列，是刘易斯脑海中景象的再现。只是后来作者童年图景的强大和阿斯兰这一人物给了故事一种"假想"形式。我们应该还记得，随后的6本书是很快写完的，在初期，刘易斯至少需要尽力将其融入和整合成一个"另一种基督教神话"的大图景：那个他在《狮子、女巫和魔衣柜》中已经创造的神话。不可想象，写到《最后一战》的时候，刘易斯只是考虑着一个好故事——这最后一部给《纳尼亚传奇》画上了完美的句号，也完全坐实了"假想"的概念。

刘易斯并不认识多少孩子，事实上，他能写出一套儿童读物，并取得如此惊人的成功更加说明，纳尼亚的神话几乎完全来自他自己的童年幻想。如果说《纳尼亚传奇》是成年的刘易斯重新诠释他的博克森世界和他还是一个小男孩的时候所写的故事，这是不正确的。除了有会说话的动物存在、博克森世界是一个虚构的世界之外，它与刘易斯日常生活长大的那个世界距离没有多远。故事中的动物角色表现或多或少像人类一样，也有类似的政治阴谋和社会结构。然而，居住在纳尼亚的人物远不是现实生活类型的人，整个世界是一个幻想的世界，是我们所生存的世界之外的一个替代世界。

很引人注目的是，大多数看过《狮子、女巫和魔衣柜》以及读过随后那些书的儿童都只是把它作为一个简单的幻想故事来读，并没有觉得这是一个寓言或者情节是个"假想"。在当下，这是很好解释的，因为这本书对于七八岁的孩子们来说，只不过是由父母读给他们的一个睡前故事，他们并没有一点《圣经》意识和基督教的信仰。但是，即使是在20世纪50年代，当基督教有较强的存在性时，大多数孩子也只有在有人给他们指出以后，才会觉察出《纳尼亚传奇》中的内在意义和多层次性质。这可能是刘易斯创作中最聪明的一个方面。他成功地写出一部被几代儿童喜欢的伟大故事，同时也把他的潜在意图巧妙地植入到《纳尼亚传奇》之中，同时不失内涵或戏剧的清晰度。

正如我们将在后面看到的，这种"巧妙之举"最近让很多人感到刘易斯的写作绝非没有刻意灌输或进行基督教的宣传。不管这是不是真的，纳尼亚的故事确实给上百万读者带来很大的乐趣，而且也没看到有什么危害。

从完成《最后一战》到1963年去世的10年间，刘易斯又写了10本书。其中包括他的一些最重要的学术作品，特别是《除戏剧外的16世纪英国文学》(*English Literature in the Sixteenth Century Excluding Drama*)以及他的最后一部小说，一部对他意义最为重大的作品《裸颜：一个重述的神话》(*Till We Have Faces: A Myth Retold*)

（丘比特与赛姬故事的现代版）。然而，这些书籍都没有给他带来《纳尼亚传奇》那样的影响，另外，《裸颜》成了刘易斯自《朝圣者的回归：对基督教、理智与浪漫主义的预言式辩护》以来最没有获得商业成功的作品。

《纳尼亚传奇》的创作让刘易斯达到了公众赞誉的巅峰，还有商业上的成功。虽然他自己不同意，但是在某些方面，这是最恰当的。刘易斯的很多书可能用了更大的力气，也显示了更高超的技巧与灵活性，很多书充满魅力和机智，但是，这些作品没有像《纳尼亚传奇》那样，如此持久地让很多人喜欢、欣赏和大开脑洞。在创作纳尼亚的故事时，刘易斯提炼出自己的童年幻想，并通过成熟的心智和训练有素的技巧保持了其中朝气蓬勃的想象力，这就是《纳尼亚传奇》经久不衰的秘密。

第七章
友谊

"在我第一次来到这个世界上时,我被(暗地里)警告过,不要相信任何牧师……"刘易斯曾经写道,"在我第一次接触英语时,我被(明确地)警告过,不要相信任何语言学家。托尔金两者都是。"① 然而,尽管受这些情绪影响,刘易斯和托尔金还是成了多年的朋友,是迹象文学社两盏闪亮的灯,也是酒友,是对方作品的评判者,也是互相鼓舞的同事。后来的一段时间,当要面对自己的磨难时,托尔金动情地说:"与刘易斯的友谊是一种补偿。"②

在20世纪30年代早期,随着研究冰岛文学的"吃煤人"阅读小组的衰退,刘易斯和托尔金正在寻找一个新的焦点,让与他们志同道合的一些人可以聚在一起饮酒和认真讨论。没多久,他们找到了前一个阅读俱乐部的替代品。在大学法学院,有一个名叫爱德华·坦吉·利恩的学生,组织了一个每周聚会一次的文学讨论团体,他们自称"迹象文学社"。

---

① C.S.刘易斯:《惊悦》,第209页,纽约:哈考特·布雷斯出版有限公司,1955年。
② 汉弗莱·卡本特:《托尔金传记》(*J.R.R.Tolkien: A Biography*),第3页,伦敦:乔治·艾伦出版社,1977年。

利恩是学校里一本重要的杂志《伊希斯》(Isis)的编辑,该杂志至今仍然存在。利恩是一位雄心勃勃的年轻作家,他发起这个俱乐部的目的是让成员们可以相互阅读未发布的作品。1933年,利恩离开牛津,开始了他在新闻和广播界的职业生涯,而他发起的俱乐部则停止了聚会。但是在一段时间后,包括托尔金和刘易斯在内的其中一些原始成员,决定再次启动它,并保留旧的名称。他们在默德林学院刘易斯的房间里进行非正式聚会。没有人真正知道为什么用"迹象"这个名字,但是刘易斯和托尔金喜欢它,因为它的含糊性。事实上,它暗示成员们正在着手处理"大想法",这个名字也适合学术界,因为他们的生活建立在大量的墨水之上。

新的迹象文学社最早的聚会时间是星期四晚上,在刘易斯宽敞的大学办公室里,但到1939年,他们开始每星期二上午定期在圣吉尔斯的一个叫"老鹰与小孩"(也会被亲切地称为"鸟和婴儿")的酒吧里聚会。酒吧外面的标志是一幅婴儿盖尼米得被乔夫的鹰叼走的画,据说正是这幅画给了托尔金灵感,让他在《霍比特人》中使用怪异的鹰的图案来描述比尔博。

"老鹰与小孩"现在已经扩充了很多,当时迹象文学社聚会的房间位于酒吧的后面。现在那里已经成了迹象文学社的一个纪念处,里面墙上挂满了托尔金、刘易斯和查尔斯·威廉姆斯的照片。那些参加"迹象文学社之旅"的人在夏季每周三的上午会来这里感受当时的气息。在酒吧的墙上有一块大匾,上面写着:

从 1939 年到 1962 年，C.S.刘易斯与他的哥哥 W.H.刘易斯、J.R.R.托尔金、查尔斯·威廉姆斯和其他朋友，每个星期二上午在他们最喜欢的酒吧后面的房间里聚会。这些人组成的就是众所周知的"迹象文学社"。他们在这里见面、喝啤酒和讨论，除此之外，他们还在这里写作。

这不是迹象文学社成员经常光顾的唯一的酒吧——他们也喜欢在博得莱恩图书馆附近的"国王的手臂"酒吧和牛津中心位置的"白色"酒吧和米特酒吧里聚会，但是正如匾额上所说，"老鹰与小孩"酒吧是他们最喜欢的聚会地。在这里，托尔金第一次给他的朋友们读他那部长久以来被称作《新霍比特人》的《指环王》，刘易斯给他们读《纳尼亚传奇》、他的宇宙神话，还有他最受好评的作品之一——《地狱来鸿》。

到 20 世纪 30 年代中期，迹象文学社的核心已经形成。它包括创始人刘易斯和托尔金以及沃伦·刘易斯、奈维尔·科基尔、医生朋友罗伯特·哈佛（Robert Havard）、总是被称为"无用的冒牌货"的汉弗莱、雷丁大学英语文学教授雨果·戴森。到 20 世纪 40 年代，这个俱乐部还包括查尔斯·威廉姆斯，他在当年加入了牛津大学出版社，是写出多部著名小说的作者。

迹象文学社里的人并不都是文学专业人士。汉弗莱是一个天主教徒，牛津人，与托尔金走得很近，但是他没有受过文学教育，只是非常欣赏朋友们的作品。到 20 世纪 30 年代末，沃尼开始尝试对他所感兴趣的历史方向书籍的撰写。在他充足的业余时间里，他也开始收集刘易斯信件、日记和描述刘易斯家族历史的作品。奈维尔·科基尔是埃克塞特学院的研究员，研究方向是中世纪英语，他的学术成就是翻译了备受好评的乔叟的《坎特伯雷故事集》，在1957年成为牛津大学英语文学教授。他对戏剧也很感兴趣，在牛津创作了很多奢华的戏剧。其中最著名的是在1949年夏天创作的《暴风雨》，当时，舞台被修建在伍斯特学院后面的一个湖旁边。科基尔是W.H.奥登的导师，在他参加迹象文学社在"老鹰与小孩"酒吧里的聚会期间，他还指导了理查德·伯顿，后者在他的几部戏剧作品中都扮演了角色。

这是一个排外的俱乐部。除了有时候刘易斯遇到一个新人并邀请他下一次访问牛津时来参加一下活动外，成员很少变化。任何成员都必须符合几个标准：他们必须是一个好谈话主义者，对写作感兴趣或愿意参与，他们得喜欢喝酒，还得是杰克的朋友，最重要的是，他们必须是男性。

没有一个女人获得进入这个最挑剔的男性俱乐部的许可。根据传说，在1943年，机智且受众人尊敬的文学研究者多萝西·赛耶斯在"老鹰与小孩"酒吧曾期待被邀请加入男人们坐的那桌，但是她被礼貌地要求离开了。对于这些人来讲，这个俱乐部仍然是一个专属于男性的机构。

刘易斯在给朋友的信中和他的文章中记录了迹象文学社的气氛。他们通常在晚上见面，但是他、托尔金和威廉姆斯也经常在早晨去刘易斯的房间一起边阅读，边抽烟。"你可以自己想象一下，"刘易斯写道,"星期一上午约10点钟,在一个楼上的客厅里,窗户朝北,可以望见对面默德林学院的'树丛'。在明媚的阳光里,托尔金教授和我,点燃了我们的烟斗,伸展着双腿。威廉姆斯坐在我们对面的扶手椅上,将他的香烟扔进炉箅里,拿起那堆他经常在写的文稿——让我想想,那些纸就是两便士一本的备忘录便签纸——开始工作。"① 在描述一个更典型、至少包括6名成员的迹象文学社聚会时,刘易斯回忆说:"我们的乐趣经常是那么急切和愤怒,可能会让人认为我们是在谈下流的事情,而事实上,我们很可能是在说神学。"②

人们很容易低估这个群体的重要性,已经有人说过:"迹象文学社作为一个组织,更多的是我们的一个头脑想象,实际上并没有这样的一个组织。"③ 换句话说,这些在牛津的酒吧里聚会讨论文学、宗教或任何其他感兴趣的内容的人,并没有将自己作为一个文学团体,他们并不像布鲁姆斯伯里俱乐部那样。但这不会减损一个事实,那就是他们产生了巨大的影响。在1996年(就是第一次民意调查认为托尔金是本世纪最受欢迎的作家之后不久,当时《狮子、女巫和魔衣柜》也被排列在书单高位),记者奈杰尔·雷诺兹评论说:"(民意调查)20世纪30年代的迹象文学社,一个牛津的饮酒俱乐部,比布鲁姆斯伯里俱乐部的集团、纽约的阿冈昆俱乐部、海明威的巴黎聚会或W.H.奥登/克里斯托弗·伊舍伍德的20世纪30年代的作家小组等都要威力

---

① C.S.刘易斯和查尔斯·威廉姆斯:《亚瑟王的身体》(*Arthurian Torso*),第1页,牛津大学出版社,1948年。
② 1944年1月11日写给亚瑟·格里夫斯的信件,克莱德·基尔比:《托尔金与精灵宝钻》(*Tolkien and the Silmarillion*),第73页,美国哈罗德·肖出版社,1976年。
③《托尔金与精灵宝钻》,第67页。

更大。"①

迹象文学社成员可能没有想过自己的俱乐部与布鲁姆斯伯里俱乐部或其他组织有什么相同之处，他们只是喜欢有一定的神秘感，并在20世纪30年代慢慢地发展，他们也不在乎使用他们的影响力。其中最重要的例子是刘易斯、托尔金和迹象文学社的一些其他成员在1938年决定了牛津大学新任诗歌讲习教授的选举结果。

诗歌讲习教授是一个非比寻常的职位，所以一般由大学的硕士导师来选，而不是由学校高级别的管理机构来选择。因此，当选者通常是业有所成的伟大诗人或诗歌研究者，另外，最重要的是，这个人必须受到其他男性教师的喜欢。

1938年一个夏天的早晨，在默德林学院共进早餐时，刘易斯的好朋友，神学院院长亚当·福克斯在报纸上读到，一位退休的学者——埃德蒙·钱伯斯是诗歌讲习教授职位的主要候选人。根据传说，福克斯站起来宣布："这真是令人震惊，他们会将这个职位给我。"据说，当时刘易斯就坐在旁边，然后大声说："我们会的，我们会的。"

这种状况出现的原因是，刘易斯和他的朋友们都感觉钱伯斯是一个相当粗糙的诗歌爱好者，并没有真正理解诗歌。事实上，这是一个误解：钱伯斯远不是一个仅仅初涉诗歌的人，他本身也卓有成就，出版了很多诗歌，同时也是16世纪诗歌研究的权威。刘易斯肯定知道这一点，但是出于恶作剧的目的，或许还有一些残忍的因素，他决定，他和迹象文学社的另外一些成员应该选亚当·福克斯为诗歌讲习教授，

---

① 奈杰尔·雷诺兹，《每日电讯报》，1996年1月20日。

即使他们知道,这个人并不适合这份工作。

刘易斯在牛津大学组织了一个运动,呼吁让福克斯当选。他确定了运动口号,还拜访了所有的主要投票者,并举行了集会来支持他的候选人。可以预测,这让这所大学以及其他大学内部极为尊重钱伯斯的很多保守的老师非常不满,他们对刘易斯的行为感到愤怒。

福克斯和刘易斯这个不严肃、冲动的反应很快演变成一个闹剧。那些对福克斯这样一位神学专业人士成为候选人感到怀疑的人对钱伯斯的胜任能力也感到怀疑,于是他们决定提出第三位候选人,就是新学院的英语教师大卫·塞西尔。大卫碰巧也是刘易斯的好朋友,偶尔也参加迹象文学社的聚会。这个决定最终被证明是一个糟糕的举动,因为,虽然大卫在大学里是一个受欢迎的人物,但是他的参选将反迹象文学社阵营的投票分裂了,结果倒是帮助了刘易斯的竞选,让福克斯最终轻松地获得了胜利。

虽然在选举的夜晚,赢得了选举的迹象文学社成员举杯庆祝,他们认为这是一次具有重要意义的胜利,因为他们战胜了大学里那些守旧的老家伙,但是他们的胜利是相当空洞的。福克斯最后成了一位最不胜任的诗歌讲习教授。他讲课缺乏激情,对牛津大学英语系教授的形象树立没有起到丝毫作用。在后来的岁月里,杰克本人都不得不承认,他努力帮助朋友当选是一个错误。更重要的是,这个幼稚的行为对刘易斯的事业造成巨大的伤害。他没有考虑他人的感受,也没有考虑它可能对大学声誉造成的伤害,更没有考虑过对充满期望和希望的无辜的钱伯斯所造成的伤害。毫不奇怪,这一举动被英语系的一些教师牢记着，后来，当杰克要在牛津发展他的事业的时候，他们不遗余力地阻止他的晋升。

这件令人伤心的事情发生在迹象文学社还处于高峰状态的阶段，这个群体还远没有开始解体。然而，在10年之后，托尔金对活动开始失去兴趣，参加聚会的次数越来越少。到20世纪40年代后期，在刘易斯房间举行的迹象文学社的聚会越来越少，大家更多是去牛津市场街的一个酒吧会面，这个酒吧在当时的名字是罗巴克（现在的名称是Oz酒吧）。这个地方非正式地被分成两部分。楼上是一个很大的房间，窗户上挂着厚重的天鹅绒窗帘，有吧台、钢琴和一个小厨房，里面提供食物，它几乎完全是大学教师的领域。楼下是公共酒吧。

然而，虽然刘易斯对新的场地很快就适应了，但是到罗巴克楼上聚会对托尔金不是很有吸引力，因为这个地方不像"老鹰与小孩"那样雅致。这就意味着迹象文学社并不像过去那样了，在罗巴克酒吧的聚会上，可能喝酒比阅读的时间还多。曾去过这个酒吧的人还记得，当时，公共酒吧充斥着参加第一次世界大战回来的士兵的歌唱声。他们的声音如此响亮，以至于完全穿越了天花板，楼上也能听到。这些时候，刘易斯往往成为合唱的首领。

从1926年到1946年的约20年间，托尔金和刘易斯仍然是亲密的朋友，但随后，他们的关系开始冷淡，到20世纪50年代早期，两人之间几乎没有任何友谊的温情留下。他们关系疏离的原因像友谊本身一样，很复杂。

多年来，托尔金一直喜欢雨果·戴森和沃伦·刘易斯。他也喜欢与牛津很多其他学者保持亲切的关系,但是对托尔金来说,杰克是一个非常特别的朋友。对于杰克,他可以敞开自己的心扉,同时他也能接受他的批评,在迹象文学社的所有成员中,他认为自己和杰克是最为志同道合的人。但是,托尔金也是一个忌妒心很强的人,对朋友有很强的控制欲,如果他的朋友获得认可或取得成功,他会很忌妒。

刘易斯意识到了托尔金的不安全感和忌妒倾向。早在1939年,他就写信给沃尼描述托尔金的"很难应对的情况,除了频繁和严重外,其性质复杂而难以看透"。①

刘易斯对托尔金的感觉从来没有托尔金对他的感觉那样强烈。他对托尔金有无限的尊重,非常喜欢有他相伴,并从二人的相处中获益颇丰,但是与托尔金相比,他是一个更加丰富多彩、不那么正统的人。刘易斯并没有像他的朋友那样,有传统的家庭生活方式——他有更多的亲密伙伴。部分因为这些差异,到20世纪30年代末,他们之间的裂痕开始出现。两人之间有三件事情慢慢介入:首先是刘易斯在20世纪30年代开始皈依的基督教与托尔金的信仰不同,让托尔金不满的是,刘易斯热衷于写作和普及他的教义;其次是刘易斯作为作家所取得的商业成功在20世纪30年代末就已经开始;最后一点,也许是最重要的一点,刘易斯并没有像托尔金那样,认为两者之间的密切关系是完全排他的。刘易斯是托尔金在牛津唯一的亲密朋友(虽然他一直与学校的克里斯托弗·怀斯曼保持密切联系),而在整个20世纪30年代,除了托尔金这个朋友之外,刘易斯在自己周围聚集了大量的

---

① W.H.刘易斯主编:《C.S.刘易斯书信集》,第287页,伦敦:杰弗里·布莱斯出版社,1966年。

朋友和同事，与欧文·巴菲尔德、奈维尔·科基尔（还有后来的查尔斯·威廉姆斯）关系都很好。除此之外，他还有一个哥哥沃尼，在他心中，他们的关系在沃尼1932年离家参军后更加密切了。

在这三个因素中，刘易斯的宗教信仰转换与改变是最为复杂的，应该考虑到其中的一些细节。刘易斯的成长环境是一个阿尔斯特新教徒家庭，到了成年的时候，他大体上已经放弃了各种形式的宗教信仰。事实上，他喜欢改写G.K.切斯特顿的一句话："除了基督性以外，基督教是非常明智的。"① 托尔金只是逐渐意识到这些情绪，但当他做到了这一点之后，他很快开始认为，自己有责任向他的朋友提供宗教教义奥秘的启迪。因此，他们就这个问题进行了很多长时间的对话。

当他还是一个本科生以及刚成为大学成员的最初几年，刘易斯发现，他很难定义自己对宗教的立场。他可能会对一些人描述自己是一个不可知论者，而对另一些人却说他是一个无神论者。当他到20多岁的时候，他开始对宗教进行更多的思考，然后得出结论说，他不能相信福音书。而且，让他吃惊的是，那些有智慧、有深度的人竟然相信基督教，遭受他所认为的一种精神错乱之苦。几乎每天他都会有这种违和感，因为他的很多亲密朋友，像亚瑟·格里夫斯、奈维尔·科基尔和托尔金都是宗教信仰者。

这个事实迫使刘易斯更多地思考宗教而非排斥它。到20世纪20年代初，他达到了他所谓的关于宗教正统的"新视角"。刘易斯的哲

---

① 乔治·塞尔：《杰克：C.S.刘易斯的一生》，第222页，纽约：哈珀出版社，1988年。

学观让他认为，基督教教义与其他教义一样，就是一个神话。但是他的观点逐渐开始改变，当他在1926年遇见托尔金的时候，他正处于对信仰问题最困惑的时候，而起初，至少托尔金的正统观念加大了这种困惑。

在他的朋友中，刘易斯发现托尔金的宗教担当是最难探究的。托尔金分享了他对文学、语言和历史的很多想法，他是所有新朋友中最有趣、最聪明的一个，然而他是一个虔诚的基督徒，是一个天主教徒。如果仅仅将这种矛盾看作异常的，那是不够的。刘易斯试图将智力与信念分开，提出一个人可能有高度发达的智力，但他的信仰源于一些相当独立的、更强大的东西；但是这种观点是经不起仔细推敲的。

这种尝试去理解的努力成了巨大的催化剂，让刘易斯成为21世纪最著名的宗教皈依者之一。虽然不能说是托尔金改变了刘易斯，但是他对宗教信仰的雄辩的描述以及他对细微差别和意义的解释能力都足以让刘易斯重新考虑。直到1931年，在他们最初5年的友谊中，刘易斯的宗教立场有了很大改变。到这个时期结束时，他已经得出结论说，神是存在的，但他对神的看法不是一个正统的基督徒的看法。它更像很多东方宗教的神，一个泛神论者的上帝，灵感的来源，自然的泉源，与《圣经》中的任何描写都是不一样的。

刘易斯开始相信上帝发生在他坐公共汽车去海丁顿山，回到他与詹妮和莫琳共同承租的房子的时刻。那是一种奇特的、难以名状的经历，但是却对他产生了很大的影响。他将其描述为一种奇怪的感觉：

他被包在一件紧身衣服里，紧身胸衣或铠甲让他感到窒息。他知道，如果他想，他可以突破并接受一个事实，即有一个上帝，否则他可以保持自己原来狭隘的思想。他决定打破束缚并接受上帝。那天晚上，他回到在大学的房间里，开始第一次祈祷。

这种极度清晰的时刻可能没有完全定型刘易斯新的信念。很多人认为，这种启示来临只是一个瞬间，并保持常在，但在很多情况下，这可能是真的。对刘易斯而言，虽然他没有办法知道，但是这个事件的发生时刻至关重要，因为几个星期后他要去贝尔法斯特看望病重的父亲。接下来是情绪压抑和痛苦的时刻。很自然，刘易斯感觉到情感的脆弱，虽然他后来竭力否认，但是毫无疑问，这是一个适当的时刻让神进入他的头脑。

然而，刘易斯仍然非常谨慎地推进。坐在前往海丁顿山的公共汽车上的经历是宗教态度转变的第一步，他父亲的死亡巩固了这种感觉。虽然他的第一步可能是他所做过的最深刻的一次跨越，但是，从简单地相信上帝的信念到接受任何有形的基督教，他花了两年的时间。让他完全接受宗教正统理念的事件，就如同公共汽车上的启示，是一个相当平凡的事件，这一次是因为他与托尔金在牛津的一次深夜散步间的谈话。

那是1931年9月19日一个星期六的晚上。他们共同的朋友和同事——迹象文学社成员雨果·戴森（他也是基督徒）像通常一样，到了牛津，他与刘易斯和托尔金一起在默德林学院吃饭。他知道，他的这两位朋友关于宗教的主题谈了很多，也热衷于加入他们。晚饭后，三个人去散步，谈话自然地转向了基督教。刘易斯当时深信不疑的是泛神论中的上帝，他不能接受正统的基督教，因为那样做，他需要接受对基督的相信，丝毫不怀疑耶稣被派去死在十字架上，以拯救我们的灵魂。刘易斯觉得这就是神话。与托尔金一样，他也是一个学者，研究古代神话、英雄故事和异教道德救赎故事的学者。对他或当代世界而言，基督的故事只是另一个传说，并不比任何其他神话更准确或更有意义。他认为，在其根源处，神话就是谎言。

托尔金仔细地听了他朋友说的话，直到刘易斯说到他的结论，他耸了耸肩，好像在说："除了能相信基督的故事是一个古老的传说，你还能做什么呢？"他要开始说话了，他的话将彻底改变刘易斯的生活轨迹。

他认为，神话绝对不是谎言。神话从真理而来，描绘的是一种非常具体的文化意义。在刘易斯看来，基督教是基于"基督的神话"的。"非常好。"托尔金认为，"如果你想将其称为神话，就当它是神话好了，但它建立在真实的事件基础上，它的灵感来自一个深刻的真相。"最终，没有神话是谎言，他相信，那些蕴含着基督教的核心的"神话"，是每个人都要遵循的非物质化的道路，这条道路通往更深刻的精神实质。

刘易斯并没有立即得到启示，但是很明显，这次对话让他开始以一种与以往不同的方式去思考信仰的问题。即使如此，对于正统基督教的某些方面，他也一直不能接受；似乎他的智力有时会阻止他的信仰之路，以至于在他成为一个基督徒多年后，他曾写信给朋友："我怎

第七章
友谊

么可能——我们每个人——怎么会相信这些公鸡和公牛的故事？"①

经过这次交谈几天后，杰克、沃伦和詹妮去距离牛津大约25英里的维普斯内德动物园游玩。詹妮、莫琳和一个家庭朋友开着汽车去，而杰克与沃伦开三轮摩托车去，杰克坐在摩托车车斗里。天很冷，一路上浓雾笼罩。坐在冰冷的车斗里，杰克沉默不语，但是脑袋在急速地思索，又在想几天前的晚上和他的朋友讨论过的内容，试图将他一直以来对宗教的观点想个明白。旅程是短暂的，但是在这期间，一种神秘的力量，也就是人们所称的神圣的灵感出现了。这一时刻已经刻入了他的脑海，20年后，他仍旧可以清楚地记得，"当我们出发时，我不相信耶稣基督是上帝的儿子，但是当我们到达动物园时，我已经相信了"。②维普斯内德动物园之旅后的第二天，刘易斯写信给亚瑟·格里夫斯说，他已经改变了长期以来关于宗教的想法，他能够最终拥抱基督了。换句话说，他现在认为自己是一个基督徒。

虽然刘易斯的精神觉醒已经足够强烈，能让他在余生作为一个虔诚的信徒度过，但是在当时，在心智上做出转变一定是个艰难的过程。他的很多朋友是基督徒，沃伦也一直去教会，已经持续多年。但是，詹妮·摩尔对此事是恼怒和讥讽的。当杰克后来行圣餐礼时，她指责杰克是在参加"血筵"。在日记里，沃尼多次提到，詹妮对他弟弟的信仰转变很是不满。③

---

① 1951年4月9日写给谢尔登·范奥肯的信件，《刘易斯文稿：刘易斯家族回忆录，1850—1930年》，现收录在韦德收藏品中，美国伊利诺伊州惠顿学院马里恩·E.韦德中心。
② C.S.刘易斯：《惊悦》，第189页，纽约：哈考特·布雷斯出版有限公司，1955年。
③ 罗杰·朗斯林·格林和沃尔特·霍珀：《C.S.刘易斯》，第197页，伦敦：哈维斯特出版社，1974年。

虽然成长在一个爱尔兰新教徒家庭，但是詹妮·摩尔声称，自从失去她的儿子帕迪之后，她就成了一个无神论者，她经常斥责教会。但是，她似乎也是困惑的，因为从20世纪30年代到40年代，她经常与杰克参加教会活动，她也支持莫琳加入英国国教教会。几乎可以肯定的是，她做这些事情是为了让她的亲人们获得快乐。

我们必须考虑一种可能性——詹妮对杰克皈依宗教的不安源于这可能会进一步导致他们个人生活中的困惑。在刘易斯新的观念体系里，对婚外性行为有一个明确界定的答案：基督教的纯洁与没有神圣婚姻的性是完全不相容的。

当杰克成为基督徒的时候，詹妮已经近60岁了，所以性方面的问题可能是学术的；但是，因为她是一个无神论者，而杰克的新信仰让他的生活变成另一种方式，就会影响到他们的关系。她对杰克住在大学里、晚上与他的朋友们待在一起、独自进行学术探讨的生活方式一直感到不满。杰克现在又将成为一个严格的、高教会派正统基督徒，这对她是一个情感打击。但是据说他们的关系很牢固，尽管这一改变让他们已经复杂的生活变得更复杂，但是他们仍旧待在一起，关系甚至更紧密。

刘易斯和托尔金在1931年9月晚上的谈话显示了托尔金是如何影响了杰克的宗教思想的，但这个例子也显示了这两个男人在他们的生活中是如何理智化一切的，以及这种分析的过程是如何为他们的写作注入活力的。在内心中，刘易斯认为基督教是一个真实的神话，这种想法将主导他有生之年的文学生涯。纳尼亚全集与科幻三部曲的背后也是这个原则。通过将基督与思维——神话的意义——相连,就好像他要先将宗教智化,只有在这之后,它才能成为情感、激情。

他与托尔金的交流标志着他们关系的新的强化,但具有讽刺意味的是,这也为他们后来友谊的破裂埋下了种子。托尔金真诚地希望刘易斯皈依天主教,甚至在两年后,他还在日记中这样记录他们的友谊:"除了不断给予带来快乐和舒适,这份友谊让我接触到一位诚实、勇敢、智慧的——学者、诗人和哲学家——还是一个爱'主'的人,尽管他经历了长期的朝圣之旅。"[1] 但是托尔金严重错误地判断了他的朋友。刘易斯没有去拥抱天主教,而是回到了他原来所信的爱尔兰新教的一个分支,而托尔金作为一个原教旨主义天主教徒,对此分支是非常反感的。当他帮助找到了神的人成了他的"敌人之一",而且他还是一个著名的英国圣公会教友,他们的友谊开始崩溃。

刘易斯也不喜欢天主教徒或天主教。他和沃尼经常把爱尔兰天主教徒称为"沼泽地里的爱尔兰人"。每当托尔金提到他的宗教虔诚或谈论那些在刘易斯看来很可笑的宗教仪式时,杰克几乎不能掩饰他的厌恶之情。

此外,因为他们都是作家,刘易斯的宗教转变对托尔金而言尤其痛苦。通过寻找到上帝、找到基督和成为信徒,刘易斯很快成为基督徒的辩护者,而且取得了非常高的声望,甚至超越了牛津这个地方。刘易斯出版他对宗教想法的书籍的速度以及他拥有的众多听众,都增

---

[1] 汉弗莱·卡本特:《迹象文学社:C.S.刘易斯、J.R.R.托尔金、查尔斯·威廉姆斯以及他们的朋友》(*The Inklings: C.S.lewis、J.R.R.Tolkien、Charles Williams and their Friends*),第52页,伦敦:乔治·艾伦出版社,1978年。

加了托尔金的痛苦。刘易斯的《朝圣者的回归》和《地狱来鸿》对托尔金来说，写得都很糙，也很花哨。公正地说，可能他觉得杰克没有给自己时间来弄清楚他的宗教观，他的想法没有经过任何沉淀就出版了。

刘易斯在 20 世纪四五十年代所写的在商业上取得成功的图书，包含了完全不同的特点，显示了不同的风格，但是每本书承载的主题都是使用寓言来描述他的宗教观点。这是托尔金非常厌恶的事情，因为他鄙视寓言文学。但也很有可能，即便刘易斯成了一个天主教徒，托尔金仍然会反对他的文学作品，但刘易斯作为一名新教徒作家而成名这一点激怒了他，他讥讽地说，杰克的皈依宗教有"不可告人的目的"。

但是在最初，刘易斯似乎不知道他朋友的不满。他以一种非常慷慨的姿态将《地狱来鸿》题献给了托尔金，在他个人送给托尔金的版本上，他还添加了一句："代以偿还一笔大额债务。"① 但托尔金并不是很喜欢这个故事，他也特别不喜欢刘易斯对基督教的一些基本内容开玩笑这一点。托尔金对朋友和同事表示了他的看法，他认为《地狱来鸿》写得很一般，但是不喜欢该书的更个人的原因是，在他看来，恶魔是真正地参与宇宙之中的神秘力量，在这个问题上玩文字游戏是危险的。

然而，托尔金最大的蔑视留给了刘易斯最有名和最成功的作品——《纳尼亚传奇》。从 1949 年春天开始，刘易斯在迹象文学社的聚会中开始朗读其中部分内容。在此前的 10 年间，参与者一直着迷于

---

① 该句英文 "in token payment of a great debt" 中运用了谐音双关 Tolkien。

托尔金所朗读的《指环王》，他已经将人物从霍比屯逐步带到了莫多尔的区域，但现在刘易斯在以惊人的速度撰写神话故事，很多时候，他那冗长的段落是在几天内写就的。这样的轻率创作是托尔金不满的一个原因，另外，他也不喜欢故事本身，发现其中充满矛盾和不一致的地方。他用严格的标准对待自己的创作，他同样也期待他的朋友有同样的质量和诚信。

事实上，托尔金比其他迹象文学社成员更早听到过《纳尼亚传奇》的第一部《狮子、女巫和魔衣柜》。在1948年圣诞节假期即将结束之际，刘易斯在他位于默德林学院的办公室里给托尔金读他写的故事。托尔金一听就觉得不喜欢，并直截了当地向刘易斯表达了他的观点。他主要是觉得刘易斯的神话讲得很混乱。在同一个故事里，不仅有圣父，还有一个像基督一样的狮子阿斯兰。外加上女巫、仙女和海狸，这些都融在了一起。托尔金认为这是一种无意义的混合，是一场不折不扣的灾难。

让他们的关系变得更糟糕的是托尔金在迹象文学社成员的聚会中，丝毫不掩饰自己的态度，在朋友面前让刘易斯感觉很尴尬。最终，托尔金决定，在知道刘易斯要读纳尼亚的时候，他就选择不露面。刘易斯过去的一个学生，罗杰·朗斯林·格林在那时已加入迹象文学社，并听了一些刘易斯的朗读。后来，当托尔金在大街上碰到格林时，他开始谈论刘易斯。托尔金会说："我听说你一直在读杰克的儿童故事。你知道，这个是不行的！"①

---

①A.N. 威尔逊：《C.S.刘易斯传记》，第241页，纽约：W.W. 诺顿出版社，1990年。

除了刘易斯的写作速度让托尔金不满以外，还有更多的因素让这两个人的关系越来越冷淡。到20世纪40年代中期，刘易斯已经成为一位著名的作家。他的《地狱来鸿》已售出25万册，他的科幻小说在被重印，而且赢得越来越多的好评和国际认可。《霍比特人》已经给托尔金带来了很多，但现在托尔金还是要努力写续集，另外，他找不到感兴趣的出版社给他出版他本人最重视的精品《精灵宝钻》。而刘易斯出版了《狮子、女巫和魔衣柜》一年后，美国和其他发行商都蜂拥而至，上门请求拿到书的版权，这真是在托尔金的伤口上撒盐。所以，接下来发生的事情也不是什么巧合，1950年10月，每周四在刘易斯办公室里的迹象文学社的聚会停止了，大家在牛津的酒吧里偶尔聚聚，不再那么正式和频繁了。

还有另一个原因是，到20世纪40年代末期，托尔金已经开始怀疑刘易斯从他那里"借"了很多灵感。他认为，刘易斯在书中的一些想法是在重复他原来的想法，刘易斯只不过重新加工，还重新使用他的一些名字。有一个例子，比如刘易斯作品中的迪尼吉尔（Tinidril），在托尔金看来是他自己作品中伊迪尔（Idril）和迪努维尔（Tinuviel）两个名字的合成。在托尔金手里的那本刘易斯的《皮尔兰德拉星》上，托尔金写了这样的批注："一瓶陈酿？我希望如此！"（这本书现在收藏在伊利诺伊州惠顿学院马里恩·E.韦德中心。另外，有趣的是，《地狱来鸿》这本书中的魔鬼学徒沃姆沃德是早于托尔金《指环王》中萨鲁曼的间谍沃姆唐的。）

迹象文学社内部的一些因素也让事情变得更为复杂。首先，该俱乐部的成员中实际上只有一半的人写作，而其他人只是为了聊天和聚会参加这个活动。最初，这些不写作的成员被他们作家朋友的作品震撼。他们喜欢听杰克、托尔金甚至沃伦·刘易斯读自己所写作品的章节。沃伦在1948年创作了一本关于17世纪法国历史的书。但是，几年后，人们开始出现分歧。在一个难忘的小群聚中，大家坐在刘易斯的房间里听托尔金朗读《指环王》中的部分内容。他们都静静地坐着，喝茶、抽烟，懒洋洋地躺在沙发上的雨果·戴森觉得越来越无聊，他突然大叫："哦，又是精灵！精灵又来了！"

刘易斯交友广泛，偶尔遇到一个新人，他就会迅速变得非常兴奋，甚至会到英雄崇拜的地步。然后，他会尝试向他的老朋友们介绍这个人。在迹象文学社还很牢固的时候，他这样做过多次，但是对托尔金来讲，最让人头疼的是刘易斯第一次见到作家查尔斯·威廉姆斯的那次。几天之内，杰克告诉了他所有牛津的朋友，威廉姆斯是一个多么了不起的人。"如果你坐公共汽车去高街，"他对一个朋友说，"你在沿街行走的人群中会立刻挑出查尔斯·威廉姆斯来，因为他看上去是那么神圣，就像一个天使。"[①] 还有一次，他形容威廉姆斯是"一个长相一般、有着伦敦腔的男人。但是，听他讲话5分钟之后，人们就不会注意这些了，因为他的脸变得几乎像天使一般。无论是在公还是在私，在几乎所有我遇到的人中，他说话的时候是最为充满爱的。这简直是不可阻挡的"。[②] 这是刘易斯典型的过度评价，但威廉姆斯不是一

[①] 彼得·贝利所写的未出版的关于刘易斯的回忆录，汉弗莱·卡本特：《迹象文学社》（The Inklings），第120页。

[②] W.H.刘易斯主编：《C.S.刘易斯书信集》，第196—197页，伦敦：杰弗里·布莱斯出版社，1966年。

时而过的人物，他将很快挑战杰克对托尔金的感情。

三个人中，威廉姆斯最年长。1936年，第一次见到刘易斯的时候，他已经50岁了。他的教育经历相当曲折，刚开始，他拿到奖学金，在圣奥尔本斯文法学校学习，然后在1901年被牛津大学录取。他比刘易斯大约年长15岁。威廉姆斯是一个优秀且有前途的学生，但后来，他在大学只读了两年，因为他的父亲经济困难，他的家庭再也无法提供他继续求学的费用，所以他被迫退学，没有取得学位。之后，他在英国牛津大学出版社工作，并在业余时间写作。

威廉姆斯是一位非常多产的作家：到20世纪30年代末期，他已经出版了20多本书，包括小说和非小说类作品。他的小说之一《狮子的地方》（1931年）在出版几年后，吸引了刘易斯的关注，1939年，大约在两人认识3年后，威廉姆斯搬到了牛津大学，在那里，他（后来还有他的妻子和儿子）度过了战争岁月。从这个时候起，他开始经常去见杰克，并很在乎他的友谊和建议。他在1939年写给妻子的信中说到他的新朋友："我已经跑到了C.S.刘易斯的办公室……他很能喝茶，每天白日和夜里都会喝上很多。他会给我留一个盘子，上面有牛奶和茶，旁边还有一个电热水壶。"[①] 很让托尔金懊恼的是，威廉姆斯很快不请自来地参加他和刘易斯每星期一在东门宾馆的交谈。10多年来，刘易斯和托尔金都单独在每星期的这个时候一起度过。

杰克很快与威廉姆斯变得形影不离，他游说让威廉姆斯能被大学

---

① W.H.刘易斯主编：《C.S.刘易斯书信集》，第196—197页，伦敦：杰弗里·布莱斯出版社，1966年。

接受为正式讲师，尽管事实上，他从来没有被授予大学学位。尽管有来自各方的反对，他还是取得了成功（很大程度上要归功于战争期间，学校严重缺乏合格的教学人员），他后来在帮威廉姆斯获得牛津大学的荣誉硕士学位时，也起了重要作用。这也是刘易斯发起的另一个有违大学体制的行为，让校方很是恼火。

尽管有刘易斯的强力推荐——也许正因如此，托尔金与杰克的新朋友从未关系融洽过，但威廉姆斯被一些人认为是一个相当傲慢、自我的人，他在迹象文学社的聚会中总是如此表现，似乎要弥补他教育经历方面的不完善。托尔金当然不喜欢这种性格，同时，也不喜欢威廉姆斯的作品，特别是《亚瑟王》，一本讲述亚瑟王传奇的书籍。此外，他质疑威廉姆斯的宗教和哲学思想，认为其中有很多是截然相反的内容。威廉姆斯是一个矛盾的聚合体。他是一个虔诚的英国国教教徒，但又痴迷于神秘主义和超自然力量。他加入了神秘的组织：金色黎明之序，其成员有臭名昭著的阿莱斯特·克劳利，"伟大的野兽"；但是，到了周日他会去教堂，并做祈祷。他在哲学和精神这两个方面的兴趣使之在表达诗意时，显现出一种有趣的混合。但是托尔金自幼就不欣赏新教徒，他与一个对神秘传统、恶魔崇拜和黑魔法感兴趣的新教徒毫无共同之处。

更糟糕的是，威廉姆斯似乎有相当严重的施虐倾向。虽然，据说，这些从来没有真正发生过，但是在他的诗歌和小说中，有生动的描述。在一首名为《反基督》的诗歌中，他写道：

我心中满怀高兴

要毁灭她那可爱的头

用那些只带来轻微疼痛的工具。①

  当这种施虐倾向与他对神秘学的兴趣相结合时，却让他的文字有了更强的色彩。但是，他的一些朋友都觉得，威廉姆斯刚好能够控制自己的情绪，用一种强大的意志控制着自己黑暗的一面。

  要不是因为有刘易斯在中间，所有这一切都使托尔金和威廉姆斯难以成为朋友，但是，显然，托尔金感到忌妒和被威廉姆斯篡了权。关于他们的关系最好的说法是：他们互相容忍，熟悉后关系也没有改变多少。他们每周也许花了两个晚上在一起，一共持续了6年，但他们对于彼此始终没能互相信任，以至于只要有威廉姆斯在的时候，托尔金经常感到极不舒服。

  这一切似乎对刘易斯没有任何形式的影响。他被威廉姆斯前卫的性格吸引，又崇拜他的想法。值得注意的是，至少在年轻的时候，刘易斯自己也有虐待狂的幻想，两个人可以分享对奇幻小说黑暗面的共同感受，结果是在1945年，相差不到几个月，刘易斯出版了《黑暗之劫》，而威廉姆斯出版了《万圣节之夜》。

  奇怪的是，刘易斯似乎误解了他所有的朋友，包括托尔金，认为他们都喜欢威廉姆斯。"到1939年，威廉姆斯不仅成了我的好朋友，

---

① 查尔斯·威廉姆斯：《分离》(*Divorce*)，牛津大学出版社，1920年。

也成了我在牛津所有朋友的好朋友。"他写道。① 这篇文章由一位迹象文学社的成员与他的朋友在1947年，也就是威廉姆斯去世两年后，编撰在纪念文集《题献给查尔斯·威廉姆斯》一书中。对于刘易斯的一些朋友来说，确实如此，但是对于托尔金来说，绝非如此。在他自己保留的那本书中，他通过题注的方式清楚地表达了这一点（令人觉得很反讽的是，他在此书中也有撰文）。在书页的空白处，他写道："唉，不是的！在他搬到牛津住之前，我几乎就没有见过他。"

刘易斯不仅喜欢和威廉姆斯在一起，其创作也深受威廉姆斯的影响，他所写的《黑暗之劫》在很大程度上要归功于他这位朋友独特的想象力。一位评论家声称，这是"一本由C.S.刘易斯所创作的查尔斯·威廉姆斯的小说"。② 这其中也许有些夸张，但是该书确实受到威廉姆斯作品中创作与构建的那种稍微偏离、失衡的思维方式的启发。

这并不会令人太感意外。刘易斯作为作家的一个特点就是他下意识地从各个方面吸收养分。此外，威廉姆斯和刘易斯之间的谈话也给了威廉姆斯很多写作的灵感，特别是《万圣节之夜》和《狮子的地方》这两本书，从中都可以看到一些痕迹。

托尔金对于刘易斯的热情经常是抵触或完全忽略的，他认为刘易斯是一个爱动情的人，也不太善于判断。而他自己对于精确，特别是纸稿上的精确要求极高。当托尔金与刘易斯的友谊降到冰点时，在评价威廉姆斯时，他的怨恨很痛苦、也很真实。多年后，在威廉姆斯和刘

---

① C.S.刘易斯：《题献给查尔斯·威廉姆斯》（*Essays Presented to Charles Williams*），牛津大学出版社，1947年。
② A.N.威尔逊：《C.S.刘易斯传记》，第174页，纽约：W.W.诺顿出版社，1990年。

易斯都去世之后,托尔金对一位记者说起威廉姆斯:"我读过他的很多书,但我不喜欢……我不太熟悉查尔斯·威廉姆斯。"①

有趣的是,很多牛津大学的人并不像托尔金那样反感威廉姆斯,相反,有些人非常喜欢他。威廉姆斯对妇女有巨大的吸引力,但是对于像托尔金这样的男士,却有些被排斥。奥登曾经这样说威廉姆斯:"我遇到了很多好人,他们让我对自己的不足感到羞愧,但是有些人,遇到他们后,我不是觉得羞愧,而是觉得自己变了一个人,不会再做任何卑劣或没有爱心的事情。"②遗憾的是,托尔金对这两位迹象文学社创始人的友谊没有好感。

随着迹象文学社的衰退,刘易斯基本上在独自支撑着大家的活动。他会经常看到托尔金,但二人都很温文尔雅地对待对方,过去那种友谊的火花不再燃起。刘易斯仍旧会继续表扬和鼓励托尔金,甚至到1949年,他还在督促他的朋友将《指环王》写完并出版。当此书在1954年和1955年以三卷本的形式出版后,刘易斯尽一切可能帮助宣传该三部曲。他那种公开的表扬甚至引起了愤世嫉俗的评论家和记者们的怀疑。

刘易斯在《指环王》的封皮上写道:"几乎可以肯定地说,这本书前所未有。"③对此持怀疑态度的一位评论家——埃德温·缪尔,在《观察者》上回应道:"这本了不起的书一出现就处于劣势,只有一部

---

① 亨利·S.瑞斯尼克:《尼卡斯》,第18卷,第43号。
② 汉弗莱·卡本特:《W.H.奥登》,第224页,伦敦:恩温出版社,1981年。
③ C.S.刘易斯,牛津大学博得雷恩图书馆,MS.Eng let., C220/5 fol.77。

伟大的杰作才能够从这种狂赞的内容介绍中幸存下来。"① 令托尔金和刘易斯感到不安的是，后来缪尔成了该三部曲最高声的批评者之一。

　　现在回想起来，刘易斯和托尔金的友谊带着忧伤的色彩。这两位非常相似的男士几乎注定要找到对方，并通过交流成长。但他们对很多重要的信仰问题有着十分不同的意见，在处理问题上也采纳了完全不同且相互排斥的方式。他们的关系在无语的苦涩和压抑的怨恨中结束。也许，他们友谊终止的最大悲哀是，在友谊持续的时候，两个人都因此而变得更好。

---

① 埃德温·缪尔:《观察者》，1954年8月22日。

第八章
从战争到欢悦

刘易斯经历了一场很好的战争。在很多方面，它是刘易斯生活中最幸福和最有成效的阶段。在这些年中，迹象文学社是最活跃和相互鼓舞的阶段，在这段时期，刘易斯的奇幻小说写作生涯开始腾飞。然而，如果考虑他整个生命的弧线，我们要弄清楚，从战争爆发到1950年的10年间，刘易斯的生活可以精确地被划分为两半——一半是快乐的时光，另一半是乏味的时光。战争对刘易斯而言是新鲜的，但随之而来的是沮丧和羞愧。

虽然英国在1939年9月3日对德宣战是令人不安的，但是刘易斯认为，这是一种必要的恶。他的哲学是务实的：他认为，伤害他人是错误的，和平生活是正确的。但是，他也相信，人们有必要为了更大的利益而努力，这是一种道德责任。因此，如果一场战争意味着伤害很多人，但会有更多的人被从暴政中解放出来，他们的生命可以得救或过得更好，那么，战争就是正当的。刘易斯认为，希特勒是邪恶力量的代表，他会给很多人带来伤害，因此，他必须被阻止，即使这种阻止可能需要失去很多无辜的生命。

很快，刘易斯开始害怕他会被征兵，因为在1939年时，英国政府设定的征兵年龄范围是从18岁到41岁，他恰好在适龄阶段。但是，他并不面临真正被征兵的危险，因为他只在第一次世界大战期间当过士兵，所以他并没有特别的参战经验；此外，还有一点让他非常不适合入伍——他严重超重。然而，沃伦·刘易斯曾经是一个多年的职业军人，虽然他在1932年12月就退伍了，但是当战争开始的时候，他被召回军队继续服务。

在战争的第一年，沃伦最初被分配到约克郡的卡特里克，然后在法国北部待了6个月，在那里，他被暂时提拔到了少校军衔，直至他被命令从敦刻尔克撤回英格兰。在整场战争中，他一直处于待命采取行动状态，而从未真正上过战场作战。这是非常有运气的事情，因为在1940年的时候他45岁，身材甚至比他的弟弟更糟。

对于回去参军一事，沃伦是非常不开心的，他从来没有谈过他在法国的经历，也没有在日记中记录此事。结果，关于他生命的这个时期的大部分内容是不清楚的。我们只知道，因为酗酒的问题，大部分时间他在军队医院中进进出出。他至少超重三英石[①]。相较而言，杰克在战争期间试图使自己有用，同时身体没受多少苦。沃伦是桑赫斯特皇家军事学校的毕业生，被期望表现出一种适合高级军官的行为方式，要管理好自己和他的同伴。

杰克确实要关心他的哥哥，这不仅仅是因为他很清楚沃伦的弱点和脆弱性。在和平时期，沃伦就经常让自己处于危险之中，而在法国，

---

① 英式重量单位，相当于14磅或6.35公斤。——译者注

他还要面临更多的外部危险。在杰克看来，沃伦真的完全不适合这份工作。

对于他自己而言，杰克想要参与战争，但最好不要太受身体之苦。他对军方提出的第一个方式是帮助训练军校学生，但是被拒绝了，因为他的军事经验有限，身体素质又很差。不久之后，军方给他提供了一个在信息部服役的职位，但他拒绝了，因为这份工作涉及写作宣传资料，而他认为宣传资料通常都是谎言。从道义上考量，这是他不能做的事情，所以最后，像很多其他中年学者一样，包括托尔金也是如此，他自愿服务于牛津地方志愿兵团。

有一段时间，当英伦半岛处于可能被入侵的危险中时，地方志愿兵也被赋予了重要的任务——警惕间谍或参加更高级的军事组织。至少有一段时间，刘易斯喜欢在此事中发挥他的作用。他需要与该营的其他三名成员一起，每周一天，在早上 1:30 到 5:30，在牛津的一个预先指定的地区内巡逻。通常是在迹象文学社的聚会结束后，他的朋友们都回家睡觉了，他会扛上步枪，拿上一些晚上早些时候做的三明治，在指定区域内搜寻可疑的东西，工作期间，他会抽支烟，并和同伴聊聊。

尽管听起来很无聊，也走得颇累，但是在刚开始，这份工作对刘易斯而言是相当有启迪性的。他喜欢早晨，喜欢寂静和停电期间的漆黑一片。他觉得在地方志愿兵团遇到的其他人都很聪明和聊得来，但他也很喜欢静静地坐在那里，抽烟或看日出。正是在这些漫长的孤寂中，没有什么可以打断他的思路，他写出很多短篇，它们最后出现在

第八章
从战争到欢悦

《地狱来鸿》之中。该书的背景是战争期间的英格兰，人物就是那些日常的空袭警卫者。

刘易斯很快意识到，战争将改变很多事情，他也很快地改变，以接受这种变化。在战争开始不到两个星期时，他写信给他在贝尔法斯特的朋友亚瑟·格里夫斯说："对我个人而言，战争到来的还真是时候：我刚刚开始我的职业生涯，很成功，甚至有些自满。"[①]然而这种说法似乎很奇怪，因为，在我们看来，在1939年时，刘易斯并不是完全成功的。当然，他是一位优秀的教师和学者，但是作为一名作家，他还没有真正做出成绩来。诚然，他已经出版了他的第一部科幻小说《沉寂的星球》，但这本书只得到了中等的好评。在当时，《地狱来鸿》和兰塞姆三部曲中的其他两本书以及最重要的《纳尼亚传奇》都还没写就。那个时候，刘易斯的生活要靠自己作为学者的那点微薄的薪水支撑，他几乎没有多少写作收入。

但也许他说的是有道理的。1939年，生活中，在很多方面他感到恬静、舒适。他有一小撮朋友，他住在一个大房子（基本付完了房款）里，他已经形成了一个安全的行为程式，他喜欢宗教信念的慰藉和奉献。在这样舒适的平台中，若是换了另一个人，可能很容易就让自己成为成功作家所需的热情和精力消沉了。

但是，从写作的创造力和作者的职业生涯角度看，刘易斯没有做任何此类事情，这就是说他享受了一场良好的战争的原因。他在此期

---

① 沃尔特·霍珀主编：《他们站在一起：C.S.刘易斯与亚瑟·格里夫斯1914—1963年的通信》，第485页，1939年9月15日信函，纽约：麦克米伦出版社，1979年。

间所写的内容，无论是小说还是非小说，都很适合当时那个时代。这意味着，他已经发展出一种风格，沉浸在他的宗教情感之中，这些都与刚刚发生在当代读者身上的情况奏出完美的和弦。其效果是，他不仅是一位卓有成效的学术型作家和相对不成功的小说家，而且他还成了大西洋两岸都认可和赞赏的评论员。

这种成功的关键是《地狱来鸿》。当他开始在《卫报》发表信件短篇不久后，一位有影响力的英国广播电台成员，宗教广播节目的负责人——詹姆斯·韦尔奇写信给刘易斯，问他是否有兴趣在无线电广播中试一试。

1941年8月6日，星期三，杰克在英国广播电台做首次实况广播，非常受欢迎。根据《无线电时报》中刊登出来的记录，这次谈话的主题是"正确还是错误：生命意义的线索"。广播立即吸引了100多万听众的关注，他们喜欢刘易斯温暖而轻微带有重音的声音。接下来的一周以及整整一个月里，每个星期三，他都做了广播节目。从英国广播电台收到的数千封信可以看出反响之巨大、听众之广泛。事实上，在第一次广播后，刘易斯就收到了很多信件，他不可能回复每一封，所以英国广播电台的人建议他在第二次谈话时，可以花一些时间来回答他的忠实听众提出的一些问题。然而，糟糕的是，这样做的后果是，在这次广播之后，他收到了更多的信件。

刘易斯谈话取得巨大成功的原因是他实事求是和直截了当的讲话风格。他没有一点自命不凡，而是用一种容易懂的方式讨论一件复杂的事情。无论是否认同，基督徒和非信徒都接受他说话的方式。他讲起话来令人信服而且听着舒服。

毫无疑问，英国广播电台对刘易斯的谈话也很感兴趣，在1941年8月到1944年4月，为他制作了4个系列。1942年1月广播的第二个系列，题目是"基督徒相信什么"，比第一个系列更受欢迎。同年7月的第三个系列，刘易斯选择的主题是"基督教行为"，结果有更多的听众收听此节目。等到他准备为英国广播电台做第四个系列的时候，英国广播电台决定先将节目预录制到留声机唱盘上，并在同一周后播出，这样使节目的时间调度更灵活。另外的一个好处是，录音副本可以在以后进一步出售。

刘易斯并不那么热衷于这种技术，并认为它可能会影响自主性的发挥。但是，这一系列还是非常的成功。很多人认为，这最后一个系列——"超越个性：基督教对上帝的观点"，是4个系列中最好的一个。

在1941年做早期系列的时候，刘易斯和他的出版商就很精明地将谈话内容重新包装，以书的形式出售。第一本《广播讲座》由杰弗里·布莱斯出版社在1942年7月出版，该书包括广播的前两个系列。第二本《基督徒的行为》在第二年春天（1943年4月19日）由之前出版《皮尔兰德拉星》的出版社出版发行。第三本《超越性格》在1944年秋天出版。每一本书都很快成为畅销书。

虽然刘易斯被要求反复提供更多系列的谈话，但他总是拒绝。他在高峰期停止做这个谈话节目很可能是正确的，实际上，这其中还有两个个人的原因，使他做出这一决定。第一个，他来不及回复来自世界各地的信件，这些信件的数量随着每一个系列的广播而成倍增加。第二个，他认为自己已经对一个普通的听众说了一切自己能够说的话，他不想重复自己。

还有一个事实，刘易斯认为，他自己开始"太受欢迎"了。我们必须记住，他虽是一个跨越了大众写作和做学术两个非常不同世界的人，但他从来没有很轻松地平衡这两方面的生活。40多岁的时候，他已经有了自己根深蒂固的想法。他一直是一个比自己年龄更成熟的人，与常规生活方式不一定在一个频率上，随着年龄的增长，情况更是如此。从本质上讲，刘易斯是一个精英主义者，但大部分时间他成功地消除了这种特质。在很多方面，他不喜欢20世纪的生活，他讨厌广播和电视的到来。他之所以接受英国广播电台的邀请，在广播中做谈话，是因为他相信他可以通过这种方式接触大量听众，而这是他作为基督徒的义务。他不喜欢去伦敦，他讨厌首都。他不喜欢流行文化的几乎所有方面，从迪士尼到爵士乐，而且他会故意忽视任何形式的现代艺术、音乐、戏剧、电影和文学。他把自己封闭在高高的象牙塔之内，直到生命的最后一刻。

然而，在这一方面，刘易斯的生活面临一个令人觉得讽刺的扭曲现象。在很多学者的眼中，刘易斯是一个相对粗俗的大众主义者，他玷污了牛津大学教师的形象。他们瞧不起他在英国广播电台中的公众谈话，他们鄙视《地狱来鸿》和兰塞姆三部曲，他们更讨厌刘易斯的非小说创作。他的同事们普遍认为，宗教是一件非常个人化的事情，不应该被放在大庭广众之下剖析。在牛津以及更广泛的学术界，有一种声音认为，刘易斯在使严肃学者的工作变得廉价，正在侵蚀那个被谨慎构建的、将未受教育者排除在学院大门之外的知识堡垒。

更加令人觉得讽刺的是，在很多思想家和媒体人士正在摆脱宗教立场的时候，刘易斯的意见是唱反调，这使他被大部分知识分子和记者反对。刘易斯被看作一个守旧的基督徒学者，被当时很多激进的作家和批评家批判。当时，很多有影响力的媒体人物攻击和反对他。

他也有点意识到，自己在两端之间，但是他坚信，自己应该尽最大的努力传达观点，所以他继续写作和劝服他人。但是，他从来就不是一个传道人，也从没有试图欺骗他人相信他的信仰，但他是一位优秀的演讲者和有天赋的作家。抛开他的自然精英主义，他还有与人沟通的才能。他不能否认自己想要这样做的激情。

几乎完全是因为这个原因，在1941年，在他花了很多精力在英国广播电台上的同时，他同意为皇家空军的广播电台播录节目。这些节目并不都是完全成功的，在很多方面，也浪费了他的时间和精力。与皇家空军人员谈话的想法来自莫里斯·爱德华兹牧师，他相信刘易斯的文雅和温暖感很适合军人，无论他们是不是基督徒。刘易斯最初对此的观点是怀疑的，但他最终还是接受了邀请。

在牛津附近的阿宾登举办的第一次讲座，参加的人很少，这让刘易斯很是气馁，他几乎要取消其余的演讲行程，但情况逐渐改善。在一次空军基地的演讲中，他的听众有两三百位男女军人，效果很好。这也部分受益于在英国广播电台每个星期三的广播节目。

然而，整个活动，从1941年年初延伸到1945年春天战争的结束，还是让刘易斯的生活很紧张。虽然很多牛津大学的学生都在战场上战斗，但他还是有一些教学任务要完成，同时还要履行教师必须承担的行政职责。他还要每周三的晚上到英国广播公司做节目。到伦敦的行程就会用上他大半天的时间，他还需要另用一天去准备会谈节目。

1941年年初，当军方的牧师邀请刘易斯为军方做访谈时，刘易斯接受邀请的一个原因是经济上的需要。在这个时候，刘易斯的生活还是相当艰难的，他的教职和图书出版并没有给他带来很多经济收入，生活中的账单还是需要付的。1941年5月到8月在《泰晤士报》上连载《地狱来鸿》的收入已经被他给了出去，所以，在他的书还没有开始让他赚到钱之前，军方又为访谈付很高的报酬时，他还是很高兴地接受了。

然而，这种激励很快变得不那么重要了。随着4年间《地狱来鸿》《皮尔兰德拉星》《痛苦的奥秘》的出版以及英国广播电台系列图书的出版和取得的巨大成功，战争结束时，刘易斯突然变得相当富有。尽管他未曾有意识地做过任何规划，但是他在战争期间所做的一切开始合力发挥效能。英国广播电台的访谈推广了他的图书出版，并且每本书都将读者自然带到另一本书之中，刘易斯的职业生涯终于起飞。

大约在同一时间，刘易斯在为军人演讲时，也在全国播放。这期间，在牛津大学内部，他发现了另一个表达自我的论坛。一个自称为牛津苏格拉底的俱乐部，创始于1942年1月，其创始人邀请刘易斯加入他们。创建者是萨默维尔学院的一个学生——斯特拉·奥德温德，这个俱乐部原则上是一个标准的辩论社团，但是它的与众不同之处在于它专门从事宗教观点的辩论。这个每周举行一次聚会的俱乐部，邀请一位客座演讲者提出观点，然后大家一起讨论交流。刘易斯去过几次，想看看到底是怎样的一个俱乐部，然后就被彻底地吸引到其中，不到一个月，他成了这个俱乐部的第一任会长，之后，他很少错过这个俱乐部的聚会，直到1954年，他才放弃这个职位。

聚会的亮点就是刘易斯与客座演讲者之间的语言交锋，通常那位客座演讲者是一位不可知论者或无神论者。大多数时候，会有100多名学生和教师参加这一聚会，讨论会变得非常激昂，热烈的辩论是被高度鼓励的。对于刘易斯而言，这是一个完美的论坛，因为没有什么能比与自己所尊重的智者辩论更让他喜欢了。到1972年苏格拉底俱乐部解散之前，它曾吸引了一批非常杰出的客人，包括有影响力的科学家J.B.S.霍尔丹和康拉德·洛伦兹、作家多萝西·赛耶斯以及哲学家兼作家约瑟夫·布罗诺夫斯基。

这一时期可以说是刘易斯的第一波文学成功阶段比较美好的日子。第二波的到来是在1950年刘易斯出版《狮子、女巫和魔衣柜》之后。他取得了更广泛的名望和不同的名誉，他不再仅仅局限于只是一位撰写宗教思想的作家。但是，在这两个巅峰之间有一个深沟，一个充满个人困惑、痛苦和损失的阶段，这也带给他一种动力，从《地狱来鸿》转向纳尼亚的世界。

这段黑暗期开始于欧洲胜利日：1945年5月8日，这一天，在几个小时内，杰克最亲密的朋友和迹象文学社成员查尔斯·威廉姆斯腹部突然开始剧烈疼痛。他被诊断患有消化系统粘连并被安排住到阿克兰医院。该医院就在迹象文学社聚会的"老鹰与小孩"的北面。杰克知道威廉姆斯定于6月14日做手术，所以他在第二天早上去看望他的朋友手术效果如何，结果当他到达医院的时候，一名护士告诉他，威廉姆斯在几个小时前去世了。

沃伦已经知道了这个消息。在杰克刚出门赶往医院的时候，医院就曾打电话给杰克在默德林的房间，通知他这个消息。他的哥哥沃伦在听到这个令人震惊的消息后，直奔酒吧喝了一杯。沃尼选择去的是国王武器酒吧，坐下来，他意识到，就是在这个地方，他和威廉姆斯一起度过很多时光。威廉姆斯在牛津大学出版社工作一天之后，经常会来到这个酒吧与他一起喝酒。这种心情没让他感到丝毫解脱。沃伦在他的日记里写道："再也没机会和查尔斯一起喝酒了，没有更多的'老鹰与小孩'聚会了：黑幕已经降下，迹象文学社再也不会像以往那样了。"[1]

杰克被这个新闻震惊，他觉得"街道看上去都不同了"。[2] 走出医院后，他慢慢走到"老鹰与小孩"，在那里，他与其他的迹象文学社成员每周聚会。其他的朋友们都没有意识到威廉姆斯病得如此重，杰克脸色苍白、眼含泪水地对大家说出了这个令人悲伤的消息。

有些人认为，基督教信仰是为了帮助人们应对个人遭受的危机与

---

[1] 1945年5月15日，收录在韦德收藏品中，美国伊利诺伊州惠顿学院马里恩·E.韦德中心。
[2] 汉弗莱·卡本特：《迹象文学社：C.S.刘易斯、J.R.R.托尔金、查尔斯·威廉姆斯以及他们的朋友》，第204页，伦敦：乔治·艾伦出版社，1978年。

第八章
从战争到欢悦

悲伤，事实确实如此，基督教帮助杰克应对他的精神失落。他发自内心地认为，在他的一生中，威廉姆斯对于他和其他朋友来说，都是最亲近的。因此，杰克感到深深的痛苦，但他告诉自己，对他的朋友已被夺走生命的事实，他没有一丁点的抑郁或心怀怨恨。对他来说，另一个世界显得更真实，他看到不可避免的将会死亡的命运变得不那么恐惧和不可想象。在圣十字架公墓举行的葬礼上，他感觉威廉姆斯还在那里，没有走上他最后的旅程，还在望着他的朋友们。

在此期间，杰克从一位叫佩内洛普的修女（Sister Penelope）那里找到了精神的慰藉。该修女曾读过他写的《沉寂的星球》。她本身也是一位卓有成就的作家，曾撰写了20多本宗教书籍，笔名是"CSMV的宗教"，所指地点就是她所在的修道院——伯克郡旺塔奇圣母玛利亚教堂。

杰克将佩内洛普修女当作一个宗教忏悔的对象，在多封信中告诉她自己面临的问题，佩内洛普修女也会在回复中尽可能地给出自己的建议。不但如此，他们还交换书籍，并给对方的作品提出意见。她在刘易斯的生活中，特别是在他晚年面对诸多痛苦的时期，提供了很多精神慰藉。事实上，在刘易斯去世前不久所写的信件中，一封就是写给佩内洛普修女的，信中将其称为"信念中的姐姐"。

战争的结束也给"砖窑"带来了变化。房子里没有了伦敦疏散者的聚会，变成了比1940年以前更加安静和乏味的地方。詹妮变得越来越虚弱，她的精神状况开始恶化。这意味着，她往往是很暴躁的，不知道什么时候会发火，要求也愈发苛刻。杰克很宽容，想尽办法让她快乐，但沃尼从不会如此平静，也不会那么亲切友好，所以他与詹妮的关系变得越来越紧张。

当时，"砖窑"里的气氛经常是令人不快的。有时杰克在回到家之后，不是发现沃尼与詹妮又开始因为一点已经升级的琐碎事情互相不说话了，就是发现他的哥哥又冲出去到威士忌瓶子里找慰藉了。1945年后，沃伦的酗酒问题越来越严重，他的醉酒愈发频繁，他从"砖窑""失踪"也更经常了，这些都让杰克更加担忧。

沃伦最喜欢的一种逃避方式是去爱尔兰，在那里，他可以躲开他的弟弟和詹妮责备的目光。随着年龄的增长，他对自己的行径也会自我厌恶和倍觉无聊，但是又总会频繁地、更具破坏性地这样做。在战后这样的一次"逃避"过程中，他发现自己躺在了德洛格达的卢尔德圣母医院里。在这里，一群非常尽职的修女专门照顾他。这些修女确实非常尽心，一旦知道沃伦到了城里，她们就会找人到酒吧里寻找过量饮酒的他，在他喝得太多、进一步伤害自己之前，把他送到医院。

詹妮变得更加羸弱和不稳定，这需要杰克做得更多。詹妮很在乎她的狗——布鲁斯，当她出不了门的时候，她强迫沃尼出去遛狗。但是当沃伦已经擅离职守或喝得烂醉起不来的时候，这项工作就落到杰克身上，他不得不停下手头的工作，带着狗到周围散步半小时。这只是杰克要承担的家务中的一部分。很长时间以来，詹妮拒绝任何形式的女仆或管家的帮助。园丁兼杂工弗雷德·帕克斯福德（Fred Paxford）在他们搬到"砖窑"后不久就受雇在此工作了，但他的工作领域不能扩展到房子的内部，除非他要专门修复屋内的某些东西。

詹妮最终被说服，允许雇用一位叫琼·福乐莱特的年轻女士来帮助操持家务。从1942年到1945年，琼在"砖窑"工作，当她离开时（开始去接受演员培训），詹妮已经感觉到她的"不可替代"，杰克和沃伦也有这种感觉，因为她离开就意味着他们要再一次做家务和遛狗。

詹妮习惯待在床上叫杰克，或者如果她已经起来了，她会从房子里一些远的房间里大喊："酒吧男孩们！你们在哪里？"此时，杰克必须立即放下手中的笔或书，赶去看需要自己做什么。沃尼（曾自称在20世纪30年代中期就已经"退休"）会不断地埋怨詹妮提出的要求。而全职在家工作与写作的杰克则要设法保持他的好脾气。带着典型的坚忍，他曾写信给亚瑟·格里夫斯："如果一个人可以做到，最伟大的事情是不要被他'自己的'或'真实的'生活中不愉快的事情所烦扰。当然，实际生活中，人们通常将那些打扰自己生活的事情看作一个人的真实生活——那种上帝发送给每个人一天天要过的日子。"[1]

他也曾与托尔金感慨此事，因为托尔金也觉得生活中太多的家务琐事让他无暇去做自己喜欢的事情。托尔金曾经写了一个关于这种困境的故事，叫"小题大做的叶子"，描述了他们的处境，令刘易斯非常赞赏。故事的中心人物叫"尼格"[2]，是一位画家，痴迷于精练一幅他画了很多年的画。他知道自己的有生之年不多了，但是他仍在不断地被

---

[1] 沃尔特·霍珀主编：《他们站在一起：C.S.刘易斯与亚瑟·格里夫斯1914—1963年的通信》，第499页，纽约：麦克米伦出版社，1979年。

[2] 该英文单词的意思是"小题大做"。——译者注

打扰分心，到死也没有完成这幅画。然后，场景转换到了炼狱里，在那里他发现，这幅画已被重新创建，因此，他可以在到达天堂之前完成这部作品。

1947年至1950年的这段时间，刘易斯的经济状况有所好转，其作品得到的评价也很积极，他的生活有所放松。一方面，他继续在以与20世纪30年代同样惊人的速度进行创作，这让他的名声迅速扩大，1947年9月，他登上了《时代》杂志的封面，他的非小说作品成了最畅销的书；另一方面，在"砖窑"的生活处于最糟糕的阶段。

1947年6月，在爱尔兰单独旅行的沃尼嗜酒如此厉害，以至于他被迫花两个星期的时间在卢尔德圣母医院恢复。这对于杰克来说是尤其糟糕的时刻，更加剧了他的苦恼。那年夏天，默顿学院的英语文学教授大卫·科尔史密斯退休，杰克以为他会是主要候选人。多年以来，托尔金一直说，自己会成为默顿教授英语语言与文学的讲习教授，而他的朋友杰克应该成为学院的另一位英文讲习教授。然而后来，托尔金取得了这样的成绩，成了默顿学院的教授，而刘易斯没有得到这个职位，该职位最终给予了他的大学导师、研究莎士比亚的学者E.P.威尔逊。

虽然托尔金一直天真地幻想着自己和杰克可以在默顿学院占领两个英语讲习教授的职位，但刘易斯却从未得到这个机会。就他的学术野心而言，他在牛津大学管理层与有影响力人士的心中并不受欢迎，这将永远限制他。除了他具有明显优点的学术著作《爱的寓言：中世纪传统研究》以及《失乐园序》，他作为讲师、导师和管理者所取得的成绩，他的畅销书，如被看作彻头彻尾的科幻小说的《地狱来鸿》，这些都无法挽回地影响了刘易斯的形象。

另外还有一个小问题，那就是十多年前诗歌讲习教授的评选事件，这件事当然不会被牛津大学的人遗忘。还有令人不满的因素是，刘易斯被认为是一个爱争论、自以为是和偶尔粗鲁的人，永远不会是一个好的合作者。强大的牛津大学才不在乎你是否上了《时代》杂志（事实上，绝大多数人可能从未听说过这本杂志），而甚至那些最年迈的人，只要有他们视为对其犯下的错误，他们的记忆是惊人的长久。他们绝不会是宽宏大量的一群人，只要他们认为一个人有可能让教授的船翻掉，他们是绝不会让他成为教授的。

这个拒绝对刘易斯来说是奇耻大辱，让他感到极为震惊。他商业上的成功只是让他觉得满意的一个方面而已，他就像所有的艺术家一样，无论他们承认与否，得到大规模的认可是他们所需要的。但还有另一股强大的力量，就是他内心渴望得到他的学术同行的尊重，被给予相应的评价。他不明白为什么他不能两者兼得。他在写作取得声誉之前已经成为默德林学院的英语文学导师，而这个职位是永远不能从他那里拿走的。但一旦他进入创作领域和广播领域，他任何攀登学术高峰的希望都破灭了。

对于刘易斯而言，不幸的是，这次失败在一个对他来说特别不吉利的时刻到来，当时，他已经面临一种来自意想不到源头的信任危机。自从他第一次出现在苏格拉底俱乐部，他就开始发挥他的积极作用。那些被邀请去俱乐部的嘉宾通常是被尊崇的人士，他们在各自领域颇有建树，但刘易斯曾经在报纸上批评他们的文章或论文，也有的人其观点立场与刘易斯截然相反。

刘易斯最憎恶的对象是无神论者和科学家，他觉得很自豪的是，无论与什么样的学者或知识分子争辩，他每一次都能击败他们。至少，是他的很多支持者曾使他如此相信这一点。通常辩论会非常激烈，大部分学生听众都喜爱，不说别的，这样的聚会通常很有趣。

在1944年1月的一次聚会中，超过250名学生到礼堂听刘易斯辩论"被基督徒再审视"的观点，当时的嘉宾发言者是受人尊敬的不可知论者、哲学家兼作家C.E.M.乔德。当时，讨论如此热烈，乔德问是否可以脱下自己的夹克。当俱乐部创始人斯特拉·奥德温德问刘易斯是否也想这样做时，刘易斯告诉她，自己不可能这么做，因为他的衬衫上有个大窟窿。

另外还有一次，晚上的俱乐部论辩中，刘易斯的对手是一位相对主义者。该发言人结束他发言的最后一句话是："世界不存在、英格兰不存在、牛津不存在，我相信，我也不存在！"当斯特拉·奥德温德问刘易斯是否有任何答复时，他回答道："我要怎样才能对一个不存在的人讲话呢？"

大师刘易斯不可能总是赢的。而最令他感到持久的厌恶和耻辱的是，这个唯一在苏格拉底俱乐部赢过他的人是一位女士，还是一位基督徒。1948年2月2日，29岁的剑桥哲学家伊丽莎白·安斯科姆（Elizabeth Anscombe）询问是否可以与刘易斯辩论一个她将近一年来一直关注的问题。

她所关注的问题出自刘易斯的书《奇迹》，该书于1947年5月发表，之后不久，伊丽莎白·安斯科姆读了该书。在这本书中，刘易斯声称，上帝必须存在，因为自然主义是自我反驳的。他的观点来自一系列的推理。第一，他说，自然主义哲学宣传的一切都是相互关联和相互依存的，这种观点从本质上是反自由意志的存在和自由推理的。他这样想的原因是，如果有自由意志和自由推理，那么，它们会影响宇宙并阻止任何会发展为简单地相互依赖的事物。他继续推断说，如果没有所谓的自由意志或者自由推理，那么，科学与哲学中的信仰都是无效的。这当然就意味着自然主义（基于自由推理的哲学思想）的概念也是不可能的。接下来，刘易斯继续指出，如果自然主义是一个自我毁灭的概念，那么，超自然主义，即对万能的上帝的信仰，一定是宇宙中唯一有效的解释。

伊丽莎白·安斯科姆反对这个观点，而且她有很好的理由。她是一位现代哲学家，是维特根斯坦的弟子，并十分了解刘易斯所采用的是在1948年时已经相对过时的观点。那天晚上，有200多位刘易斯的追随者参加这一活动。在这场论辩中，伊丽莎白证明了刘易斯的观点有多么不堪一击。

伊丽莎白·安斯科姆运用维特根斯坦首创的语言分析法，说明刘易斯的前提完全基于他在论证中对用词的理解。他认为超自然主义信仰的出现只是因为自然主义似乎是自我毁灭的，这是一派胡言。她表明，哲学的理解可能不是基于刘易斯所遵循的黑格尔体系，即信仰等宗教思想是无法验证的，只有通过超自然主义才能理解。此外，维特根斯坦和其他学者曾明确说明,为了理性地言说与思考哲学,必须有一套大家达成一致的规则,这样互相交流的话语才能够被彼此了解。

这个简单前提显示出黑格尔观点的漏洞。但是,最重要的是,刘易斯的对手指出,如果他认为超自然主义能"证明"上帝的存在,那他就错了。她指出,任何超自然主义者必须从自然主义者的角度来接受数据,才能够将他们的论点放在桌上讨论。换句话说,如果事实如此(也不得不如此),那么,超自然主义必须也是一个自我毁灭的概念。

刘易斯在这场辩论中失败了。这一失败更加苦涩的一个原因是,他已经习惯用苏格拉底俱乐部论坛作为他膨胀的自我的展现地了。他的朋友和支持者试图争辩,这场辩论是一场平局,但刘易斯自己很明白。最痛苦的一点是,他已被迫意识到,他对哲学的理解是过时的。

有人可能认为,伊丽莎白·安斯科姆的有力辩论会改变刘易斯对上帝和基督教的信仰,但事实并非如此。这个时候的刘易斯,宗教信仰已经被不可磨灭地印在他的身体里,他不可能因为一场辩论就失去信心。很重要的一点是,尽管此事是令人不安的,但是刘易斯并没有因此而开始质疑他自己的信仰基础。相反,他做的是与写作有关的更有趣的事。他自我反省,将其痛苦和混乱感内化。

1948年2月以后,刘易斯从未再写过任何一篇宗教评论。他最后的宗教题材的书籍也只是关于悲伤(《卿卿如晤》)和祷告(《致马尔科姆书》)的。书中再没有分析,没有更多的推理与剖析。刘易斯反而将精力集中于最持久的创作、他的宗教寓言或"假设"(这是他喜欢的称呼）中:《纳尼亚传奇》。在注定要用余生来恢复的痛苦中,他回到了童年那种天真和绝对的梦想世界。

创作《狮子、女巫和魔衣柜》和其他纳尼亚系列图书给刘易斯带来了巨大的个人满足感和快乐。该系列给刘易斯提供了逃进梦幻境界的机会,他可以在清醒时分消失一段时间。然而,尽管这个避难所可能给他带来一时的解脱,但是现实生活的混乱是不可能被长期忽视的。1949年6月,刘易斯累倒了,他的朋友兼医生罗伯特·哈佛立即把他送往医院。在那里,医生发现他高烧,同时腺体肿大,哈佛认为,这对于一个50岁、体质一般、超重还心力交瘁的男人来说是很危险的。

沃伦听到这些后怒不可遏,因为多年来他一直在抱怨,杰克总是迁就詹妮。根据日记里详细且充满深情的记载,他冲到詹妮的房间,把她教育一通,要求她停止折磨他的弟弟,让他能够恢复健康。

在现实生活中,沃伦的长篇大论几乎可以肯定是浪费口舌。因为现在的詹妮已逐渐衰老,在他责备过后几个小时,她就会忘记这件事。同时,尽管他口里说着高尚的词,第二天,他也住进了同一家医院,这一次他酗酒如此严重,几乎成功地杀死了自己。最初,他在阿克兰医院接受治疗,但是因为他喝了太多酒,所以陷入了暂时的精神病状态。医生决定将他转到海丁顿的沃恩福德医院,一家精神病专科医院。在那里,他以惊人的速度清醒了。

20世纪40年代后期,"砖窑"不可避免地成了一座破旧的老房子,里面住着古怪的老人。莫琳在1940年结婚后,逃离了这个地方,虽然住在附近,但她很少回到这个地方。沃伦试图专心帮助杰克管理信件,同时撰写关于法国历史的书,但他时不时会产生剧烈的情绪波动。他有的时候快乐而清醒,有的时候因酗酒过度而濒临死亡的边缘。同时,詹妮的老年痴呆也给刘易斯兄弟俩带来压力,因为这一病症让她不时处于恶劣的情绪中,她会抨击身边的人。在很多场合,她变得无法沟通,但她还是在控制着这个家,用她各种无理的要求烦扰着家中的每一个人。刘易斯在此期间着迷于创作他的纳尼亚系列书籍就不足为奇了。

1950年的春天,即使杰克不得不承认,"砖窑"的生活越来越让人无法容忍,而他对詹妮一直很有耐心,充满关怀,但还是有必要将她送进养老院里。于是,她被送到牛津附近的一家养老院。她在那里住了9个月后,在1951年上半年去世。

收到詹妮去世的消息,杰克既觉得伤心,又觉得解脱。他当然爱着詹妮,但是他表达爱的方式,别人是不会真正理解的。正如先前讨论过的一样,他们之间关系的性质有多种阐释的可能,所有的结论都只不过是纯粹的推测。但是很显然,没有人像杰克一样深爱这个叫詹妮的女人,他将自己一生中最美好的时光送给了她,并全身心地投入。

沃尼显然对詹妮的死亡感到很解脱,对于弟弟与她的关系,他在日记中这样写道:"一直强奸着杰克的生活……我不知道她浪费了杰克多少时间。自从几年前她出了问题之后,我算了一下,单单为了遛她那只根本不需要遛的小狗,就已经浪费了我生命中5个月的时间。"①

在詹妮离开了他们的生活后，兄弟俩的关系比以往任何时候都更加密切。到1951年，迹象文学社已经走过了其辉煌的日子，变得松散，刘易斯深深地沉浸在纳尼亚的世界中。当詹妮去世的时候，他在写纳尼亚系列的第四本，《银椅》已经写了近2/3。她的去世也没有打断他的写作步伐。他要进入自创的温暖世界里，摆脱现实世界的纷扰。在纳尼亚的世界里，没有他不可控制的学术层次结构，也没有人会反对他。《纳尼亚传奇》中的女恶魔们，都被他的阿斯兰消灭了。在纳尼亚的世界里，那位年轻的女哲学家是不能摧毁他精致的论点的，也没有酒鬼哥哥会威胁到他完美的世界。

现实世界如此辛苦让他感到厌倦，加之另一个由他自己创造的幻想境界让他心烦意乱，刘易斯可能很容易又陷入自我隔离沉思的状态中。然而，虽然他还不知道，但是一个新生命的种子已经被播下了。1950年1月，在詹妮被送往养老院大概两个月前，他收到一封来自美国的一位女士的信件。她是他的忠实读者，希望与心目中的英雄保持通信。她的名字是乔伊，她正要改变他的生活。

---

① 1951年1月13日，沃伦·刘易斯的日记。

第九章
乔伊

乔伊·戴维曼是杰克·刘易斯最忠实的粉丝,一个文学追星族,一直追随着自己的梦中偶像,最终将其征服并嫁给了他。

在遇到刘易斯之前,乔伊并未与男人打过多少交道。她 1915 年出生在纽约市,名字为海伦·乔伊·戴维曼(Helen Joy Davidman),她的父母是俄罗斯犹太裔移民,名字分别是约瑟夫和詹妮特。这对夫妇相处并不融洽,他们的婚姻也不幸福。乔伊的母亲信奉犹太教,希望融入美国的生活方式,而她的父亲是坚定的无神论者和活跃的社会主义者。约瑟夫·戴维曼有些情绪问题,有时会变得非常暴躁和具有攻击性,像发了疯一样。乔伊要花大量的时间去努力安慰她的父亲,而结果是她非但没能成功地安慰她的父亲,自己反而还变得更神经质了。

乔伊的父亲对她产生的心理伤害的一个外在表象是,她与刚刚见面的人说话是相当困难的一件事。她的父亲让她从骨子里觉得,自己是不完善的,一定要弥补,所以她努力地工作、努力地将事情做到最好,但就是不能与他人进行所谓的正常对话和交流。她总是在对话中挑别人的毛病，试图占上风，所以尽管她是一位聪明伶俐的女士，但是她的不安全感表现出来的东西会让人觉得，她是一位说话鲁莽、近乎无理、毫无吸引力的人。一旦她将这些毛病去掉，她马上变成一个让人舒服的人，但是交朋友对她来说不是一件容易的事情。

乔伊在纽约亨特学院学习英语专业，然后住在城市里，并在哥伦比亚大学主修英语文学硕士学位，所有这些竟然在她21岁生日之前就都完成了。然后，她开始为报刊撰写文章，充分发挥了她的技能。1940年，在她25岁的时候，她发表了一部小说。小说的名字是《恩雅》(*Enya*)，故事来源于她小的时候，母亲讲给她的那些她与约瑟夫还没有离开俄罗斯时的日子。因为这部小说的力度以及她的新闻写作成绩，她被好莱坞的MCG公司招募做初级电影剧本编剧。

乔伊过得还不错，然后她遇到了她的第一任老公，比尔·格雷沙姆(Bill Gresham)，他曾经有过婚史，但已经离婚。比尔试过很多种工作，从记者到夜总会歌手，后来又报名参加1936年的西班牙内战，之后就一直进出精神病院。他沉迷于女色与酒精，游走于酒吧、赌场和妓院之中，说是在尝试创作"伟大的美国小说"。但他也确实很迷人、时尚，偶尔也很浪漫。乔伊爱上了他。

经过旋风般的浪漫爱恋，乔伊与比尔结婚，而且在短时间内，乔伊似乎让比尔的性情沉静下来。他们住在东22街区的一栋狭小的公寓里，很快就生了两个孩子。他们的大儿子出生于1944年，名为大卫，一年之后小儿子出生，名为道格拉斯。比尔努力写作，在1944年写出了恐怖片剧本《噩梦街》，然后被好莱坞看中，被以6万美元的天文数字买断版权,拍成电影,由影星缇龙·鲍尔主演。这使他们搬出纽约城,住到了布莱曾特平原优美的乡间。

但是不久之后,比尔开始大手大脚地挥霍钱财,乔伊还发现,他又开始追女人和酗酒。乔伊开始担心儿子们的安全,因为在比尔喝醉之后,他会变得非常暴躁,情绪不稳,开枪射击房顶,在起居室里让威士忌酒瓶横飞。

1947年,比尔突然离家出走,乔伊找不到他,他也没留下一句话,电话也不曾打过。尽管乔伊对他们的婚姻曾经感到过绝望,也很痛恨她丈夫的暴力行径,但是他的出走让她陷入了抑郁之中。据她回忆,就是在那个时候,上帝进入了她的生活。

乔伊皈依宗教的情形与杰克·刘易斯的情形有着惊人的相似。他们讲述的是一个相似的故事。上帝在乔伊需要的时候来到她的身边,而杰克是在艾尔伯特去世之后,感受到上帝在他生活中出现,那时,他在心智与情感的困惑中挣扎。与杰克一样,乔伊的"觉醒"是她生命中的重要时刻。最终,这样的经历让她走出了她与比尔·格雷沙姆在一起时的糟糕状态,将她引向了杰克,找到了生活的意义。

在发现上帝之后,曾经有过一个短暂时刻,乔伊甚至觉得这能帮助她弥补婚姻的缺陷。在皈依上帝后不久,比尔突然毫无解释地回到了家,与乔伊重新一起生活。靠着信仰的力量,乔伊甚至短暂地改变了她的丈夫比尔,到1948年年底,比尔也皈依基督教,与乔伊一起祷告,感谢上帝将他从酒精与女色中解救出来。

经过几年的洗心革面和虔诚信教之后,比尔又重拾恶习。这个时候的乔伊因为对基督的虔诚,已经找到了生活的新方向。她遇到了一位叫维克多·怀特的牧师,这位牧师在美国巡回做布道。乔伊马上被他的话吸引,在他的布道过程中,她被推荐读C.S.刘易斯的作品,因为牧师是从刘易斯的作品里获得的灵感。在一次布道结束后,乔伊鼓起勇气走上前去向怀特牧师寻求建议。她想知道怎样才能与作家刘易斯联系。

怀特牧师只是建议她给牛津的这位伟大人物写信,而且就他所知,刘易斯总会给他的读者认真地回复。于是,乔伊与刘易斯开始了长达两年半的通信历程,直至两人最终见面。刘易斯和沃尼在收到乔伊的第一封信时感到很欣喜,因为他们觉得她反讽的敏锐性是当时在整个美国都少见的。

对于乔伊而言,与刘易斯的通信成了一件鼓舞人心的事情,不久就成为她生活的中心内容。她充满期待地等待着来自英格兰的信件,然后会认真回复,越发觉得自己找到了灵魂上的知音。她向一位友人坦承,在见到杰克本人之前,她在心灵里已经与杰克"结合",很明显,在先前激动人心的通信阶段中,她就已经下定决心征服杰克。

至少在她自己的头脑中,这是一个神奇的时刻。她能够与世界闻名的基督教作家通信,而他的观点与她的是那样契合,而且他还会给她写那么充满智慧的信件,在这个世界上,除了她的儿子,没有什么比这个更重要了。但是,随着生活中这一方面的发展,她的日常生活变得越来越糟糕。到1952年夏季,她决定对此做些什么。她有一个表妹叫热妮·皮尔斯,刚刚与自己的酒鬼老公离婚,答应搬到纽约帮助她照顾孩子和家，这就让乔伊能够到英格兰去寻觅刘易斯。

当然，杰克对乔伊还是有一种自然而然的警觉，乔伊也很聪明，想出来一个这次离家出来的理由，这样不至于让她心中的英雄——杰克，觉得有任何过分之处。她在1952年9月到达牛津，她与杰克已经事先约好，在杰克喜欢的一个位于他学院附近、高街对面东门酒店的酒吧里见面。很明显，刘易斯对乔伊的目的很警觉，因为他劝说沃尼和他一起见乔伊，好充当"监护人"。他的哥哥拒绝后，他又找了他的学生乔治·塞尔参加此次会面。

根据塞尔的记述，这顿饭吃得很高兴，乔伊与刘易斯一见如故。在见面的最初时刻里，杰克就非常欣赏乔伊的伶牙俐齿和一针见血的睿智。很容易明白为什么刘易斯喜欢这个女人。在这个世界上，他最喜欢的事情就是辩论，而乔伊也有同样的爱好。与乔伊一样，刘易斯在与人交谈时也会攻击对方，而不屑于温文尔雅的闲聊。乔伊会更甚，她甚至会与人辩论得脸红脖子粗。她的语言会很粗野，所以她被完全地排除在牛津圈子之外——尤其是那些大学教师的太太们，因为她真是太聪明、博学、阅读广泛了，而且最重要的，她还是刘易斯的朋友。

沃尼在第一次见到乔伊·戴维曼之后在日记里的记录对此作了很好的总结。他回忆道："我需要一点时间来对她做出判断，她是一个犹太女子，或者说是一个皈依基督教的犹太人，身材中等，身形良好，戴着仿角质镜框的眼镜，相当的狂放不羁。我们第一次见面是在马达兰的午餐聚会上，她当着我们三四位男士的面，以一种相当自然的音调问：'在这座像修道院一样的建筑里，哪里有女厕所？'"①

乔伊比杰克小很多岁，但是因为她长得不是小巧迷人型，所以对杰克来说很有利。她能令他大笑，这是他认为最能吸引他的因素，她是那种不真正在乎美国的美国人。这对于从年轻时就开始非常反美的刘易斯来说非常有吸引力。他不喜欢大城市，而喜欢在乡间散步。她很犀利地批判美国的好莱坞与美国文学，喜欢英国的一切。最重要的是，她还是一位基督徒，一个发自内心信奉基督的人。另外，她这样的基督徒与刘易斯的很多观点一致，在很多信条与教义方面，她将他的立场看作自己的个人出路。从思想上说，他们两人是双胞胎，在第一次共进午餐之后，乔伊完全确信了自己下一步该干什么。

刘易斯似乎也对这位女士感兴趣，但是他对她的态度似乎没有她对他那么认真。在乔伊到访英格兰期间，他们继续不时地见面。他们会谈论她个人面临的问题、与家中丈夫的相处状态以及她应该如何对付他和保护儿子。杰克给她的建议都来自好的基督教义，至少在那个时候是这样，就像一个教主给助手提供建议，他没有感到与她有任何的情感联系，尽管此时乔伊的感觉是隐隐的强烈。

在1952年圣诞节前不久，乔伊回到美国，发现她的丈夫与她的表妹热妮有了私情。这对于乔伊来说不是一件令人感到震惊的事情，因为这么多年来，她已经知道比尔是什么样的人了。甚至很有可能，她是有意这样安排的——让热妮与她的丈夫有机会相遇。当初，她在离开美国去英国的时候，就已经下决心结束这场婚姻，她知道她丈夫的

---

① 沃伦·刘易斯的日记，第276页。

弱点,也知道热妮的困境。当她回到美国家中的时候,问题很简单,就是她如何处理这一团糟的情况。

到第二年的 11 月,乔伊已经安排好所有事情。她已经确保了儿子的监护权以及他们父亲的经济资助。然后,乔伊给自己和两个儿子买了三张去伦敦的飞机票。在她与格雷沙姆的婚姻正式结束后,乔伊开始了她最伟大的征程。

再次回到英国之后,乔伊很自然地不想引起任何怀疑,她也尽量向杰克表明,她与儿子回到英国是因为她的婚姻已经结束了。她需要改变一下环境,她不喜欢在美国的生活,而喜欢英国的生活,并认为她的儿子在英国会更快乐。而杰克非常木讷地相信她所说的所有的话。他已经像个准单身汉一样生活了很多年,但是他也了解自己对某些女士的吸引力。他甚至还遇到过一个跟踪狂。有几个月的时间,一位神智有些不健全的女士给他写了很多封越来越神经错乱的信件。他最后放弃了回信,而那位女士的信件仍然不断发来,最后他都懒得打开这些信了(他很容易认出这位女士发来的信件,因为她所写信件的信封上有红色墨水写的小字)。这样的反应让那位女士的情况更糟糕了。在停止与她交流后,他非常惊讶地收到她发来的一封信,声称他们两人已经秘密结婚了。第二天,他的跟踪狂出现在"砖窑"。刘易斯出去了,这位女士被警察带走。很可以理解,这一事件让杰克很小心掘金者或者怪异的粉丝,所以在乔伊回到英国的很长一段时间里,他总是在尽量避免和她联系。

不过,他们仍然保持通信。乔伊住在伦敦她朋友的家里,一家人偶尔会来牛津。乔伊和刘易斯有时会一起吃午饭，或喝些东西，然后他会礼貌地邀请她参加学院里的一些聚会。很明显，至少在这段时间里，乔伊是在努力争取，而刘易斯是在往回退缩。这从刘易斯朋友讲的一些逸事中可以看出来，尽管他们可能会出于不喜欢乔伊而有意夸大事实。其中一件很容易想象的逸事是，乔伊不止一次不先通报就来到"砖窑"，然后门房会告诉她杰克不在，而实际上他藏在楼上的一个房间里，透过窗帘的缝隙查看她是否已经离开。

尽管杰克有所担心，但乔伊不是一个跟踪狂。杰克很明显地开始对她真正感兴趣起来。他迟疑不前的原因是害怕自己将进入一种关系之中。他觉得这位来自美国的直爽、热情和非常聪明的女士确实很迷人，但是与她有联系后又能怎样呢？她仍然是已婚的，即便将这个与已婚女士建立一种关系的社会耻辱烙印忽略不计，他的宗教信仰也不允许他享受婚姻的浪漫，而且从长久来看，他们也不会允许他与一位离过婚的女士结婚。逻辑地想未来可能发生的事情，他认为自己也没有必要发展这一关系。但是当事情真的来临时，刘易斯也不能自控。

从某个角度来说，他们走近是不可避免的。乔伊是一位意志坚强且聪明的女士，她真正渴望和爱慕刘易斯。杰克是一个孤独的男人，除了写作以及他与沃尼的亲密关系外，他无处释放他的情感。另外，他是那种喜欢挑战世俗的人。知道他的很多朋友不喜欢乔伊让他更关注这件事，他有意地做与他们想法相反的事情。

尽管都已经想到了这些，杰克还是努力地争取达到目的。他在1953年邀请乔伊和她的两个儿子到"砖窑"和他以及沃尼一起过圣诞节。他很喜欢乔伊的两个儿子，但是仍旧与他们保持距离，很少与乔伊单独相处，只会邀请乔伊参加其他女性朋友也会出席的聚会。

这段时间，刘易斯还要为学术界的一些事情分神。1951年，牛津大学的诗歌讲习教授的职位又一次出现了空缺。这个职位就是迹象文学社在1938年时所争取的职位，那时他们成功地让亚当·福克斯当选。福克斯在任职期间做得不是很好，而他的继任者是更糟糕的莫里斯·鲍尔教授。这位教授在大学教师的圈子里是一位很有名气的智者，但是讲课时就变得很糟糕。1951年，牛津大学负责选举诗歌讲习教授的教师们希望选出一个更多彩的、真正的诗人为这一职位增添一些活力。

刘易斯是这个职位的理想人选。他是一位受人尊重的作家，一位很优秀的学者，也是一位称职的讲课教师。然而，他的敌人还在位，他们选了一个他的对手，一位传统的学者——塞西尔·戴-刘易斯担任了这一职位。

看起来，与他的追随者和朋友相比，刘易斯对这第二次参选教授的失败并不是那么在意。很可能，他本来就没打算申请这个职位，只是因为自己的亲密朋友认为应该如此，所以他就这样做了。他像往常一样，很快将此事抛在了脑后。到1954年，当乔伊与她的儿子在英国定居下来时，他在考虑一个更迫切的、令人激动的提议。

在那一年的夏天，杰克在剑桥的朋友在剑桥抹大拉学院设立了一个新的讲习教授和研究员职位，需要的是熟悉中世纪以及文艺复兴时期文学的专家。当然，这个职位在设立的时候就是将刘易斯考虑在内的。在之前的30多年里，刘易斯一直在牛津研究这一阶段的文学，另外，在此之前几个月，他刚刚向牛津大学出版社提交了他最为重要的、也是最厚的一本（700多页）专著，名字是《除戏剧外的16世纪英国文学》。该书出版于1954年9月，是"牛津英语文学历史"（Oxford History of English Literature）系列书籍中的一本。在着急的时候，刘易斯会将这个系列简称为OHEL。

杰克接到这个邀请觉得很荣幸，但是他也有些不知所措。他这辈子一直生活在牛津，不是一个可以轻易迁移的人。在战争期间，需要出行到英国广播公司电台去发布演讲，他都觉得这种跋涉是一件难事，他也从未想过，有一天，他会离开自己工作了30多年的学院。他还需要考虑沃尼。杰克知道他哥哥的难处。他知道沃尼就像10岁的孩子一样，根本无法照顾好自己。在想办法的时候，杰克想到将"砖窑"卖掉，用拿到的钱到剑桥给自己和沃尼买一处房子。但是除了考虑到这一大变动的经济因素外，他没有办法想象自己会隔断自己与这个已经工作生活了很久的城市之间的关系。

但是同样，这个职位太好了，不应该被错过。所以它所带来的问题只要能够令人满意地解决就好。杰克和沃尼最终想出的解决方案是：工作日时间杰克在剑桥工作，周五下午回牛津。这样一来，他就有周末和周一的时间来和他的哥哥在一起。他们住处的管理方式也有所变化。他们新雇用了一位管家米勒夫人，弗雷德·帕克斯福德要担当更多的工作，负责采买、清洁，不久后还成了一个很好的厨子。

1954年11月29日，杰克在剑桥做了教授上任演讲，题目是《时代描述》。他认为简·奥斯丁的时代与20世纪中期之间存在巨大的文化差异。该演讲是一场相当雄辩的演讲，有理有据，但是同时它也全面展现了刘易斯对任何他所不喜欢的东西毫不留情的批判习惯，尤其是他不喜欢的科学与技术的进步。对于他而言，旧的世界远比新的世界更优越，而科学导致了文化的退步而非进步。

在听完演讲之后，听众少有地起立为他喝彩。但是，现在再读他的演讲，不可否认的是，尽管它充满机智与新意，但是毫无疑问，在这个时候，他不可避免地陷入了他一生致力于反对的不讲原则、任人唯亲的偏颇之中。

刘易斯在做这样的演讲的时候，他对科技一无所知，毫不怀疑诗歌与科学之美。他没有意识到所有的物理及其分支，包括技术从大脑中产生的创造性就如同诗歌与画家的创造性。另外，他没有意识到科学激发创造，创造培育创新。这些概念是刘易斯从未想过要了解和掌握的，也许因为他在这方面的欠缺，他成了那种高度博学、很有天赋、善于表达，但是只能了解和欣赏人类才能某一方面的人。

随着他到剑桥担任全职英语文学教授职位的时刻越来越近，他越来越害怕这种想法。他突然开始为离开牛津烦恼，想到要习惯于一种新的作息规律和生活习惯，他感到很不舒服。另外，他也不知道人们对他的期望到底是什么，尽管他很高兴他不用再坐在那里听学生读那些平庸的文章，但他部分地认为，自己已经56岁，太老了，不该再经历这样的变化了。

他在剑桥被给予了一套房间，尽管条件不错，但是跟他在牛津工作了很久的那个办公环境相比较，就显得太光秃秃的了。在剑桥的朋友给他提供了一些物质上的支持，但是他们不用担心，因为杰克不是那种在乎周围设施的人。即便没有这些朋友的帮助，房间里只要有桌子、地毯、两把椅子和一张床，对于杰克来说就足够了。

杰克一直以来的生活就像苦行僧一样。做学生的时候，他还些许在意在哪里工作，那主要是因为他希望住在学院附近，能有同辈可以接受他。在詹妮·摩尔的影响下，他曾经努力以家为荣，但是在她去世之后，"砖窑"变得乱糟糟的，来访者会觉得那里很脏也很破旧。20世纪50年代，刘易斯家的客人、一位年轻学者第一次来这里时，非常震惊地发现房内没有任何的装饰和绘画，家具也都像散了架一样。同样，尽管刘易斯在牛津的房子由一位学院的仆役费尽心思打理得很干净，但是他写过的纸张堆积在地上，家具自从1925年以后就没有更换过，桌子上也都堆着纸张。

想想1955年的时候刘易斯不是很关心他的环境也是好事，他常处于思考之中，想着书中的情节以及接下来的学术征程。但是事实并非如此。刘易斯生活中第一次觉得自己没有了创作的灵感，结果是他陷入压抑之中。因为有很长时间是自己一个人待着，没有哥哥在旁边，这使得他更加情绪低落。不可避免地，乔伊会在这个时候来填补他的空虚。

乔伊到剑桥拜访杰克，在周末时去"砖窑"看望他。当她得知了杰克伤心的根源后，她向他提供了一些他之前从未想过、也不知道如何去回应的建议。乔伊知道，杰克有很多想法可以进一步加以创作，但是他需要被哄骗一下。正是在她的温和指引下，杰克完成了他的下一部小说《裸颜》。

　　这部小说讲述的是古代的丘比特和赛姬故事的发展。那个故事最初记录在《金色的屁股》中，作者是公元2世纪的诗人阿普列乌斯。这是一个关于爱、损失和自我，一个追求完美的智性之爱的故事。杰克总是认为，《裸颜》是他所写的所有小说中最重要的一部，在所有他出版的作品中，他也最珍惜这一部。然而，当这本书在1955年出版的时候，它让普通读者和批评家非常困惑，以至于它倒成了刘易斯最不成功的一部作品，现在已经被他大多数的读者所遗忘。

　　尽管《裸颜》在销量上和评论界中失败了，但是乔伊在其创作过程中发挥了重要作用，也正是这次合作才真正巩固了他们的关系。有一个事实很清楚，到1955年的夏天，小说完成之际，她已经有足够的信心把家从伦敦搬到牛津。她带着儿子，在海丁顿旧高街10号租了一处房子，距离"砖窑"不到1英里（1.6公里）。

　　不久之后，杰克完成了他的自传《惊悦》，书中有丰富的逸事和观点，但是几乎完全没有他生活中真正的个人细节。副标题是"我早期生活的形状"，但其实那只不过是一个大纲。从书中我们可以了解到刘易斯的学生时代以及他对教师和学习的感觉。我们会找到那些对他的智力产生影响以及改变和塑造他的文学与艺术的因素。但是，如果有任何读者希望找到更多关于刘易斯对其他人的情感线索，那他（她）会失望。虽然书中描述了他母亲的死亡以及接下来的日子是如何痛苦，但是他对父亲的回忆是残酷和片面的。此外，刘易斯几乎没有告诉读者任何他对他人的感情。我们几乎看不到哪里在描述他与沃尼的关系。而且令人吃惊的是，书中几乎没有提到詹妮，也没有多少地方提到杰克在第一次世界大战期间的经历。

对于很多人来说，这些惊人的遗漏使《惊悦》成了一本几乎没有意义的书。但是刘易斯这样写是有他的确切原因的。尽管他是一个难以表达自己情感的人，但只要是写小说，他就可以非常诚实地来描写他内心最深处的想法。通过使用这种方法，他可以表达他的痛苦和对乔伊的感觉。在试图讲述他的早年生活的传记描述中，他只能做到呈现一个干巴巴的故事，其中刘易斯的声音是缺席的，叙事是没有血肉的。

在写这本书的过程中，杰克也必须考虑乔伊的感情。在他修改最后草稿的时候，乔伊已经伏在他的肩头，与他分享文中的每一个字。因此，即使他能够克服自己头脑中根深蒂固的禁忌感，他也不会真实描述他与詹妮的关系、他早期的性想法或者他最私人的动机。

除了这种复杂的情绪因素以及乔伊的在场，另外一个因素是，到1955年，C.S.刘易斯的名字已经成了宗教和严格的基督教道义的同义词。这意味着他不能写一本透露他自己与詹妮任何亲密生活的内容的书。我们必须明白，20世纪50年代的英国社会还没有准备好对关于情感或性的坦诚。这本书中任何关于这些内容的真实展示都会毁了刘易斯作为一个基督徒辩护者的身份，也会使他的朋友感到非常尴尬。同时，这甚至可能损害他作为一位严肃学者的形象。

《惊悦》中情感强烈和亲密的部分是刘易斯对自己皈依基督教的

描述。这些内容给书带来了更大的吸引力，因为它们解释了刘易斯创造力与灵感的来源以及他从20世纪30年代初以来的创作推动力。也正因如此，这本书受到了市场的欢迎，同时也得到了媒体的好评。

具有讽刺意味的是，如果该书再早出版一两年，它也会给刘易斯的声誉带来不好的影响，因为对于那些鄙视刘易斯的顽固学者而言，这本书对于宗教觉醒的坦诚描述会让那些人贬低刘易斯。这也许解释了他为何延期写这本书，因为在1955年写的这本书远远超出了带偏见的牛津同行的理解能力。

很快，乔伊和杰克变得几乎密不可分。杰克帮助乔伊支付了她所租房子的租金，并资助她的儿子们上学，因为乔伊付学费的难度越来越大。1955年的夏天，杰克和乔伊几乎每天都见面，如果没有乔伊在旁边，杰克很少出现在社交聚会之中。

刘易斯在牛津的朋友对这个新情况的态度分成两个阵营。有些人，像他之前的学生乔治·塞尔，欢迎这种关系。他的妻子——莫伊拉也喜欢乔伊。沃尼也开始习惯了有她的存在，他高兴地发现，乔伊对法国历史有惊人的了解，而这正是他的专业方向，这一点巩固了他们的关系。

另外一些人对这位来自美国进入杰克生活的女人并不满意。托尔金就是其中之一，他在20世纪50年代与杰克形影不离，但是他根本不喜欢乔伊。他强烈反美，而像杰克一样，他有一些厌女症倾向。他不喜欢乔伊的直率，认为她举止粗鲁。除此之外，他对她有着深深的怀疑。他也会忌妒，虽然他将此伪装成（诚然如此）他认为杰克与一位离过婚的女士联系到一起是错误的。

具有讽刺意味的是，托尔金的妻子伊迪丝很喜欢乔伊，两个女人成了好朋友。而相比之下，在认识伊迪丝这30年的时间里，杰克几乎没有和伊迪丝交流过。每当他到托尔金位于北牛津诺斯莫尔路的家拜访时，他和伊迪丝都感到不舒服，所以他们之间的交流除了问候，再没有任何其他的内容了。托尔金当然知道这一点，在迹象文学社的早期阶段，伊迪丝经常讽刺说，他的这位朋友很少鼓励家庭和谐。对伊迪丝来说，她的大部分婚姻生活是很苦闷的。她与大多数其他学者的妻子相处得并不融洽，总感觉自己在智力上低于她们。但是有了乔伊·格雷沙姆，她感觉到可以放松，因为她不用对抗周围这些夫人们的势利和隐隐的恃才傲物感。

在20世纪50年代初，伊迪丝和托尔金与乔伊·戴维曼和刘易斯之间的四角关系形成了一种有趣的状态。托尔金不喜欢乔伊，所以在她面前显得很谦谦君子。伊迪丝喜欢乔伊，但与刘易斯相处得不和谐。杰克和托尔金不再是亲密的，他们之间的不满情绪在不断增加，但与此同时，杰克和乔伊的关系却越来越紧密。

在乔伊回到英国两年后，杰克不再在乎他一些朋友的想法，因为他知道，自己已经爱上了乔伊。更多的问题是这种爱给他带来的一种情感和宗教信念之间的冲突。他知道，他既不能与乔伊结婚，也不能让她住在"砖窑"里——这会把他带入一种不可解决的困境中。如果没有后来偶然出现的时机，这个困境可能已经发展成为杰克的一个真正的情感危机。

为了能让她和她的儿子留在英国，早在1956年，乔伊就已申请了签证续期，但英国内政部拒绝了她的申请。情况变得清晰，她留在英国的唯一办法是嫁给一个英国人。她不愿告诉刘易斯，或给他施加压力，所以她有一段时间没有说出来。直到她离开该国的最后期限越来越近了，她觉得该把这个消息告诉杰克了。

刘易斯也在沉默中挣扎，因为他要面临他对乔伊的感情难题。在给亚瑟·格里夫斯的信中，他一直在权衡此事，并试图解决这个问题，但他自己不停地碰壁。宗教法律对此事的规定很清楚。基督教宗认为，离婚是人的一个错误观念，它并不能真正解除婚约，这就让乔伊在比尔·格雷沙姆有生之年永远不能摆脱这种关系。因此，在英国是没有牧师会为一个离过婚的人证婚的，所以这种婚姻只能是俗世的，但如果不在上帝面前得到赞同，刘易斯是无法安心的。

然而，刘易斯不得不采取行动。所以，1956年4月23日，他和乔伊在圣吉尔斯"老鹰与小孩"附近的牛津登记处登记结婚。这件事情进行得很平静，只有两个朋友作为证婚人出席，一个是杰克的医生兼酒友罗伯特·哈佛；另一个是刘易斯认识多年的牛津神学家奥斯丁·法勒。他们也没有在报纸上宣布结婚，所以在刘易斯的朋友圈中，甚至没人知道他们已经结婚。直到1956年平安夜到来之际，在他们结婚8个月后，夫妻俩在《泰晤士报》上刊登了简短声明，杰克的密友们才知道他已经结婚了。

对于托尔金而言，刘易斯的这种做法加快了他们之间友谊的破裂。对于只能从报纸上知道、而非被亲自告知婚礼一事，托尔金感到非常不满，但最核心的内容是刘易斯的行为是不合宗教教规的。对于一个像托尔金这样的正统天主教徒而言，杰克犯了严重的罪过。出于宗教义务以及他作为朋友的责任，托尔金假装婚姻没有发生，并回避杰克和乔伊。对于像托尔金这样有宗教信仰的人而言，一旦涉及上帝的律法，那是无变通可言的。

在这场婚姻的前6个月里，杰克和乔伊都很高兴。杰克并不认为从严格的意义上来说，他们的婚姻是存在的，因为他们只通过了俗世的形式结合；正因如此，他坚持认为乔伊与大卫和道格拉斯应继续住在她在海丁顿租的房子里。不过，到1956年夏秋交替之季，一个新的个人危机打破了这对夫妇临时的田园诗状态。

1956年9月，乔伊开始感觉到腿部的剧痛和异常的疲倦。她曾告诉过杰克这些症状，但是两个人都觉得这是因为风湿的问题，并希望这个问题很快消失。10月初，在杰克开始准备大学新学期的开始时，他并不知道，他和乔伊的生活将会发生巨变。

在疼痛数周、腿的情况越来越糟后，乔伊咨询了医生。第二天，她在温菲尔德·莫里斯骨科医院在牛津的门诊部做了一系列的X射线检查和测试。一周内，她得到了可怕的消息。她的左大腿得了骨癌而且股骨已经破损。她左胸还有一个恶性乳腺肿瘤，右腿和肩也有肿块。

杰克措手不及，就在他似乎达到某种个人幸福的那一刻，他的世界又被颠覆了。整个1956年冬天到1957年春天，乔伊都在进行手术以去除肿瘤，并采纳当时能运用的初端疗法控制病情的恶化。她避免了整个乳房的切除，手术是在尽可能避免创伤的情况下取出肿块，但是她的左股骨部分被切除，双侧卵巢也摘除了。

因为癌细胞是从她的大腿传播出来的，这是一个不好的迹象，所以医生们并不乐观。他们能做的唯一的一点，就是等待，看手术和治疗是否有效。但到1957年2月，检查表明，乔伊的情况在逐步恶化。

这个巨大的打击越发增进了杰克和乔伊的感情。"乔伊生病后，我更加爱她了。"他是这样告诉亚瑟·格里夫斯的。[1] 关键是，这让他再次考虑他与乔伊婚姻的复杂问题。随着她的病情一天天恶化，杰克被迫与他的信仰冲突进行搏斗——教会的规则还是他爱的规则？他在努力寻找一种方法让他的婚姻合乎教法，同时又不打破教会的法规，因为他的生活和他的写作生涯都建立在此之上。在和他最亲近的朋友亚瑟·格里夫斯和罗伯特·哈佛交流之后，他发现自已得到的建议是如此矛盾和不可判断，于是，他基于知识分子的立场来分析这模糊不清的事态，做出自己的决定，并采取了行动。

他们争论之后，杰克组织了一个关于乔伊与他婚姻的祝福仪式。教会声称，婚姻并不会因为离婚而结束，如果离婚一方在前配偶去世之前再婚，这一婚姻是通奸和重婚，会让他们的灵魂处于危险之中。杰克指出，比尔·格雷沙姆在和乔伊民事结婚前，已经结过婚，又离过婚。因此，他和乔伊的婚姻本来就不是合法的婚姻。这就意味着他和乔伊并没有通奸，因为，根据教会法典，乔伊首先就没有结过婚。杰

---

[1] 沃尔特·霍珀主编：《他们站在一起：C.S.刘易斯与亚瑟·格里夫斯1914—1963年的通信》，第542—543页，纽约：麦克米伦出版社，1979年。

克宣称，教会不能两者皆可。

1957年3月，乔伊的医生给了她一个可怕的预测。他们认为，她的生命充其量只剩下几个星期的时间了。听到这个消息，杰克的一个非常值得信赖的朋友——彼得·柏德（Peter Bide）神父为他们证婚，他赞同杰克关于婚姻的分析。

杰克、沃伦和柏德在3月21日围绕在乔伊的病床周围。柏德神父做了弥撒和圣餐仪式，然后宣布两人婚姻的神圣性。沃伦这样记的日记："谁要是对于乔伊这样勇敢的人表示怜悯，那简直就是一种侮辱。"① 仪式场面充满悲怆之情，但杰克和乔伊认为，这是一场庆典。

乔伊的儿子道格拉斯在多年之后写文章时，更是夸张幽默："世界上活着的人中，从未有过哪两个人比杰克和乔伊更加相爱。"② 即便如此，显而易见的是，夫妇俩坚定地爱着对方，他们的爱非常深、非常真诚，所有认识他们的人都可以清楚地看到。

但是，医生们似乎误判了情况。乔伊并没有像他们预言的那样去世得那么快。事实上，婚礼仪式后，她的病情开始明显好转。医生对突如其来的变化感到很惊讶，而杰克自然担心这是否是真正长久的，但是他也不由得感到激动和充满希望。

4月，乔伊离开医院，搬进了"砖窑"。几个星期后，她可以利用拐杖支撑，在房子周围慢慢地行走。到当年年底，她走几百码都没有问题。

---

① 沃伦·刘易斯的日记，第246页。
② 道格拉斯·格雷沙姆：《我与乔伊·格雷沙姆以及C.S.刘易斯共度的童年生活》，第127页，加利福尼亚州，旧金山市：哈珀出版社，1988年。

杰克自然认为这是一个奇迹，但是关于乔伊康复的故事还有一个奇怪的经历。刘易斯相信转换替代理论，他坚信，如果他的祈祷足够强烈，他可以承担乔伊的痛苦，她则会减轻同等量的痛苦。杰克很认真地祈祷。到1957年夏天，乔伊恢复了健康，杰克却生病了。这种明显的症状转移最终缓和，到1957年年底前，乔伊的病情趋于稳定。

很多人都写了关于杰克和乔伊的转换经历，但是写的人几乎总是那些杰克的虔诚的基督徒追随者。因此，毫不奇怪，这些人都会毫无条件地记述这样的过程。乔治·塞尔在《杰克：C.S.刘易斯的一生》中说："乔伊与杰克享受了3年零4个月的婚姻生活。虽然他们往往都经历着身体的痛苦，但这是他们生活得最快乐的时期。祷告使之成为可能——祈祷和自我牺牲。"① 经过多年的经历，杰克毫无异议地宣称："最耐人寻味的事情是，当我的骨骼（没有明显原因地）失去钙质的时候，最需要的乔伊的骨头里却在生成钙质。"② 然而，从客观的角度来看，很容易明白，神的介入可能并不是最好的合理解释。

我们要知道，杰克当时也承担着巨大的压力。不久之前，他刚刚接受了在剑桥大学的一个新的职位，这将使他被迫改变生活方式，会让他感到不安。当然，他会被乔伊的急病打击，但是到20世纪50年代末，他的写作生涯也开始走下坡路。他最新的小说惨败。他再也没有能力写出可以媲美《纳尼亚传奇》《地狱来鸿》或《黑暗之劫》的书籍。最重要的是，他要面对一个事实，那就是他所爱的女人仍身患

---

① 乔治·塞尔：《杰克：C.S.刘易斯的一生》，第369页，纽约：哈珀出版社，1988年。
② C.S.刘易斯写给谢尔登·范奥肯的信件，谢尔登·范奥肯：《一种严肃的怜悯》，第227—228页，纽约：哈珀出版社，1977年。

第九章
乔伊

重病，并随时可能走向死亡。在这个时候，他肯定已经感觉到不适和疲惫。

除此之外，还有另一个需要考虑的因素。那就是与乔伊的婚礼。通过智慧的武器，杰克已经在论证中获胜，让柏德神父为他们证婚，但是在内心深处，虔诚带来的愧疚仍然令其感到煎熬，因为尽管他已经说服自己和他的牧师朋友，说教会不能左右逢源，但是他内心仍然还有一部分让他质疑自己是否做了正确的事情。一个挥之不去的疑问是，就像托尔金所认为的那样，他犯下了可怕的罪行。

这种内疚感是一种强大的力量，煎熬着他的心灵。借着祷告来承担乔伊痛苦的同时，刘易斯实际上在试图通过祷告来缓解自己的内疚，并接受上帝的处罚。事实上，他让上帝惩罚他，在这样做时，他相信他可以减轻乔伊的痛苦。

不管原因是什么，乔伊真的感觉好多了。有两年半的时间，她的症状缓解，她和杰克进入了他们的生活中最快乐的时期。在此期间，他们作为丈夫和妻子生活在一起。刘易斯不再需要掩饰自己的感情，他也不在乎别人怎么想他们的关系。当乔伊稍微好了一些后，他们决定，他们要充分享受生命中剩余的时间，尽可能多地待在一起。

乔伊再次乐于承担妻子的角色，这种气氛与当年詹妮去世前的时候差不多。乔伊和沃尼相处得很好，这种家庭幸福感甚至鼓励杰克重返写作。在乔伊搬进来进行装饰之后，房子本身似乎展现出更多生活的乐趣，那些腐朽的旧窗帘被鲜亮的图案取代，蜘蛛网被扫走了，花园里焕然一新，鲜花旁边是蓊蓊郁郁的蔬菜。

他们也很享受性生活。杰克以他特有的典型风格向他的朋友罗伯特·哈佛咨询，问他，像他这样的年龄以及乔伊的状况，做爱是否还安全。哈佛告诉他，只要不过度，这对他们两个人来说都是可以的。毫不奇怪，这些话鼓舞了他们。乔伊则以她自己独特的风格向一个记者宣称，杰克是"一个美妙的情人"，她很高兴没有完全切除乳房，因为杰克是那么喜欢爱抚她的乳房。[1]

这对夫妻也共同出席社交活动。虽然他们结婚让一些怀疑者和反对者疏远了他们，但他们还是有很多朋友。他们甚至会出国旅行，到希腊度假十来天，在那里，他们过得非常美好，但是也很劳累。他们与朋友罗杰·朗斯林·格林及其妻子琼一起探索了遗址和博物馆。

对于刘易斯而言，婚后的生活给他带来了翻天覆地的变化。虽然他仍然致力于学术，但他现在是一位已婚的学术研究者。过去他津津乐道的单身汉生活，是和亲密的男性朋友一起喝酒，直到店家打烊，点灯熬油地谈论重大事情；而现在他已经成为有家室的人，他的生活中是他的妻子和其他夫妇。如果让他选择，他肯定不希望发生这么多的变化，但是，在最初，至少他要做艰难的调整。

乔伊病状的缓解看起来很奇幻，但是可能会有童话般的结局。1959年10月，当杰克陪她到牛津的丘吉尔医院做她最后的检查时，他们充满希望和乐观，以为医生会对他们说乔伊已经痊愈。但是，当医生跟他们说了实际情况后，那个消息甚至显得更具破坏性。医生告诉他们，癌症重新袭来，而且比上一次更具破坏性，癌细胞已经扩散。

---

[1] 乔治·塞尔：《杰克：C.S.刘易斯的一生》，第373页，纽约：哈珀出版社，1988年。

像之前一样，乔伊接受了一个又一个的手术，并使用最新的药物进行治疗，但是这次，她很快就进入了那种缓慢但不可逆转的恶化状态。1960年7月13日，沃伦在早上6:15被吵醒，尖叫的声音从乔伊的房间里传来。杰克在房子的另一半他的房间里被叫醒，并叫了医生。乔伊被送到拉德克利夫医院，在那里，当晚10:15分左右，乔伊去世，杰克当时站在她的旁边。

在她生命的最后时刻，杰克对她说："如果有可能——如果被允许——请来我的身边，在我的弥留时刻。""被允许！"她大声呼喊，"天堂若想阻挡，它会费尽周折；地狱若想阻拦，我将它打成碎片。"①

---

① C.S.刘易斯（用N.W.克拉克的笔名出版的）：《卿卿如晤》，第263页，伦敦：费伯出版社，1961年。

第十章
没有乔伊的日子

自从他母亲去世以来，从没有什么事件像失去妻子这事一样对刘易斯的影响如此强烈。乔伊的去世是一个缓慢的过程，尽管是可以预期甚至是有所准备的，但是这不能减轻失去她的痛苦。道格拉斯·格雷沙姆在多年后所写的自传中写道："杰克再也不是乔伊去世前的那个杰克了。乔伊离开了他，似乎欢乐也离开了他。"[1] 杰克现在进入了一个衰落时期，他觉得悲伤和孤独，他的创造力和智慧的光芒也在快速减退。

在乔伊去世的时候，道格拉斯14岁。在母亲最后的日子里，他已经能意识到她要去世了。但他被送回他的寄宿学校——威尔士的莱珀里格兰奇。几天之后，她去世了。校长的妻子跟他讲了乔伊去世的消息，然后他立刻回到"砖窑"，参加7月18日的葬礼。

他发现杰克处于一个真正可怜的状态中。与以往性格非常不同的，当道格拉斯进入他的书房时，他的继父突然泪流满面，他们两人

---

[1] 道格拉斯·格雷沙姆：《我与乔伊·格雷沙姆以及C.S.刘易斯共度的童年生活》，第130页，加利福尼亚州，旧金山市：哈珀出版社，1988年。

拥抱着，伏在对方的肩头哭泣。这是第一次刘易斯向他的继子流露情感，这也确实拉近了道格拉斯和他的距离，他不仅仅是一个他从远处尊重和爱戴的人了。乔伊的大儿子，大卫，一直是一个很疏离的人物，他在母亲去世后仍然如此。1960年，他正在牛津的马格达林学院学习并开始终生迷恋犹太教。两年后，在1962年4月，他离开了"砖窑"到伦敦学习。

乔伊的去世造成了刘易斯性情的巨大变化。一直以来他都会隐藏自己的情绪，将一切裹藏在里面。但是在他的妻子去世后，这完全改变了。他会突然间露出他感性的一面。他会表现出伤心欲绝，也不在乎他的朋友是否会看到这一点。在很多俱乐部聚会中，他会在众目睽睽之下痛哭流涕，或者在一个朋友的家里喝几杯酒后也会如此。

甚至，更深刻的影响是，乔伊的去世完全破坏了他对上帝的信仰。从刘易斯在乔伊去世后的写作成果看，很明显，他的信仰动摇了。他写道："当你最需要帮助和最令人绝望的时候去求助于他，但一切都是枉然，你会发现一扇门在你的面前砰然关闭，还听到里面上了一个门闩，然后又锁上了一个门锁。然后，万籁寂静。"[①] 但是，现在的他比以往更加需要神，而他的基督教教义已在他的头脑中根深蒂固，难以抽离。此外，刘易斯不是普通的基督徒。他所有的职业建立在自己20世纪30年代就已经形成的信仰之上，对于这些信仰他已经精心培育了30多年。这些必要的信仰已经帮助他度过了最绝望的时刻。

但是，如果说杰克没有完全放弃上帝，那么，他至少也改变了对

---

① C.S.刘易斯：《卿卿如晤》，第7页，伦敦：费伯出版社，1961年。

神的看法。他继续将神看作创造世界的力量，并依然指引着世界；但是过去，他曾一度认为神是积极的"好的"，但是在乔伊去世之后，这一想法发生了巨大变化。从1960年开始，杰克只能想象一个故意设置问题及创伤、让人类去克服的神。就好像神在与人类玩一个猜谜游戏。他认为，人类要做的就是忍受，而神并不一定是可以依靠、来帮你摆脱困境的。"我关于上帝的观念不是一个神圣的想法。"他在乔伊逝世一年后如是说："希望一定要一次又一次地破灭。神打碎了它自己。他是伟大的偶像破坏者。我们难道不可以说，他存在的标志之一就是这种破灭吗？"①

  当弟弟杰克在挣扎着控制自己的情绪，试图找到摆脱悲伤的解决办法之际，沃伦所知道的唯一方式是：喝酒。在杰克最需要帮助的时候，沃伦几乎没有提供任何帮助。正如他总是做的、也总会做的方式，直到1973年去世，他一直用威士忌来稀释他的痛苦。杰克如果有精力，他有充足的理由来对此感到愤恨，但他还有其他的事情要考虑。即便如此，沃伦逃避现实的方法还是会在他弟弟的伤口上撒一把盐。当天被指派来发布乔伊去世的消息，他习惯性地发在了他常买的《每日电讯报》上，而忘了也把它发在《泰晤士报》上，而他们的朋友们大多数读后者。结果，认识乔伊的人少有人知道乔伊去世了，等知道了，发现已经迟了，所以，只有少数的送葬者出现在于牛津火葬场举行的乔伊的葬礼之上。这深深地伤害了杰克，而等到仪式结束、为数不多的悼念者已经走后，他才明白事情的真相。

---

① C.S.刘易斯：《卿卿如晤》，第16页，伦敦：费伯出版社，1961年。

"砖窑"很快就变回詹妮去世和乔伊到来前的那个肮脏的样子。越来越怪异的兄弟俩如隐士般孤独地住在那里,一个在试图拼命地克服自己的悲伤,另一个在酒精中度日。道格拉斯的假期是在"砖窑"里度过的,所以他与刘易斯的关系甚至比他母亲去世前还要更亲近。在一定程度上,他们都在设法克服他们那种在公立学校受教育多年后养成的无法表达自我情感的困难。

刘易斯兄弟俩继续由那些为他们工作了很多年的相同的仆人照顾。弗雷德·帕克斯福德打理花园并尽力操持家务,而且厨师兼管家——米勒太太,配有助理——威尔金斯夫人,不过房子里住的所有男士都不喜欢她,所以她迅速获得了一个绰号"威尔克"。

在某种程度上,乔伊去世后的几个月里,刘易斯必须直面自己的痛苦,否则他会陷入绝望的危险中。他在很大程度上知道自己正在沉沦,但是他不清楚该如何处理这种悲痛感。在生命的后期,刘易斯才逐步明白,应对困境,智力并不是总可以依靠的。而这种认识本身又给他添加了另一层的痛苦,因为他是那种自身的宇宙建立在自己的头脑之上的人。甚至他的基督教信仰,也是通过纸笔来解析和向他的听众传输的。虽然他现在意识到,仅仅靠智力是不可能拯救他的,但是,写作是他最珍爱的脑力活动,他要通过写作来寻找一条让他情绪稳定的路。

他开始将写作作为一种宣泄方式,但很快就发现,他找到了一种方式来实现他真正的承诺,从此事中他找到了新的原始能量,并最终写出了他有生以来最坦诚和优美的一本书。

刘易斯在写《卿卿如晤》的时候，他处于人生最悲切的阶段，但是因为他拥有与读者沟通的特殊才能，他写到页面上的不是一种令人反感或充满肉欲的文字，而是一种经历过悲伤痛苦的读者能够欣赏的文字。这也是一本非常个人化的图书，其中以乔伊为主人公，刘易斯围绕着她来表达他的感情。在《卿卿如晤》中，刘易斯设法还原乔伊最初的本质个性。他有时称她为"挥舞的战斧"，有时会宣称他们夫妻两人的婚姻是"一个有罪的女人嫁给了一个有罪的男人；两个都是神的病人，且未痊愈"。① 他会揭露乔伊通常是一个固执、难以对付的女人，但他也看到了她的内在性格的核心与此不符。他写道："当她住在这里的时候，我们被自己所爱的人引领出来……我们必须学会坦露自我，虽然她的身形已经不在，但我依然会爱她……"②

这本书不仅帮助了刘易斯和其他读者，也说明了刘易斯对乔伊的爱有多么深刻。最重要的是，虽然这是一本基督徒所写的书，其中充满他的正统观念，但是它已超越成了"灵魂"上的书籍，这本书所讲的内容已经超越了简单的基督教神学所关注的事情。

刘易斯在写《卿卿如晤》的时候，使用的是笔名 N.W.克拉克。他之所以这样做是因为他认为这本书的内容如果用自己的名字发表，就暴露太多的隐私了。这种焦虑并不是因为他怕学术同行可能有想法，而是因为如果失去了小说的外壳保护，他自己的内心世界就会暴露无遗。事实上，他想要出版这本书的唯一原因是他意识到这本书可能

---

① C.S.刘易斯：《卿卿如晤》，第 37 页，伦敦：费伯出版社，1961 年。
② 同上，第 41 页。

会帮助很多人。但他这样想的原因并不是他认为自己是大法师或教派首领，而是因为，通过分享他对乔伊死亡的情感反应以及他是如何通过思维到达一个超越痛苦的层面，这也许会给那些与他同病相怜者提供一些小的见解。

刘易斯并没有将此书的书稿交给他的常规出版社出版，而是发给了伦敦的费伯出版社，当时该出版社的管理者是T.S.艾略特。就像通常对待任何首次创作、没有任何代理的作者一样，艾略特将此书放到了一堆手稿之中，等着由公司的审阅者来筛选。反馈回的阅读报告是极其不利的。审阅者承认这本书写得很好、很深刻，但他认为题材太病态，只会让读到它的人更为异化。

艾略特也曾读过这部手稿，对这种评价不是很确信和折服。他从文本中看到一种未来也会有数以千计的读者能够发现的，智性的灵气。这种灵气是有益的，而非排斥性的，于是他寻求第三个评判。他让出版社的一位年轻的负责人查尔斯·蒙特斯来阅读。蒙特斯当年也是牛津大学的学生，艾略特并不知道，他是刘易斯十多年前的学生，所以当他收到他前导师手写修正过的手稿时，他立刻产生了怀疑。他后来回顾说，早些年前，刘易斯在《猛击》上出版一些诗歌时用的笔名是 Nat Whilk（古英语的意思是"我不知道是谁"），他也知道刘易斯的妻子刚去世不久。把所有这些事实放在一起，他意识到 N.W.克拉克就是 C.S.刘易斯。

一旦刘易斯无害的哑谜被揭穿了，费伯出版社当然非常愿意出版《卿卿如晤》。然而，虽然该书收到一些很好的评论，但也不是多么令人惊讶，它在1961年首次出版后的影响甚微。在刘易斯的有生之年，它的销量没超过1 500册。直到作者去世后，刘易斯文学作品的遗嘱执行人，欧文·巴菲尔德授权给费伯出版社，用刘易斯的本名再次出版该书，结果它成为一本畅销书，销量是之前用笔名时销量的上百倍。

1961年6月，在《卿卿如晤》准备出版之际，杰克的健康状况开始恶化。刚开始的时候并无痛苦，刘易斯只是发现自己排尿有问题。起初他没有告诉任何人，相反还去爱尔兰度假并拜访了亚瑟·格里夫斯。他的老朋友看着他的样子，觉得他像是生病了，就说了出来，并建议杰克在回到牛津大学后马上去看医生。

医生给杰克做了详尽的体格检查，很快就发现，他患有严重的前列腺肿大和肾脏感染。他立即被安排住进了阿克兰医院，哈佛医生向他推荐了他的外科医生朋友，给他进行了一系列的血液检查和其他测试。外科医生也发现刘易斯有严重的前列腺问题，但同时他也意识到，刘易斯患有毒血症，这会导致危险的心律不齐。事实上，刘易斯也明显超重，以他所处的年龄而言，给他做前列腺手术将会有风险。所以他给刘易斯开了很强的抗生素，让他低蛋白饮食，并装上一根导管，叮嘱他要直坐在椅子上睡觉。同时，刘易斯也被建议在剑桥的整个秋季学期不要上课。

所有这一切让杰克感到极不舒服，但他是一个坚忍的人。然而，他忽略了很多医生给他的医疗建议，完全不肯放弃他生命中一直喜欢的东西，如啤酒、茶和香烟。他声称，自己宁愿更短、更快乐地生活，也不希望通过不做自己喜欢的事情来延长生命。

1961年年底，虽然症状开始消退，使他可以在下一年的1月回到剑桥上课，但是刘易斯很快就发现，他遭受的实际上还远远不够。1962年的夏天，他开始遭受急性疼痛，不得不看当地的医生。当年轻的托尼·海恩斯医生看到病人身上装有的收集尿液的装置时，他简直吓坏了。这是一种比较原始的装置，由软木、橡胶管和胶带制成。从一年前安装到现在，这个装置已经散架了，出现了泄漏，还散发出一种难闻的味道，而最关键的是，它已经导致杰克的身体出现问题：尿路感染。

像刘易斯这样重要的人竟然没有接受当时最好的医疗待遇，海恩斯医生对此感到非常惊讶，并坚持让他接手他的治疗。一种更先进的导管被换了上去，然后医生开出了一些更新、更有效的药物处方，专门针对治疗新感染以及刘易斯疾病的最初症状。

罗伯特·哈佛医生现在已经60多岁了，医疗方法显然是落后于时代的，对于1961年至1963年刘易斯病情的恶化，他有很大的责任。道格拉斯·格雷沙姆对此很是不满，而且他的部分严厉的指责是有一些理由的。[①] 然而，不能否认的是，刘易斯不能改变他的生活方式这一点也加剧了他的病情恶化。首先，他并不积极地到哈佛医生那里做检查；其次，他也拒绝医生给他的很多建议。最重要的是，当他的病情已被查明的时候，他已经病得不适合做手术了。

海恩斯医生当然能够让杰克感到更舒适，但是他的身体已经不

[①] 道格拉斯·格雷沙姆：《我与乔伊·格雷沙姆以及C.S.刘易斯共度的童年生活》，第134页，加利福利亚州，旧金山市：哈珀出版社，1988年。

配合了。在他发现生病两年之后，杰克正打算前往贝尔法斯特去看亚瑟，但是他在"砖窑"里突然心脏病发作，被送往阿克兰医院。

几天后，在重症监护室里，刘易斯的情况变得更糟了，看着似乎要去世了，连当地的神父都被召来准备做临终死亡的告慰。不过，令医生感到惊奇的是，当祭司背诵自己的颂词之时，病人突然睁开眼睛笑了笑，还说要喝一杯茶。

杰克在阿克兰医院待了6个多星期。在这段时间里，沃尼不见了。他在6月中旬已经动身去爱尔兰，并计划在晚些时候与他的弟弟见面。但当他得知杰克心脏病发作的时候，他所做的，就如同每次面对生活的严酷现实的时候，他自然地到最近的酒吧买醉。也许是决心要使自己至少和他弟弟一样生病，这次沃伦真的暴饮一通，然后发现自己被再一次送到德洛格达的卢尔德圣母医院。当得知这位患者著名的弟弟在牛津病重时，修女们写信给哈佛医生，告诉他，沃伦住在她们医院，鉴于他这种严重的情况，他不可能很快好起来，可能要等到10月才能重返英国。

同时，在阿克兰医院，杰克的状况已经稳定，但是因为疾病与治疗，他已经有了妄想症。有时他会突然醒来，要求给他穿衣服，因为他有重要的事情，要么是到大学，要么是回家里，总之他需要去做。还有一次，他告诉一个困惑不解的朋友，说他手里有查尔斯·威廉姆斯未出版的小说，他之所以阻止发表该作品，是因为威廉姆斯的寡妇，米甲要求他付10 000英镑，才可以让该书出版。

在这段时间里，杰克还与托尔金进行了最后一次会面。两人在前

第十章

没有乔伊的日子

一年曾在"砖窑"里会面，但是不欢而散。托尔金最小的儿子，克里斯托弗做的这次安排，希望他们见面后能够前嫌尽释，修补他们之间的裂痕；但是，这种结果并没有出现。虽然刘易斯和托尔金双方都非常有礼貌，但是那一天似乎没有看到任何友谊的火花，他们在"砖窑"门口分手告别，并没有成为更好的朋友。

托尔金在1963年7月去阿克兰医院看望了刘易斯，但是那一天房间里并没有任何其他人，也就无人对此次会面有任何记录，我们将永远不会知道那天他们是否开始设法修复他们的友谊。但是有一点很明显，两人应该都知晓，那就是刘易斯不会活多久了，甚至这都没能修复他们之间多年来形成的裂痕。

到7月下旬，杰克回到了"砖窑"，由一群朋友和帮手照顾。沃伦恢复的速度比爱尔兰的修女所预料的要快，他在8月下旬灰溜溜地回来了。他以自己独特的方式尽力弥补他之前的擅离职守。杰克极其脆弱，也很容易累，但他固执地拒绝妥协，他很高兴看到他的哥哥。他总是气喘吁吁，但仍无法抵制每天吸烟的欲望，还坚持被允许继续喝他心爱的茶。

有两位护士夜以继日地照料他，大学里的同事和亲密的朋友也会不停地来看望他。杰克保持着开朗的风度，但当朋友们走后，只有亲密的家庭成员在那里时，他们就会看到他的痛苦。他的痛苦变得愈发无法完全掩饰。道格拉斯·格雷沙姆和沃伦在很久以后的文字记述中写道，显然，从1963年9月开始，刘易斯就已经预料到了自己的死亡，当然，这样的想法也加快了他的死亡。

给他的老朋友亚瑟·格里夫斯写信确实能提供一点安慰,但很快,这些信就发展成为凄惨的信件,只是描述杰克变得如何消沉和沮丧。"但是,哦,亚瑟,永远不会再见到你了!"在那年的夏末时节,刘易斯就写了这样的话。①

然后,乌云似乎散去了一些。在他生活的最后几个月的时间里,杰克感受到了尘世的祥和。他的身体还在遭受痛苦,但是他在"砖窑"里已经开始寻找一种情感和智力上的平和。死亡的即将到来让杰克和沃尼比以往更亲近。现在是怀旧比较受欢迎的阶段,而且重温过往也没有什么伤害。两兄弟开始回忆过去,找出值得回味的事件。他们再一次成为儿童。

杰克还发现,完全超脱于生活的动荡还真是相当愉快的事情。在8月,他写信给剑桥大学当局,辞去了他的教授职位以及抹大拉的研究员头衔,他离开了他的学术世界,从他获得牛津大学的奖学金算起,他在那个世界已经完全沉浸了几乎半个世纪。现在,他可以简单地享受读书,享受生活的本质,享受那些书页上美丽的词汇了。一整天里,他会去重读他生命中曾经爱过的大部分图书,就像他儿时生病躺在床上,通过读书获取乐趣一样。也许在长时间失眠的夜晚,坐在床上,他会感到母亲的手在温柔地爱抚他,她俯身看着他,然后那张脸慢慢变成乔伊的脸。

11月18日,星期一,杰克自我感觉很好,好到他可以向旧生活打

---

① 沃尔特·霍珀主编:《他们站在一起:C.S.刘易斯与亚瑟·格里夫斯1914—1963年的通信》,第564页,纽约:麦克米伦出版社,1979年。

第十章
没有乔伊的日子

一声招呼。他坐车赶到牛津一家叫"羔羊和国旗"的酒吧，这个地方也是后来迹象文学社成员偶尔聚会的地方。在刘易斯最后的日子里，只要是在身体还允许的情况下，他仍然不时地参加大家的聚会。他们已经逐渐放弃了在"老鹰与小孩"进行聚会，因为那里已变得"令人难以忍受的寒冷、黑暗，还有太多吵闹的孩子"。令人难过的是，在刘易斯最后一次参加的迹象文学社的聚会上，他的老朋友中只有一个人出现了，他就是科林·哈迪（Colin Hardie），他们自20世纪30年代早期就认识了。不过他们还是非常愉快地交谈了一番，杰克还像先前那样喝了他喜欢的啤酒，他后来对沃伦说，"这也许是所有星期一中最美好的一个"。[1]

但是，随着时间的推移，刘易斯的生命在渐渐离去。1963年11月22日，这一天在历史上是很特殊的，约翰·肯尼迪总统正在几千英里外的达拉斯就他的行程做最后的修订，而杰克·刘易斯也在度过他生命中的最后几个小时。沃伦是最后一个见到他活着的人，下午4:00的时候，他给杰克送过去一杯茶。他后来回忆说，杰克看起来昏昏欲睡，但心情不错。沃伦帮弟弟坐起来，然后转身下楼到厨房去看报纸。在晚上大约5:30的时候，沃尼听到头上卧室传来很大的一声巨响。他冲上楼，发现杰克倒在床边的地板上，不省人事。几分钟后，C.S.刘易斯去世了。

---

[1] 罗杰·朗斯林·格林和沃尔特·霍珀：《C.S.刘易斯传记》，第307页，纽约：哈克特出版公司，1976年。

第十一章
遗产

刘易斯的葬礼在考利海丁顿的圣三一教堂举行。只有一小部分亲戚和朋友参加了他的葬礼。尽管该处与刘易斯曾经居住的"砖窑"只有几步路的距离,还是有一名近亲成员缺席了葬礼。沃伦·刘易斯无法目睹自己的弟弟被埋到地下,所以他一整天都躺在床上喝威士忌。托尔金和他的儿子克里斯托弗参加了葬礼,其他参加的人还有杰克的继子——道格拉斯和大卫、继女莫琳·布莱克(娘家姓:摩尔)和忠诚的弗雷德·帕克斯福德。迹象文学社的几个成员,还有杰克的老朋友——欧文·巴菲尔德都参加了。亚瑟·格里夫斯未能从贝尔法斯特赶过来。

葬礼过后,欧文·巴菲尔德(刘易斯的两位遗产执行人之一,另一位是阿尔弗雷德·塞西尔·哈伍德,与巴菲尔德一样,他很早之前就在牛津大学认识了刘易斯)引领大家进入一个小客厅(杰克总是将其称为"公用房"),以宣读遗嘱。

迅速履行完法律程序后,巴菲尔德向众人宣读了刘易斯简单的遗嘱。他的产业将被用来完成他继子的教育,剩下的钱会留给沃伦做生活费用。沃伦去世后,遗产将归还大卫和道格拉斯所有。然而,令众人震惊的是,那相对较小的一片产业,在刘易斯去世后,缴税后的市价高达37 772英镑(相当于现在的约70万英镑)。

刘易斯一生从未真正了解过财务事项。他的思维里永远不会有这些;对于他的大脑而言,这些琐碎的事情是他所不屑的。当他活着的时候,他写作的大部分收入都已经捐给慈善机构,虽然在他在世的时候,他的小说就已经很流行,从20世纪60年代开始更为流行,所以,他的遗产在他死后的第一个10年里就有了极大的增长。

另外,还有他们的住所"砖窑",1930年,在杰克、沃伦和詹妮一起买下这栋房子的时候,每个人都已经同意,自己只会是这个产业的长期租户。这一点在詹妮1951年的遗嘱中又得到了重申,这样的设计恰恰是为了保护她的女儿莫琳的一个条件。在当时看来,有一点似乎是无可怀疑的,那就是当杰克和沃伦(他们两个人中没有任何一人可能结婚并且有自己的孩子)去世后,这栋房子也应将传给莫琳和她的孩子。但后来,乔伊出现了。

乔伊极力保护自己和子女的利益。关于杰克的收益和共享的家庭财产等,本来一切都好好的,但是当她发现自己得了癌症,可能不能活很久的时候,突然间,她儿子的未来成为她最关注的问题。前妻去世,比尔·格雷沙姆希望自己的两个儿子回到美国,而乔伊需要找到方法确保这样的事情不会发生。因此,她的儿子在刘易斯去世后继承"砖窑"就成了一件相当重要的事情。

1957年,这件事在莫琳和伦纳德·布莱克家尴尬地被摊牌。一个星期天的下午，大家在喝下午茶，乔伊像以往一样想什么说什么，她告诉莫琳，她的儿子将会继承"砖窑"。莫琳十分震惊，她回答说，这肯定不是法律能许可的，因为她、她的丈夫和他们的孩子是遗产的唯一合法继承人。乔伊很生气，她们之间发生了强烈的、不愉快的争执。而让人觉得丢脸的是，杰克站在乔伊的一边，所以有一段时间，大家相处得很不愉快。

幸运的是，对于布莱克一家而言，只要不上法庭打这场令人讨厌的官司，乔伊或杰克或其他任何人都不能对詹妮的遗嘱做任何改变。没有人想要为此事去打昂贵又伤害感情的官司。最终，杰克设法说服乔伊，他保证支持她的孩子将来接管"砖窑"。

杰克遗嘱中的数字当然没有显露出刘易斯遗产当今的高额价值。1997年，水石连锁书店和英国第4频道对5万多名读者进行了一项调查，在百部最喜爱的书中，刘易斯的《狮子、女巫和魔衣柜》名列第二十，《指环王》名列第一。在所有儿童小说中，这本书名列第四，仅次于《柳林风声》（第十六）、《小熊维尼》（第十七）和《霍比特人》（第十九）。

虽然民意调查很少能说明一本书的质量，但是这应该显示了读者喜欢读什么，受欢迎的程度不会妨碍一本书是好书。然而，当该调查结果公布后，在英国掀起了激烈的辩论，因为《指环王》名列第一。一些傲慢的精英人士对此嗤之以鼻，一些过去就厌恶托尔金的记者则大吐苦水。其中很多人也貌视刘易斯，但至少他们已经能够接受他"仅仅是儿童文学"的作者。这次调查结果出来后的几年间，还有其他的榜单出现，每次他们都会为那些在原始调查中投了票的人感到委屈。托尔金和刘易斯被多次评为 20 世纪最受人喜爱的两位作家。

刘易斯的名声，还有他那些最受欢迎的书的销量逐年稳步增长。《纳尼亚传奇》系列的销售量，据估计可能高达 5 千万册到 1 亿册。它们已经被翻译成各种主要语言。但是，尽管这样的销量让刘易斯其他作品的销售成绩相形见绌，但是《纳尼亚传奇》并不是刘易斯唯一成功的作品。

兰塞姆三部曲——《沉寂的星球》《皮尔兰德拉星》和《黑暗之劫》的销量也是数以千万计的，另外，《地狱来鸿》的销量也不错。即使是刘易斯出版的最严肃的宗教基督教护教类型的书，比如《致马尔科姆书：以祷告为主》《四种爱》《神迹》和《伟大的分离》，销量也都数以十万计。

近年来，关于《纳尼亚传奇》的电视改编，已经有 4 个不同的版本，其中最好的和最真实地反映刘易斯的原本创作精神的是英国广播电台版本，该版本将 7 本系列图书统称为《纳尼亚传奇》，第一次广播是在 1989 年。另外，电视台也出了一套音频书（由哈珀·柯林斯出版社出版），朗读者是著名演员伊恩·理查森、克莱尔·布鲁姆、安东尼·奎尔爵士和迈克尔·约克。

《狮子、女巫和魔衣柜》也被成功地改编成舞台剧。其中最著名的改写由阿德里安·米切尔与皇家莎士比亚剧团艺术总监阿德里安·诺博完成。2001 年年底，该剧在伦敦萨德勒井剧院上演，票房破了纪录。自从这本书 1950 年首次出版以来，它已经被搬上舞台上千次。刘易斯的这部最著名的作品，小到由业余爱好者组成的小团体在乡村俱乐部的聚会厅里表演，大到专业演剧团体耗资数百万英镑在全世界巡演，远远超越了惬意的牛津大学文化。（在本书作者创作此书的过程中，在澳大利亚西澳的珀斯正在上演《狮子、女巫和魔衣柜》。该演出的艺术顾问是道格拉斯·格雷沙姆，该剧已经在澳大利亚各州巡演了几个月。）

多年来，刘易斯遗产委员会一致抵制所有关于出售纳尼亚书籍电影版权的提议。据说这是因为刘易斯对迪士尼的印象一般，不希望他的故事被改编成美式漫画版，由牙齿闪耀的美国儿童甜腻地出演他的四个主要人物角色。

1969年，J.R.R.托尔金被迫出售电影版权，《指环王》的出售价格为104 602英镑，据称还支付了税款。因为他未能妥善管理他的财务，所以当他的书突然开始大规模盈利时，就出现了种种问题。刘易斯与托尔金一样不善理财，如果他能一直活到这个时候，他很可能发现自己处于同样的境地。但是这种情况并没有发生，因为在他死后，他的遗产委员会精心管理他的遗产，这就意味着好莱坞没有权利染指《纳尼亚传奇》系列。但是到20世纪90年代后期，派拉蒙和迪士尼都开始打算将《狮子、女巫和魔衣柜》改编成大屏幕电影，他们希望这种想法最终能够得到刘易斯的文学作品继承人的支持。

好莱坞的这些计划完全是被误导的。据一些消息来源称，英国导演约翰·布尔曼就曾参与了其中一项建议，并开始设计一个脚本，而这个版本与原书几乎没有关系。好莱坞的传言说，在某个脚本计划中，故事的背景已被改为当今的洛杉矶，孩子们不是逃避大轰炸，而是因为地震被从洛杉矶救出，女巫诱惑埃德蒙所用的是汉堡包，而不是小说中所说的土耳其软糖。

如果这些传言都是真实的，那么，当时刘易斯遗产委员会避免与好莱坞打任何交道，直到他们提出合理的建议，这种方法是明智的。因为托尔金已将他著作的版权完全出售，所以，托尔金遗产委员会对好莱坞如何拍摄《指环王》就没有了任何发言权，而这么多年来，关于拍摄确实出现了一些可怕的建议（而且也确实有一部电影就这样拍出来了，比如拉尔夫·巴克在1978年制作的电影）。相传，在20世纪60年代中期，披头士乐队曾认真考虑将《指环王》改成卡通版，用4个乐队成员的声音来表演。对大家来讲都很幸运的是，他们最后决定改编《黄色潜水艇》，而《指环王》最终由能够胜任此工作的彼得·杰克逊执导。

2000年，刘易斯遗产委员会开始再次认真考虑将《纳尼亚传奇》改编为同名电影的想法。这样做的部分原因是当时《指环王》和J.K.罗琳的《哈利·波特》都是由很可靠的制片人执导的。委员会仍然非常反感迪士尼，所以最后他们将版权以5 000万英镑的价格卖给了一家新公司——瓦尔登传媒公司。该公司由美国亿万富翁菲利普·安舒茨创建。

此时，瓦尔登传媒公司在好莱坞巨头卡瑞·格兰纳特管理的米拉麦克斯影业的旗下。当被问及打算如何制作该片时，格兰纳特说："我们对文字越忠实，电影就会越好。书中有这么多丰富的人物和感人的场景。"①从这句话里以及近年好莱坞制作、改编电影的质量与风格中，可以很明显地看出，好莱坞的决策者已经认识到公众对刘易斯的作品、《指环王》和《哈利·波特》等经典的喜爱与珍视，他们不想看到自己珍爱的书被洛杉矶委员会的成员毁坏和改动。

除了表示会忠于原著之外，瓦尔登传媒公司还作出了一个明智的决定，那就是将《纳尼亚传奇》系列的每一本分别拍成一部电影，而不是将所有的图书缩减、合并到一个故事里。当然，有人会想要这样做。早在20世纪70年代，道格拉斯·格雷沙姆已经出售他在刘易斯遗产委员会中的股份，但是他仍作为顾问和建议者，给刘易斯的文学遗产执行人提供帮助。他也将密切参与电影的制作。最初有传言说，电影的制作费用要超过两亿美元的预算，会在2005年全球放映。

2002年，著名导演安德鲁·亚当森被瓦尔登传媒公司任命为《纳尼亚传奇》系列电影的主策划。他以前的作品包括动画片《怪物史莱克》，其中主演是艾迪·墨菲。他也是一位刘易斯图书迷。"在我还是一个孩子的时候，纳尼亚世界对我来说是一个如此生动而真实的世界，对于其他数以百万计的书迷来说，也是如此。"他说，"我和瓦尔登传媒公司一样，欣喜于能够给书迷提供史诗般的戏剧体验，既要符合他们的想象力，又要能够吸引年轻的一代阅读C.S.刘易斯的作品。当原书的主题是真理、忠诚和信仰时，那么，制作一部相关的跨越几代人的电影是更容易的任务。"②

---

① 《纳尼亚的魔法是好莱坞的下一个技巧》，亚当·舍温：《纽约时报》，2001年12月8日，星期六，第3页。
② 《狮子、女巫和魔衣柜》，娱乐新闻网站，2002年7月31日。

毫无疑问，这部电影有着巨大的商业潜力，如果瓦尔登传媒公司能够做得好，他们可以从刘易斯的创作中获得巨大的经济收益。《指环王》三部曲和《哈利·波特》系列中的前三部电影已经在首年放映与影像销售中净赚60亿美元。《狮子、女巫和魔衣柜》应该吸引很多观众，很可能带来丰厚的利润。

然而，刘易斯的书籍中有一个很有趣的元素在《指环王》和《哈利·波特》中并没有出现，那就是有关宗教的内容。电影制片人会如何处理基督教方面的内容呢？

有一个来自文学领域的线索可以作为例证。2001年时有一个谣言在互联网上开始流传，说刘易斯遗产委员会与柯林斯出版社（该出版社几乎出版了所有刘易斯的作品）打算删除书中所有与基督教有关的寓言，然后出版一个与基督教没有丝毫联系的新版本。

这些传言出现的原因是网上贴出来从哈珀·柯林斯出版社泄露的一份备忘录。自从传言出现以来，没有人对其做出令人满意的否认，但也没有人说这是可信的。但很多刘易斯迷们在焦急地等待着书的出版。据记录，哈珀·柯林斯出版社发言人丽莎·贺林曾说过："哈珀·柯林斯的目标是将C.S.刘易斯的作品展现给尽可能多的公众，并把任何对作品的解释权留给读者。"道格拉斯·格雷沙姆本身是非教派的基督教传教士（与哈珀·柯林斯公司没有任何经济上的联系），他也表示同意这种观点。"让基督教以外的读者阅读《纳尼亚传奇》有什么不对吗？"他问道，"现在不信基督的读者在心理上比基督徒更需要阅读《纳尼亚传奇》，在当今世界，防止不信教者和他们的孩子读《纳尼亚传奇》的最可靠的方法是将书放在书店的基督教或宗教区域，或者将《纳尼亚传奇》与现代的福音派基督教紧密相连。"①

人们也饶有兴致地在看《纳尼亚传奇》电影的改编者是否也会采纳类似的路径。在指定了安德鲁·亚当森执导后不久，艾美奖编剧奖获得者安·皮考克被指定来改编剧本。对于这个任务，她说："《狮子、女巫和魔衣柜》是我5个孩子最爱读的图书之一，我很高兴能够有机会作为这个故事的编剧。这本书所包含的主题是所有年轻人都需要了解的，比如真理、荣誉、同情、忠诚和勇气。"

通过艺术和金融实力，对《纳尼亚传奇》系列书籍的现代诠释将在未来发挥重要作用。在未来的几年中，一些父母在给自己的孩子读《狮子、女巫和魔衣柜》时（就像过去几代人所做过的那样），他们也许会记得，这本书是如何被视为一个基督教故事的。他们可能会回忆到，阿斯兰是如何代表基督类型的——他被女巫残酷折磨就是一种十字架上耶稣受难的"假设"。但是，未来的几代人从刘易斯的故事中将得到稍有不同的信息。它不一定是基督转世的故事，而是会提供一些精神上的指导，正如安·皮考克所指出的，这些精神和道德的价值观念在社会道德体系的建立上将会发挥关键作用。

人们仍然需要判断这种将刘易斯最著名的作品缓慢地改头换面是否会奏效，但不可否认的是，《纳尼亚传奇》系列图书最有吸引力的原因之一就是它的普遍性：读者不必是一个基督徒，也可以阅读与

---

① 朵琳·卡瓦加尔："在没有基督狮子的情况下推广《纳尼亚传奇》"，卡瓦加尔访谈，TheOneRing.net 网站，2001年6月3日。

第十一章

遗产

享受这本书。安东尼·霍普金斯在电影《影子大地》(*Shadow lands*)中饰演刘易斯,他声称,读刘易斯的作品并没有让他想要成为一名基督徒,就如同在《沉默的羔羊》中饰演汉尼拔也没怎么让他想要做食人者一样。《纳尼亚传奇》是童话故事,拥有着一个永恒的主题。它们对基督徒和非基督徒都有同样的吸引力,成人和儿童以不同的方式和不同的原因来阅读与欣赏这个故事。人们可以很安全地假设,这个故事足够强大,完全可以被改造为"带有精神指导的纯娱乐片"而不是原书那种"带有正统基督教思想的纯娱乐内容"。

我们现在生存的世界与刘易斯写书的那个时代是完全不同的。现在很少有人是正统基督徒,更多的人能够区分强烈的个人道德价值观与完全基于基督教教义的道德观的区别。因此,很多人都会同意,按照安·皮考克所说的那样,强调《纳尼亚传奇》中的真理、荣誉和慈悲等普遍原则值得鼓励,也将会产生较大的影响,同时也与我们的时代更加契合。这样做只有一个不确定的因素,那就是刘易斯可能会非常反感。

刘易斯的声誉和他的一些想法得到了很多人的极致赞美,甚至发展出来很多门徒,而另一方面,这些观点也受到其他人的责难。不管正确与否,这种情况确保了他作为一个作家和注释者的重要地位,让他所强调的一些主题一直处于文学和宗教信仰的聚光灯下。

在这本书中,我试图将刘易斯描绘为作家,但很多人认为他首先是一个宗教注释者,其次才是一名作家。目前刘易斯的原始手稿大部分被保存在伊利诺伊州惠顿学院马里恩·E.韦德中心,做永久陈列——表示对他和其他宗教辩护者的敬意。该大学的校友还有葛培理牧师，另外，这所大学还拥有一个衣柜，过去是放在刘易斯的房子中，据说就是这个衣柜给了刘易斯灵感，让他坐在"砖窑"厨房的桌子旁写出了他最著名的图书。惠顿学院的运行由保守的基督徒负责，在这里，C.S.刘易斯受到人们的尊崇。然而，可悲的是，这种赞美大多基于混乱和误解。

刘易斯的作品能吸引最偏执、强硬和老式的基督徒的原因是很明显的。当他在世时，他是一个老式的基督徒，而现在那些认为该教堂不应该太感兴趣于现代化，希望保持倒退思想的人将刘易斯看作能够保持正统宗教和价值观的英雄。

这也没有什么害处，只是他们为了自己的目的设法将真正的杰克·刘易斯塑造成的版本，甚至刘易斯自己都可能不认识自己了。刘易斯爱喝一点酒，喜欢抽烟，他甚至将香烟称为"不可摆脱的"，尽管医生告诉他吸烟会损害他的寿命。有超过40年的时间，他抽烟的量是拿着烟斗每天吸60支，他非常不喜欢非吸烟者，也戏弄禁酒者。刘易斯还和至少一个女人保持性关系。在他年轻的时候，他会手淫，他曾向他亲密的朋友亚瑟·格里夫斯详细描述他的经历；年轻时，他沉醉于生动、残酷的幻想中。他还喜欢淫秽歌曲和近乎色情的古代诗歌。然而，福音派信徒会收集他的家具，并将其放置在玻璃罩下，放在美国大学来展示。刘易斯协会的人在英国和其他地方努力地呈现一个他们编织的刘易斯的形象，并声称刘易斯根本不像历史记载的那样。

最直截了当地表达这些意见的一个人，名为沃尔特·霍珀。他通过出版百科全书式的书籍，包括刘易斯作品指南、导引、传记（他与罗杰·朗斯林·格林合写了一部刘易斯传记，于1976年出版）等，做了很多事情，让刘易斯的作品一直被关注。但是，出于自己的原因，霍珀也一直高声疾呼，刘易斯并不像其他人认为的那样，而有些更接近杰克的人也确实知道，他们并不真的了解杰克。

　　通过将刘易斯塑造为崇拜对象和使自己成为其文学遗产不可或缺的人，霍珀给人们制造出一种假象，就是他极为了解刘易斯。但是，与一些杰克终身的朋友和同事相比，他只是刘易斯生命中短暂的过客。在刘易斯生命的最后阶段，有几个月的时间，他是杰克的秘书兼助理。他不知道年轻的刘易斯，也不知道刘易斯与乔伊的婚姻生活，刘易斯也不可能给他讲述自己在那些时代的真正洞察。然而，霍珀一直试图将C.S.刘易斯塑造为"永远的处男"，认为他从未与任何人有过性行为，因此，他与乔伊在婚姻中也从未同房。很难理解，为什么霍珀这么重视这一点，他是一个罗马天主教原教旨主义者（曾经是一个严格的英国国教高教会派教执事）。但是，基于生活的、客观逻辑的刘易斯、一个像常人一样的刘易斯的形象，对他来说是不够好的。

　　最奇怪的是，刘易斯本人曾经描述过他与乔伊的性关系。在他最坦陈自己的那本《卿卿如晤》中，他详细地介绍了自己如何与乔伊坠入爱河，如何平息他们长时间对对方的饥渴以及他们如何合为一体。此外，刘易斯曾暗示（即使他没有完全清楚地描述），他与詹妮·摩尔有过鱼水之欢。他在《惊悦》中写到了他与詹妮的关系，那时，乔伊·格雷沙姆就伏在他的肩头，"我能够并需要说的是，我早些时候对情感的敌对态度被完全地、并以不同方的式报仇雪恨了"。① 另外，比较了解杰克的莫琳·摩尔和乔伊的弟弟霍华德·戴维曼博士都重申，刘易斯不是终生处男。

但是，对于霍珀和其他那些希望给我们提供"圣刘易斯"形象的信徒来说，刘易斯自己在《卿卿如晤》中对此事的描述以及他在写给密友亚瑟·格里夫斯的信件中的描述等都是小说而已。那些来自刘易斯家人和亲友的个人证词，对于霍珀来说，也不是真正的回忆，而只是些想象而已。

沃尔特·霍珀不是唯一一个试图改写历史的人。除了在牛津（由霍珀组织成立的）C.S.刘易斯协会每周一次的聚会外，美国的清教徒（具有讽刺意味的是，这种人是刘易斯一直憎恶的类型）拼命努力地向世界提供另一个消毒版的刘易斯。他们的影响已经渗透到美国一些拥有刘易斯作品版权的较小的出版商。由于他们已经被误导，这些出版商在出版刘易斯的作品时，一定要确保删除书中涉及酒精和烟草的内容。

值得庆幸的是，大多数 C.S.刘易斯的书迷都是明智的，能够看清楚这些重塑刘易斯形象的真正目的。市面上也出现了很多精心编写与制作的关于刘易斯的书籍、戏剧和电影。

1985年，布赖恩·思博莱出版《影子大地》一书，讲述了杰克·刘易斯与乔伊·格雷沙姆之间那种改变了各自人生的关系。（"影子大地"一词出自书中阿斯兰对于纳尼亚外面"真正的"世界

---

① C.S.刘易斯：《惊悦》，第61页，纽约：哈考特·布雷斯出版有限公司，1955年。

的称呼）。这本书后来被成功地改编成戏剧，其中，晚年的奈杰尔·霍桑出演刘易斯；后来又被改编为电视剧，主演是乔斯·阿克兰和克莱尔·布鲁姆。然后，在 1994 年，好莱坞将其改编为同名电影，由德博拉·温格和安东尼·霍普金斯主演，获得一致好评和商业上的成功。

这些都重燃了人们，特别是美国人对 C.S.刘易斯的热情。如果你需要一些例证，前往牛津，参加一下每周一次的"迹象文学社之旅"，这场游览在夏季是每周三上午 11 点开始。途中会经过"老鹰与小孩"酒吧和霍利韦尔街，托尔金在 20 世纪 50 年代初居住在这里。其中游览的亮点之一是在东门酒店的短暂经停。这里是乔伊和杰克第一次见面的地方。游览中，每次到这个地方，那些主要由美国妇女游客组成的队伍会突然饶有兴致地询问，这里是否是《影子大地》的拍摄地点。其实，这个地方并不是电影的拍摄地点：电影中，刘易斯和乔伊相遇的场景是在距离东门酒店几百码、位于牛津中心伦道夫酒店的一个房间里拍摄的。这样做是因为他们在现实生活中首次相遇的东门的房间对于拍电影而言太小了。

自然，刘易斯并不是被普遍喜爱的，那些不喜欢他的人会不屑地贬低他，就像那些极度失常的信徒会努力神化他一样，这也是不公正的。

很多年来，刘易斯一直被那些认为他厌恶女性的人攻击，说他试图通过他的小说强加给人们他所信奉的落后的宗教观念，说他颂扬勒德分子的观点，反对科技与社会的进步，总之，他想要让心智停止自然演变。

大多数不喜欢并批判刘易斯和他的作品的是英国文艺界的人士,他们认为刘易斯的观点过时,而且在政治上是不正确的。作家菲利普·汉赛尔一直是布克奖的评委,他认为刘易斯的《纳尼亚传奇》系列图书"有毒、可怕、自负和愚笨",他厌恶地描述"刘易斯所信奉的基督教式洁净的生活"。① 还有发出更激烈批判声音的著名作家菲利普·普尔曼,他因为《黑暗物质三部曲》的巧妙设计和声望,在2002年赢得了惠特布莱德奖。普尔曼将刘易斯的书描述为"可憎的",认为他对他的人物很残忍,他在用小说来歌颂落后的思想、道德和信仰,而且他是个厌恶女性的种族主义者,对于任何"社会或人类的进步都会冷脸皱眉"。②

普尔曼特别不喜欢《纳尼亚传奇》最后的一些内容:在《狮子、女巫和魔衣柜》的4个孩子中首先进入纳尼亚的苏珊·派文西在《最后一战》的结尾处被排除在谷仓(天堂的象征)之外。刘易斯将她排除在天堂之外的理由是"她喜欢口红、尼龙袜和派对邀请"。普尔曼从此推论出,刘易斯认为如果一个女孩性成熟,那将是一件可怕的事,所以她应该被放逐到地狱。

不可否认,在《纳尼亚传奇》中,很多方面的内容,即便是休闲阅读,都会令人感到震惊。刘易斯的确在用"黑人"和那些威胁英国国王和皇后(4个孩子——苏珊、露西、埃德蒙和彼得)的坏家伙(卡罗米尼)来影射穆斯林人。纳尼亚的社会结构是以英国方式为蓝

---

① 格雷格·伊斯特布鲁克:《为刘易斯辩护》,《大西洋在线》(《大西洋月刊》),2001年10月。
② 同上。

本的，要进入幻想世界所需要经过的门户（衣柜就是其中之一）都设在英国，有些人相信，这里的潜台词是不列颠尼亚统治世界。妇女就和任何与现代有关的内容一样，在书籍中会被攻击。在刘易斯的笔下有一个人物——吉尔·坡，他来自一所"进步"的学校，他将其戏称为"实验之家"，然后让一位女校长掌管这个荒谬的机构，这更凸显了刘易斯的特点。

但是，像往常一样，当评论员为公众提供一些对刘易斯具有强烈感情色彩的意见时，刘易斯的研究者会选择忽略那些与他们意见相左的论点。第一，他们并没有提到卡罗米尼·易密斯，他在战斗中救护他人，并挡在阿斯兰的前面，然后阿斯兰给他提供机会，让他进入天国。第二，他们很容易忽略一个事实：虽然两个女主角中的一个：苏珊，的确在《最后一战》中被逐出天堂，但是，在此系列书籍的前几本中，她的妹妹，露西展现的却是最积极、大胆、勇敢和诚实的品格。

另外，评价刘易斯要考虑到他所生活与写作的时代。生活在21世纪的人们很容易将一个生活在过去那个并不开明时代的人定义为偏执者、种族主义者或厌恶女性者。我们理所当然地反对"黑人"这样的名词，但是我们不要忘记，这种对黑人的表述在20世纪70年代以前几乎是普遍使用的。现在的一些儿童小说若是在50年前读，也会被看作不正确或不合时宜的。

总体上，应该怎样判断刘易斯这个人？像所有取得伟大成就的人一样，他的性格里充满了矛盾。他当然是老式的、往后看的、害怕变革和进步的类型。他在对待妇女的观点态度上有问题。他鄙视没有受过教育的女性，他认为这样的人似乎是在浪费生命，也不值得尊重。然而，他对于生命中遇到的很多受过教育的妇女，同样也会感到不舒服。想到她们可以智力早熟，或在社会和教育领域发挥重要作用，他不觉得开心。然而，他深爱乔伊，一位知识女性，在她离开他之后，他伤心欲绝。

刘易斯并不喜欢自己成为一位受欢迎的作家的想法，但是他又沉溺于成功带给他的名声中。他认为粉丝的想法单纯和幼稚，但是他会一一回复真诚的粉丝写给他的每封信。这说明了他对自己所承担角色的奉献以及他对作者和读者之间关系的信任。事实上，他最终的结婚对象是他最忠实的一位粉丝。

刘易斯不喜欢孩子，也不了解孩子，但他写出了世界上最受喜爱和最成功的儿童故事之一。他对教学没有兴趣，憎恶大学里的一些仪式和很多大学传统，并嘲笑一些他认为枯燥和狭隘的同行，但他永远不能忍受离开学术界。

总之，当涉及"原则"或者"实例"时，刘易斯显然是一个矛盾的人。对于大多数女人，他并不在意，但他深深地爱着三个女人：他的母亲、詹妮和乔伊。他不理解或赞成同性恋，但是他最长久和真挚的朋友——亚瑟·格里夫斯是一位同性恋者。他不喜欢孩子，但是他爱护他年轻的继子道格拉斯和他虚构的孩子们——露西、苏珊、埃德蒙和彼得。

刘易斯背负着深深的童年痛苦所带来的创伤。他一生都希望往回过生活，渴望返回到那最简单、最舒适的阶段——那个时候，世界是完整的，他的母亲还未去世。在他的生命里，他用了很多的努力来通过否定和转移他的欲望来摆脱过去的牵制。也许部分出于这个原因，他需要寻找宗教来作为替代品，而这个替代品也对他的职业生涯产生了非常重要的作用。

他现在是否像他自己所希望的那样在天堂里，如一些宗教描述的那样转世成为一种新的形式，或像无神论者所认为的那样，只有他的文字留存下了？最终，他所取得的最大成就来自他给世界各地、不同时代、数以百万计的人提供了极大的乐趣。无论他当时创作这些小说与非小说作品的动力是什么，不可否认的是，这些作品让我们的世界变得更加丰富。

附录

1862年5月18日：刘易斯的母亲"弗洛拉"，奥古斯塔·汉密尔顿出生。

1863年8月23日：刘易斯的父亲艾尔伯特·詹姆斯·刘易斯出生。

1872年3月28日：詹妮·摩尔出生（娘家姓金）。

1892年1月3日：J.R.R.托尔金出生。

1894年8月29日：艾尔伯特与弗洛拉在贝尔法斯特圣马克教堂结婚。

1895年8月27日：刘易斯的哥哥，沃伦·汉密尔顿·刘易斯出生。

1898年11月29日：C.S.刘易斯出生。

1899—1902年：布尔战争。

1901年1月22日：维多利亚女王去世。

1905年4月21日：刘易斯与家人搬到新家，贝尔法斯特郊区的利特尔利。

1908年7月12日：刘易斯开始在赫特福德郡沃特福德的温雅德

小学上学。

1908年8月23日：弗洛拉·汉密尔顿·刘易斯死于癌症。

1910年5月6日：国王爱德华七世去世。

1910年9月：刘易斯在贝尔法斯特的坎贝尔寄宿学校上学，同年11月离开。

1911年1月：刘易斯被送到英格兰马尔文瑟堡学校学习，并在那里一直学到1913年6月。

1914年1月3日：沃伦·刘易斯在桑赫斯特入伍。

1914年6月：刘易斯和亚瑟·格里夫斯在同年4月相识后开始通信。

1914年8月4日：英国向德国宣战。

1914年9月19日：刘易斯开始在萨里郡的大布克汉姆与威廉·柯克帕特里克的指导下学习。

1914年11月14日：沃伦·刘易斯去法国作战。

1915年4月18日：乔伊·戴维曼在纽约出生。

1916年12月5—9日：刘易斯参加牛津大学的奖学金考试。12月23日他收到消息，他获得了牛津大学的奖学金。

1917年4月26日：刘易斯到达牛津。

1917年5月：刘易斯初见帕迪·摩尔。

1917年6月8日：刘易斯初见詹妮·摩尔。

1917年11月：刘易斯去法国作战。

1918年4月15日：刘易斯在阿拉斯战役中受伤。

1918年5月：刘易斯在英国养伤期间重新建立他与詹妮·摩尔的关系。

1918年9月：帕迪·摩尔（詹妮·摩尔的儿子）被正式宣布死亡。

1918年11月11日：第一次世界大战结束。

1919年1月13日：刘易斯返回牛津大学学习。同月，詹妮·摩尔和她的女儿莫琳搬到了城市里。

1919年3月20日：刘易斯的第一本书《被束缚的精神》出版。

1920年3月31日：刘易斯在牛津大学学士学位考试中取得一等成绩。

1921年3月22日：刘易斯的导师，威廉·柯克帕特里克去世。

1922年8月4日：刘易斯大课程考试取得一等成绩。

1923年6月16日：刘易斯英语文学课程考试取得一等成绩。

1925年5月20日：刘易斯当选牛津大学莫德林学院研究员。

1926年5月11日：刘易斯首次见到J.R.R.托尔金。同月，英国因为大罢工陷入混乱。

1927年4月11日：沃伦·刘易斯被派到中国作战。

1929年9月25日：艾尔伯特·刘易斯去世。

1930年10月10—11日：刘易斯与詹妮和莫琳·摩尔搬到"砖窑"居住。

1930年年末：迹象文学社在牛津成立。

1931年9月：刘易斯回归基督教信仰。

1932 年 12 月：沃伦·刘易斯从军队退役，并将搬到"砖窑"。

1936 年 5 月 21 日：刘易斯的《爱的寓言：中世纪传统研究》出版。

1936 年 12 月 12 日：爱德华八世退位。

1937 年 9 月 21 日：托尔金的《霍比特人》在英国出版发行。

1938 年 9 月 23 日：《沉寂的星球》出版。

1939 年 9 月 3 日：英国向德国宣战。

1940 年 5 月：沃伦·刘易斯撤离敦刻尔克。

1940 年 8 月 27 日：莫琳·摩尔嫁给伦纳德·布莱克。

1941 年 4 月：刘易斯首次给皇家空军发表讲话。

1941 年 5 月 2 日：31 封斯克鲁泰普来信中的第一封在《卫报》杂志上发表。

1941 年 8 月 6 日：刘易斯首次在英国广播公司做广播节目。

1942 年 1 月 26 日：苏格拉底俱乐部首次在牛津聚会。

1942 年 2 月 9 日：《地狱来鸿》出版。

1943 年 4 月 20 日：《皮尔兰德拉星》出版。

1944 年 3 月 27 日：乔伊·格雷沙姆的第一个儿子，大卫，在纽约出生。

1945 年 5 月 15 日：查尔斯·威廉姆斯，刘易斯的一个最亲密的朋友去世。

1945 年 8 月 6 日：日本广岛被投下原子弹。

1945年8月16日：《黑暗之劫》出版。

1945年9月2日：第二次世界大战结束。

1945年11月10日：道格拉斯·格雷沙姆在纽约市出生。

1947年9月8日：刘易斯登上《时代》杂志的封面。

1949年10月20日：迹象文学社最后一次周四夜间聚会。下个星期二早上，在圣吉尔斯的"老鹰与小孩"酒吧继续聚会。

1950—1953年：朝鲜战争。

1950年1月10日：刘易斯收到乔伊·格雷沙姆写给他的第一封信。

1950年10月16日：《狮子、女巫和魔衣柜》出版。

1951年1月12日：詹妮·摩尔去世。

1951年10月15日：《凯斯宾王子：重回纳尼亚》出版。

1952年9月15日：《黎明踏浪号》出版。

1952年9月24日：刘易斯与乔伊·格雷沙姆（父姓戴维曼）在牛津东门酒店首次见面，共进午餐。

1953年9月7日：《银椅》出版。

1953年：柯林斯出版社买下杰弗里·布莱斯出版社，成为刘易斯的图书发行者。

1954年6月4日：刘易斯接受在剑桥大学中世纪和文艺复兴时期文学讲习教授的职位。

1954年9月6日：《能言马与男孩》出版。

1955年4月18日：阿尔伯特·爱因斯坦逝世。

1955年5月2日：《魔法师的外甥》出版。

1955年8月：乔伊·格雷沙姆与她的儿子大卫和道格拉斯搬到牛津。

1955年9月19日：《惊悦》出版。

1956年3月19日：《最后一战》出版。

1956年4月23日：刘易斯和乔伊·格雷沙姆在牛津举办民间结婚仪式。

1956年9月10日：《裸颜》出版。

1956年10月19日：乔伊被诊断患有癌症。

1957年3月21日：刘易斯和乔伊在医院乔伊的病房里，由牧师彼得·柏德证婚，宣布为上帝批准的婚姻。

1958年6月—1959年10月：乔伊的癌症病状处于缓解期。

1960年4月3—14日：刘易斯夫妇到希腊度假10天。

1960年7月13日：乔伊去世。

1960年8月18日：披头士第一次在汉堡演出。

1961年9月29日：C.S.刘易斯以N.W.克拉克为笔名出版《卿卿如晤》。

1963年11月22日：C.S.刘易斯去世。同一天去世的还有约翰·肯尼迪和奥尔德斯·赫胥黎。

1973年4月9日：沃伦·刘易斯在"砖窑"去世。

1973年9月2日：J.R.R.托尔金去世。

1994年：电影《影子大地》发行，主演是安东尼·霍普金斯和德博拉·温格。

1997年2月17日：莫琳·摩尔去世。

2000年：《纳尼亚传奇》系列图书的电影版权以5 000万英镑的价格被售予瓦尔登传媒公司，电影系列制作开始。